臨床心理学23-4（通巻136号）

［特集］「恥」は敵か？ 味方か？──生きづらさ・傷つきの根源

新刊案内

Ψ金剛出版　〒112-0005　東京都文京区水道1-5-16　Tel. 03-3815-6661　Fax. 03-3818-6848
e-mail eigyo@kongoshuppan.co.jp　URL http://kongoshuppan.co.jp/

セラピーにおける
トラウマ・センシティブ・ヨーガ
体を治療にもち込む

[著] デイヴィッド・エマーソン　[訳] 小林 茂　佐藤愛子

トラウマ・センシティブ・ヨーガ（TSY）は，ヨーガの「フォーム」に取り組むことで，クライアントが筋肉の動きや呼吸などの「自分の体の感覚」に気づき，そして感じたことを自分で操作できるようにしていくための有効なツールである。臨床場面で活用しやすいよう，TSYの中核となる概念や実施上の要点を押さえつつ，随所にトラウマ・サバイバーへの配慮がちりばめられており，フォームも写真でわかりやすく示されている。　定価3,080円

トラウマ・リカバリー・グループ
実践のための手引き

[著] ミカエラ・メンデルソン　ジュディス・L・ハーマン　エミリー・シャッザウ　メリッサ・ココディヤ・カリヴァヤリル　ジョスリン・レヴィタン
[訳] 杉山恵理子　小宮浩美

トラウマ・リカバリー・グループ（TRG）は，複雑性PTSD概念の提唱者として知られるジュディス・L・ハーマンが示す治療モデルのなかでも，被害者が対人的つながりを取り戻すための重要な回復過程に位置づけられる目標指向的・相互支援的なグループ療法である。本書は，TRGを導くための手引書であり，ハーマンたちの理論と実践の成果も示す，複雑性トラウマ支援のための包括的マニュアルと言える。　定価3,740円

暴力を手放す
児童虐待・性加害・家庭内暴力へのアプローチ

[著] 佐々木大樹

クライエントは欲求や感情を言葉ではなく暴力という対処行動として表出し，そのことに苦しむ場合でも自ら援助を求めることはほとんどない。なぜなら，援助を求めるとは欲求や感情を言葉で表出することそのものだからである。その結果，暴力を振るうクライエントへの支援は困難を極めることになる。本書では，暴力の定義，起源，要因を解説し，医療・司法・福祉各領域におけるDVや児童虐待への支援実践を概観しながら，思春期以降の児童から成人までを対象とした暴力を手放すための四つのフェーズからなる支援モデルとセラピストの適切な「ありよう」を提示する。　定価3,520円

価格は10%税込です。

🐾 [特集]「恥」は敵か？ 味方か？ ——生きづらさ・傷つきの根源

恥を乗り越える

岩壁 茂 Shigeru Iwakabe

立命館大学

I　恥の原初的場面

　カナダのボウリング場での出来事である。4歳くらいだろうか。小さな男の子が球を持ってふらつきながらも，投げる位置までたどり着いた。ミニボウリングなので砲丸投げの球ほどの大きさであるが，その子にとってみれば，大人がボウリングの球を持つのと同じか，それ以上に重かったはずである。彼は，勢いよく肩までボールを持ち上げ力いっぱい放り投げた。球は居合わせた人が思わず首をすくめてしまうほどの，耳をつんざくような爆音を立てて，レーンの上でバウンドしてガターを転がった。男の子はほこらしげな顔をして後ろを振り返った。彼は，「強い」「すごいね」と拍手しながら称賛してくれる大人の表情を期待していたに違いない。

　ところが，彼の目に入ってきたのは，爆音に不快感を覚え，まだその不快さをもろに表情に出した大人たちの冷たい視線であった。彼の表情は一瞬のうちに凍り付き，動きが止まった。そして，頭を垂れて，肩を落とし，ゆっくりと動き出すと，座って待っていた母親のところに脚を引きずった。母親のところにたどり着くと，額を母親の胸に当てて泣き始めた。母親は，背中をさすって男

の子に声をかけてあげていた。そして，何が起こったのか説明してあげているようだった。泣き止んだあとしばらく男の子は席に座ってうなだれていた。やがてようやく，少し顔を上げて，家族のプレイを見るようになった。そしてまたしばらくすると，球をおそるおそる手にした。今度は肩の上から落とすのではなく，足元で両腕をスイングさせた。辺りをキョロキョロして誰も見ていないのを確認すると，母親のもとへ小走りに戻ってきた。母親は背中をさすって頭を撫でた。

II　恥の適応的機能

　恥は，敵か味方か。恥には進化論的にみて「適応的」な機能があり，基本感情のひとつであると言われている（Tomkins, 1963）。哺乳類の動物が「群れ」から離れると，すぐにそれに気づいて群れの中に姿を隠すことがなければ，一瞬にして天敵である肉食動物の餌食になってしまう。より高度な社会を形成する人間において，恥は，社会的規範を学び，そして集団に所属し，自分を守ってくれる仲間や愛着対象とのつながりを維持するのに貢献する（Kaufman, 1996）。頭を垂れて，他者と視線が合わないように，時に顔を隠してうつむくことは，普遍的にみられる恥の行動特徴であ

る。これは，自分が他者よりも下の立場にあることを受け入れて，他者に従属することを示し，他者からなだめを誘い出す行動であり，それを示すことによって，さらに攻撃が向けられることから自分を守ることができる（Keltner, 1995）。恥が生じると，一瞬にして顔が真っ赤になり，周囲の人たちにそれが一目でわかるようになるのも，他者の攻撃を抑えるように発展した恥の身体装置である。

　上記の男の子は，自分が大きな音を立てられることに誇りをもって，周囲に受け入れられることを期待した。しかし，そのやり方が間違っていることを周囲の視線によって痛烈に学んだ。このような恥による社会学習は，至るところにみられる。電車で子どもが騒いだり泣いていたりすると，「みんなが見ているわよ」「みっともない」と親は子どもの恥に働きかける。日本の子育ては，欧米と比較して恥に働きかけることが多い（Takada, 2019）。東京メトロには，「人の振り見て我が振り直せ」という諺をそのまま表現したような「家でやろう」というポスターが貼られ，主に若者に向かって自意識を喚起している。

　上記の場面は，恥による痛手の修復も如実にみせてくれる。この男の子は，母親に即座に慰めてもらい，加えて大人たちがなぜ非難の目を向けたのか理解することを手伝ってもらえた。そして，不快すぎる大きな音を立てずに，みんなと同じように球を投げることを覚えた。少々荒っぽい洗礼であるが，彼が社会的に学習をしたことは確かだろう。恥は，このように一瞬にして一度の体験からの学びを促進するという機能をもっている。

　Schneider（1992）は，恥の意識の社会的な意義について論じている。恥の意識とは，慎み深い心であり，謙虚に振る舞い，自分の限界を知り，他者の気持ちに鑑み，社会の風紀を守ろうとすることである。恥の美学とも，人の社会を大切にする心とも言えるだろう。恥の意識は，公共心に欠けた非常識な行動を抑制し，社会の秩序を保つだけでなく，気品や高潔さを日常で体験できる良識

ある人間社会作りに役立つ。恥の意識がないことは「恥知らず」であり，必要な道徳的判断に欠けていることを意味する。恥の意識をもつことは，道徳的な義務とも言えるだろう。さらに，恥の意識は，私たちを守ってくれる。私たちは，恥の意識があるからこそ，人に見せたくない自分の内的な世界が他者に曝されてしまうのを防ぐことができる。恥の感情がプライドを損なったときに起こるのに対して，恥の意識はプライドを支え守る。

III　恥の苦痛

　しかし，恥は本当に味方であろうか。恥は，一瞬にしてポジティブな感情を殺してしまうだけでなく，苦痛を伴う。恥によって，先ほどの男の子の中に起こっていた誇らしい気持ちは一瞬にしてしぼんでしまった。母親から救いの手が伸ばされることがなかったら，どうなっていただろうか。男の子がこちらを振り向いたときに母親も同じように非難の目を向けていたり，笑いものにしたり，子どもの痛みに反応しなかったとしたら，彼は行き場を失っていただろう。その傷つきが内在化されて，ボウリングを毛嫌いするようになったかもしれない。そして人前でさらし者になることをぼんやりと心のどこかで常に恐れ続けることになるかもしれない。

　心理学の自助本では，毒恥（toxic shame）という表現がよく使われる（たとえば，Bradshaw（2005））。毒恥とは，個人の中に内在化された恥であり，自分は落伍者だ，ブサイクだ，無能だ，などなど根本的に自分には価値がない，取るに足らない，忌まわしい存在だという自己観の根っことなる恥である。それは，みっともない自分を曝してしまうのではないかという恥不安を喚起し，自分にとって良いものであるはずのさまざまな挑戦や機会を「危険」だと評価して，諦めて避ける回避行動となって現れる。特にトラウマや虐待によって毒恥は作りだされる。この男の子が似たような体験を繰り返したら，おそらくこのような毒恥が彼の自己観に染みついていくだろう。毒恥は，

中核的恥（コアシェイム）とも呼ばれている（岩壁，2019）。

　心理的問題とかかわる恥は，毒恥だけではない。さまざまなことに起因し，異なった質の恥体験が起こりうる。誰でもなじみがあるのは二次的な恥である。「二次的」とは感情や思考に続いて起こるからである。たとえば，人前で思わず感情的になってしまったあとに「恥ずかしいことをしてしまった」と感じることがある。人前で感情を見せることが望ましくないという信念が強ければ強いほど，この二次的恥が強くなる。Tomkins（1963）は，感情には「接着剤」のような効果があり，他の感情にくっついてしまうことを指摘した。喜びや誇りは快の体験を喚起するポジティブ感情であるのに，他者の前では恥がくっついてそれらを抑制してしまう。さらに，社会的恥がある。恥は強力である。それは，特定の社会的価値観や規範から自分を眺めて，それに満たないときに起こる。たとえば，バツイチ，浪人などのレッテルである。また，内在化されたスティグマから起こる恥は，人種やジェンダー，または精神障害を含み，心身の障害などに関する差別が個人の中に取り入れられ，自分と他者を見る物差しとなってしまい，否定的な態度を自分に対しても常に向けてしまう。

　これらの恥は，まったく異なる体験ではなく，地続きにあり，主観的な恥ずかしさを強めていく。そして，周囲の人が意図せずとも恥は喚起され，個人がその恥を背負わされて，自己が変容されてしまうこともある。

　強い不安とパニック症状で来談したある30代の男性は，父親を幼少期に失った。母親は，夫の死と前後して起こった義理の母親との激しい争いに精根尽き果てて，亡き夫の写真や遺品もすべて片付けてしまった。彼には父親の記憶はほとんどなかったし，一枚の写真以外，父親の姿を見たことがなかった。だから，彼は父親の絵を幼稚園で描かされて本当に困ってしまった。そして，小学校では父親の絵が教室に貼りだされた。彼は，母親に見せてもらった写真から想像して父親の似顔絵を描かなければならなかった。絵が描けないと先生に言えなかった。嘘をついていることも恥ずかしく思い，さらには，友だちから父親について訊かれ，自分には父親がいないという嘘が露呈し，恥をさらすのではないかと恐れた。さらに父親のことを作文にも書かされ，みんなの前で読まされた。ドライブに行った，公園でキャッチボールをした，そんなごく普通の父と子どもの時間を描いた嘘の作文を読まされると，顔から火が出るほど恥ずかしかった。このような宿題が毎年一度必ずといって良いほど出された。勝手に死んでいってしまい，自分に苦しみと欠陥だけを残していった父親に激しい怒りを募らせていった彼は，常に秘密を抱え，それをひた隠し，ひどい不安に悩まされ続けた。恥は，両刃の剣である。

IV　心理療法と恥

　恥がクライエントの心理的問題の一部であるかないかにかかわらず，心理療法のプロセスにおいて，クライエントが不必要な恥から守られることは，成功の鍵となる（Greenberg & Iwakabe, 2011）。心理療法は恥を喚起しやすい。自分の問題が解決できず，専門家に助けを求めなければいけないこと，心理的問題をもっていると認めることにはつねに恥がつきまとう。クライエント中心療法に恥という語はほとんど出て来ない。しかし，社会的評価や価値判断の厳しい視線を，共感，理解，無条件の肯定という治療関係によって打ち消し，クライエントが「恥」から解放される心理的環境を作りだそうとしている点で恥を綿密に扱っている。というのも，クライエント中心療法のもっとも重要なプロセスである自己表現と探索は恥によって妨害されるからである。心理療法がうまく進むためには，クライエントが恥と戦いながら，なんとか自己開示していくのではなく，安全な環境において，好奇心と興味というポジティブ感情に導かれ，自身の世界を探索するべきで，発見の喜びや達成感はそれに続くはずである。

　エモーション・フォーカスト・セラピー

(Emotion-Focused Therapy : EFT) は，早くから恥の諸類型を定めて，恥の問題を治療的ターゲットとして挙げてきた数少ない心理療法である (Greenberg, 2002)。ところが，成功ケースと失敗ケースを取り上げて比較したところ，失敗ケースでは，クライエントの恥の問題が強く，面接中に自身の問題を扱うことや，それとかかわる感情を表すことにも恥が喚起されていた (Watson et al., 2007)。恥を扱うことを重視している EFT であっても恥が壁となってしまうことは興味深い。恥の問題に詳しい臨床家は，恥にふれられると生傷にふれられるような痛みが走り，それを癒やそうとする試みさえも拒否してしまうと指摘する (たとえば，Kaufman (1996))。

V　恥の変容

　恥を過度に喚起せずにそれを変容させるためには，セラピストは，面接の初期から恥に拮抗する感情プロセスを賦活して恥からクライエントを守り，恥の問題にも好奇心を向けられるようにすることが重要である。また，恥の種類によって，介入の仕方や変容プロセスを調整する必要がある。たとえば，性的虐待などに起因する中核的恥について，セラピストは，そこから起こる痛みに共感を示すだけでなく，クライエントが中核的恥を外に排出して，もともとそれが属するところに戻すのを手伝わねばならない (Paivio & Pascual-Leone, 2010)。性的ないたずらを受けた結果，自分が汚らわしい，傷物だ，誰からも敬遠される忌まわしい存在だ，と感じることはよくみられる。この恥は，そのような行為を自分に対して行った人，自分を守らなかった人たちに対して向けて吐き出す。そのためには，自身の内側にある恥を嫌悪や怒りとしてしっかりと出し切る必要がある。

　セルフコンパッションは，本特集で有光論文がわかりやすく説得力と実証的知見をもとに示したように恥の解毒剤となる。ただし，恥が強い人にはなかなか効果がみられにくい。物事をネガティブに捉えるのが，あまりにも深くその人の感じ方に染みついている場合，セルフコンパッションの優しさやあたたかさは，あまりにも異質であり，セルフコンパッションがうわべだけの言葉と受け取られてしまい，恥がある根っこの部分へと届かないこともある。

　筆者は，長い間中核的恥をもって生きてきたクライエントにとってシャーデンフロイデのような感情が変化の入り口になっていることを見てきた。シャーデンフロイデは，他者の不幸や苦しみを目にしたときに起こる喜びやうれしさである (澤田, 2023)。先ほど挙げた男性クライエントは，長い間強い恥に悩まされ，社会から抹殺された存在であると感じていた。彼が，昼食に行ったときに，職場の同僚の身の上話を聞いた。一見，「ふつう」以上の人生を送っているような彼女には，幼少期から続く家族内の軋轢や介護の問題，本人の慢性病と離婚危機があることがわかった。彼は「自分より悲惨な人がいるんだ」とわかってなんだか気持ちが軽くなったと語った。ひどい恥に悩まされる人にとって，恥を嫌悪と怒りで排出して，恥が外にあることを確認できると自分が社会の底辺にいるのではないとわかり，安堵感や自信が生まれる。

VI　本特集について──自由と解放を求めて

　本特集は，文化社会的な視点から，そして神経科学的な視点まで，幅広い視点から恥を再考する特集である。恥の心理学的理論と知見および概念的問題は，蘭論文がわかりやすくその全体像を示している。また恥と羞恥の定義については黒木論文も明快な解説をしている。長い間，日本人論や日本の文化心理学において影響を与え続けた恥の文化という人類学・社会学などの議論 (金子論文) から，近年のインターネット・SNS における炎上 (上田論文) に至るまで，社会の中に起こる恥について鋭い論考がみられる。恥はさまざまな心理障害の中心的な感情問題である。日本における恥と心理療法の第一人者である岡野による社交不安，トラウマと身体における恥の問題 (花丘論

文), 発達障害 (山口論文), 恥と感情調整 (田中論文), アディクションと恥 (小林論文), 神経科学的な感情の基礎 (杉浦論文) などは, おそらく臨床家にとって今後必須の知識となっていくであろう。究極まで鍛え上げられたアスリートの身体, 頂点を目指すがゆえに起こる恥の性質に関する知見 (関口論文) は, 私たちの恥についての理解を広げてくれる。さらにコラム (中村論文, 山田論文, 清田論文) はいずれも恥の体験のリアリティを身体感覚とユーモアをもって伝えてくれ, 私たちが日々「赤っ恥」からどのようにして人生の豊かさを引き出しているのか, 恥の知恵のヒントを与えてくれる。そして, セラピストの恥というもっとも扱いにくい恥について正面から向き合っている (菅野論文, 北村論文, 有光論文) のも本特集の読みどころである。臨床現場では「失敗」が許されないような空気がある。そして, セラピスト自身が傷ついたり, 間違ったりすることを極端に恐れているが, 私たち臨床家自身の恥も, 恥の問題を理解する上での豊かなリソースである。

　北アメリカやヨーロッパの一部の国では, 差別や偏見を社会からなくしていこうとする強い動きがある。そして, 日常的に起こるさまざまな差別, 見下し, 侮辱, 否定的な態度を意味するマイクロアグレッションは, 人種差別だけでなく, ジェンダー, 障害者, さらにはあらゆる集団や特性についても拡大している。そのようななかで「ちょっと太ったんじゃない」「あの人変わっているよね」などと恥を喚起するような言動 (shaming と呼ばれる) を減らそうという社会的な動きがある。それはさまざまな場で進展しつつある。医療の現場では, 患者が「こんな質問をしたら無知だと思われる」というような恥を感じないで医師と真の協力関係を作ることができる「恥から解放された医療環境 (shame free environment)」を作ることの重要性が論じられている (Abrams et al., 2007 ; Weiss, 2007)。大学のキャンパスを Shame free にしようという動きも広まっている。自身のアイデンティティを確立するために, 自分の外見や内面をいろいろと試している大学生にとって, shaming なコメントは大きな傷つきとなるので納得できる。

　もう一方で, 日本ではまだこのような恥をひっかくようなコメントは, 広く流通しているように思える。ちょっとしたいじりや悪ふざけは, 場を和ませる親近感の証だという見方もあるだろうし, お笑いやバラエティー番組では, このようないじりが未だに笑いを得ている。恥から解放された環境が目指し, 恥を完全になくすことは, 感情の生物学に逆らい, 恥のもつ適応機能の恩恵を失うことになるのだろうか, それとも原始的な感情の生物学を超越し, 一人ひとりの尊厳をさらに重んじ, 大切にする社会を作っていくことになるのだろうか。恥に敏感になり, それにあたたかさをもって反応できるようになることは, 少なくとも二人の間のつながりを作り, 恥を感じる人が疎外されないことに寄与するはずである。しかし, 嫌悪も, 怒りも, 恥も私たちが理解している以上の役割をもっている。それらの恩恵を切り捨てる危険は理解されているだろうか。個人が自分のプライベートな世界を日常的に公開し, 個人のプライバシーや対人的距離の感覚が大きく変容しつつある時代において, 恥という感情について再度見つめて直すのはとても刺激的で有意義である。「恥は敵か味方か」という問いを念頭に, 今後の恥の行方を考える上で本特集は格好な入り口となりそうである。

▶ 文献

Abrams MA, Hung LL, Kashuba AB et al. (2007) Reducing the Risk by Designing a Safer, Shame-Free Health Care Environment. American Medical Association.

Bradshaw J (2005) Healing the Shame That Binds You. Health Communications.

Greenberg LS (2002) Emotion-Focused Therapy : Coaching Clients to Work through Their Feelings. American Psychological Association.

Greenberg LS & Iwakabe S (2011) Emotion-focused therapy and shame. In : RL Dearing & JP Tangney

(Eds) Shame in the Therapy Hour. American Psychological Association, pp.69-90.

岩壁茂 監修（2019）恥（シェイム）…生きづらさの根っこにあるもの. アスク・ヒューマン・ケア.

Kaufman G（1996）The Psychology of Shame : Theory and Treatment of Shame-Based Syndromes. 2nd Ed. Springer.

Keltner D（1995）Signs of appeasement : Evidence for the distinct displays of embarrassment, amusement, and shame. Journal of Personality and Social Psychology 68-3 ; 441-454.

Paivio SC & Pascual-Leone A（2010）Emotion-Focused Therapy for Complex Trauma : An Integrative Approach. American Psychological Association.

澤田匡人（2023）妬みとシャーデンフロイデ. 精神療法 49-2 ; 232-234.

Schneider CD（1992）Shame, Exposure, and Privacy. Norton.

Takada A（2019）Socialization practices regarding shame in Japanese caregiver : Child interactions. Frontiers in Psychology 10 ; 1545.

Tomkins SS（1963）Affect, Imagery, Consciousness : Vol.2. The Negative Affects. Springer.

Watson JC, Goldman RN & Greenberg LS（2007）Case Studies in Emotion-Focused Treatment of Depression : A Comparison of Good and Poor Outcome. American Psychological Association.

Weiss BD（2007）Health Literacy and Patient Safety : Help Patients Understand. 2nd Ed. American Medical Association Foundation.

[特集]「恥」は敵か？ 味方か？ ──生きづらさ・傷つきの根源

「恥」を脳で語れるか

杉浦元亮 Motoaki Sugiura

東北大学 加齢医学研究所

I　はじめに

　私が認知神経科学者として研究テーマとする社会的認知過程，特に自己認知や社会適応的能力は，「恥」と関係が深いことは容易に想像できる。しかし私自身，研究テーマとして「恥」を扱うのは避けてきた。正直「恥」という感情がよくわからない。もちろん，そこまで「恥知らず」な人間ではないつもりだが，太宰治の「恥」へのこだわり（『人間失格』の「恥の多い生涯を送ってきました」の書き出しは有名。そのものずばり『恥』という小説もある）にはついていけない部分があるし，さらに歴史を遡って武士が命を賭して避けようとした自身や家の「恥」にきちんと共感できる自信はない。恥と羞恥心は同じか別か。恥にはよく倫理的価値が伴うが，その時恥は「罪」とどう違うのか。日本は恥の文化で西洋は罪の文化(Benedict『菊と刀』)とも言うが本当か。目の前の人が「恥」に言及した時，その人が「恥」と呼ぶ心の動きが，私が「恥」と思う心の動きと同じなのか，ひどく心許ない。

　本稿では，そんな認知神経科学者が，にわか仕込みの知識に基づいて，「恥」の認知神経科学のこれからについて妄想してみたい。

II　「恥」概念の心許なさ

　この「恥」概念の心許なさは，このテーマに取り組んだ認知神経科学研究者間においても，共有されているように思える（Bastin et al., 2016 ; Michl et al., 2014 ; Takahashi et al., 2004 ; Xu et al., 2022 ; Zhu et al., 2019）。この分野で，恥（shame）は羞恥心（embarrassment）や罪悪感（guilt）と並んで自責感情（self-blame emotion）あるいは負の自己意識感情（self-conscious emotion），または自己参照感情（self-referential emotion）や道徳感情（moral emotion）というカテゴリーで扱われてきた──ちなみに正の自己意識感情は誇り（pride）や感謝（gratitude）である。

　これら負の自己意識感情「群」に関して，それらの共通点について語る際はどの論者も自信にあふれ，語りに主体感が滲んでいる。これら自己意識感情は，子どもがおおむね 2 〜 3 歳ごろに自己と他者を区別し，他者から評価される自己の概念を獲得してから生まれる感情である。負の自己意識感情は自己の状態・行動が他者の期待や社会の規範から逸脱していることを検知した際に誘発され，それを修正する行動を動機づけることで，社会的調整機能を持つ。

しかし，これら自己意識感情間の差異について説明する段になると，途端に筆致が他人行儀になる。必ず紹介されるのが，恥（shame）と罪悪感（guilt）の対比である。自身の行動により他者が損害を被った場合，罪悪感はその「行動」に対して生じ，恥はその行動を行った「自己」に帰属するという，評価の対象によって区別する説明は人気が高い。これに伴う感情は，罪悪感は相手に対する同情や憐憫で，恥は自身の価値や能力に対する自信喪失とされる。また結果として生じる行動も，相手に対する罪悪感は謝罪や補償といったその相手との関係修復行動であり，恥は逃避行動とされる。一方で，差恥心（embarrassment）については，程度の軽い恥と位置付ける論者もいれば，その時のその状態に限定した感情として独立に位置付ける論者もいる。そして多くの論者が，日常的文脈ではこれらの言葉が同じような意味で使われることも多いと但し書きする。

さらに，認知神経科学者を困惑させるのが，それぞれの負の自己意識感情の中に想定される質的差異である（Kim et al., 2011）。例えば恥については，他者が自己をネガティブに評価していることを意識する外的な恥（external shame）と，自分の内部で自分を責める内的な恥（internal shame）を区別することがある。罪悪感についても，行動に関する状況と常識に基づいた妥当な罪悪感（legitimate guilt）と，非合理的・過度に責任を感じる非適応的な罪悪感（maladaptive guilt）を区別することがある。

また，心的概念の定義に重要な役割を持つ質問紙尺度の形式的な違いも，自己意識感情の概念的心許なさを増幅する。ある質問紙は，自分が他者に何か良くないことをしてしまった特定の具体的な文脈で，恥と罪悪感を感じる程度を評価させる。これは文脈特異的（contextual）恥あるいは罪悪感と呼ばれる。一方で別の質問紙は，恥あるいは罪悪感に関わる形容詞を提示し，それが自身に当てはまる程度を評価させる。これは特定の文脈に限定されない汎化された（generalized）恥ある

いは罪悪感と呼ばれる。個人的には，この文脈特異性と汎化の違いは，罪悪感と恥の感情の対象の違いと，被る気がしなくもない。

III　病態との関係

負の自己意識感情の研究は，うつ病などいくつかの精神疾患の症状との深いつながりが，一つの研究動機になってきた。これらの精神疾患において，負の自己意識感情が症状の一部として認められ，その関与の強さは恥（shame）が罪悪感（guilt）より大きく，差恥心（embarrassment）はあまり特徴的でないとされる（Bastin et al., 2016 ; Kim et al., 2011）。

「恥」概念の心許なさは，これらの病態と自己意識感情の関係に関する認知神経科学研究にも影を落とす。恥と罪悪感の違いに重要な病理的意味があるという仮説に基づいて，これら患者を対象とした認知神経科学研究では，恥を誘導する課題と罪悪感を誘導する課題を用いて，両者の課題で生じる疾患特異的な脳反応を比較してきた（Bastin et al., 2016 ; Pulcu et al., 2014）。

しかし，異なる自己意識感情と精神疾患病態との関係は，実際にはそう単純ではないようだ。メタ解析（Kim et al., 2011）では，確かにうつ症状との関係は罪悪感より恥感情の方が強い。しかし，罪悪感を非適応的な罪悪感（maladaptive guilt）に限定すれば，恥感情との差は有意ではない。また，恥感情の中でも，外的な恥（external shame）の方が内的な恥（internal shame）より強くうつ症状と関連しているという。このように，精神疾患の病態と自己意識感情の関係が，単純な恥と罪悪感を対比させる枠組みに収まらないのであれば，この枠組みで疾患の認知神経科学の研究を進めるのが有益なのか疑問が出てくる。

IV　適応的機能としての自己意識感情

これらの概念的な心許なさと一線を画すのが，自己意識感情を適応的機能ととらえる立場である（Sznycer, 2019）。この立場では，恥と罪悪感

は，社会的生存における異なる目標を達成するための，異なる機能であると言い切る。恥は自身の社会的評判の低下のリスクを検知した時に誘発され，それを防止する行動を促す機能である。また罪悪感は，自身にとって意味を持つ他者が妥当な利益を得ていないと認識した時に誘発され，その利益を得させる行動を促す機能である。社会的動物である人間にとって，「自身の社会的評判」と，「自身にとって意味のある他者の利益を守ること」は，自身とその構成集団の生存にとって極めて重要である。恥と罪悪感は，社会的生存におけるこれら2つの明確に異なるゴールを達成するために，進化の過程で自然選択された，全く異なる機能であるというのである。

　恥と罪悪感をその感情の帰属対象（行動か自己か）で区別する「帰属論」的立場で重視してきた感情自体の質的違いについて，この「適応論」的立場ではあまり頓着しない。また「帰属論」的立場で重視してきた，特定の自己意識感情と行動の関係についても，むしろ文脈依存性を明確に打ち出す。例えば，恥ずかしいことをしてしまった時に，もしほかの人に知られる可能性が低いのであれば，それを隠し通すのが適応的であるし，ある程度知られる可能性があるのであれば，正直に告白してしまった方が最終的な社会的評判の低下を抑制できる。さらにこれらの機能は，恥や罪悪感を誘発する事象自体をもたらす行動意思決定に，重要な役割を果たす。例えば何らかの非倫理的行為（例：浮気）について，罪悪感機能はこれを事前に抑制するが，恥機能は「人に知られないように気を付ける」という選択肢も用意する。

　このように，「適応論」的立場から見た自己意識感情概念には，うつ病などの精神疾患とのつながりのニュアンスは一切ない。認知神経科学者でも，（私も含め）進化・適応論的な考え方の好きな研究者には魅力的な枠組みである。しかし，臨床的な動機から自己意識感情の脳メカニズムに関心を持つ研究者には，軽薄な本質を外した見方と映るかもしれない。

V　認知神経科学の研究方法

　ここで，ようやく脳研究の知見について話してみたい。本稿で念頭に置いている認知神経科学研究は，認知課題によって恥をはじめとした自己意識感情を誘発させ，その際に脳活動が増加する脳領域を抽出し，関わる認知プロセスを明らかにする研究である。

　この脳計測のために多く用いられる機能的MRIは，脳局所の神経細胞群の活動によって生じるエネルギー需要に対して，その局所に新鮮な動脈血が供給される「血液動態反応」を画像化する手法である。脳活動が増加した領域が脳の深部も含め高い信頼度で描出できるのが長所だが，例えば脳波のような高い時間分解能は望めない（脳波は既知の認知プロセスの時間的特徴抽出やネットワーク的特徴の分析には優れているが，逆に未知の認知プロセスの探索には向かない）。PET（陽電子断層画像法）も，放射性物質の体内投与を用いた脳計測手法で，機能的MRIと似た特徴を持つ（80年代に隆盛だったが，90年代に機能的MRIにとってかわられた）。

　それ以外に関連する脳研究手法として，自己意識感情に関係のある個人特性と，脳形態や安静時脳活動パターンとの関係を分析する研究手法もあるが，本稿では割愛する。これらの手法では実際に自己意識感情が生じている脳の状態を分析しているわけではなく，認知プロセスの証拠としては間接的なためである。

VI　自己意識感情を誘発する認知課題

　したがって，自己意識感情に関わる認知プロセスの研究においては，この感情を誘発する認知課題が，極めて重要である。この分野の先駆的研究（Takahashi et al., 2004）以来，多くの研究が単語・スクリプトを使い，実験参加者に状況を想像させたり実際の出来事を想起させたりすることで，対象とする自己意識感情を誘発している。2000年から2014年に発表された恥（shame）・羞恥心

側頭頭頂接合部（TPJ）　前頭前野外側部　頭頂間溝周囲皮質　基底核　楔前部　帯状回後部

側頭葉前部（ATC/TP）　シルビウス裂　島皮質　小脳　扁桃核　中脳　脳幹　前頭前野背内側部（dmPFC）

図　自己意識感情に関わる脳ネットワークのまとめ（Bastin et al.（2016）のFig.2aを改変）の図に，
脳ネットワークの解剖学的概要を加筆（感情種別による賦活領域の違いは色分けされているため原図を参照のこと）

（embarrassment）・罪悪感（guilt）の認知神経科学研究19件のレビュー（形態画像研究のみの2件を除く）（Bastin et al., 2016）でも，大半の研究（14件）がこれらの方法を用いている。これらの研究で，用いられた単語・スクリプトや，それによる実験操作の妥当性は，同じあるいは独立した実験参加者による主観評価に基づいている。

他にも，実験参加者に自身のあまり見栄えの良くない顔写真を提示したり（Morita et al., 2008），インタラクティブなゲームを行わせたり（Zhu et al., 2019）している研究もある。これらの研究でも，最終的に自己意識感情と脳活動の関係づけは，自己意識感情の主観評価に基づいている。

ここで重要なのが，いずれの研究においても，誘発している自己意識感情の種類についての担保は，言語的な主観評価に基づいているという点である。つまり「恥」「羞恥心」「罪悪感」という単語に基づいて，「その感情が喚起されるか」という問いに対する実験参加者の主観回答が，認知課題の妥当性を補償しているということになる。その後2022年までの関連する認知神経科学研究（Xu et al., 2022）をフォローしても，この方法論的な状況に変化はない。

VII　自己意識感情に関わる脳知見

このようにして多くの研究者が挑戦してきた自己意識感情に関わる脳ネットワークの解明について，これまでの研究成果を俯瞰するのには，2016年のレビュー論文（Bastin et al., 2016）のまとめ（図）をご覧いただくのが最も正確であろう。そしてこの図はある意味衝撃的である。

端的に言って，ここから「人類は自己意識感情に関わる脳ネットワークについて理解している」という結論を引き出すのは不可能であろう。まず見て明らかなのが，関連研究を包括的に整理すると，大脳皮質（前頭葉・頭頂葉・側頭葉・後頭葉），小脳皮質と皮質下深部構造（基底核・視床・脳幹）の実に多様な領域が自己意識感情によって賦活されているということである。そして問題なのが，その賦活化領域が自己意識感情の種類にかかわらず，研究によって実に千差万別であるという点である。ある研究での結論が，類似の他の研究ではとんど再現されていないということである。この状況は，その後2022年までの関連する認知神経科学研究をフォローしても変化していない。

このレビューにはうつ病（回復後）（Pulcu et al., 2014），強迫性障害（OCD），自閉スペクトラム症（ASD）といった精神疾患の患者を対象とした研究も含まれている。その後にも，境界性パーソナリティ障害（BPD）（Göttlich et al., 2020）やトラウマ後ストレス障害（PTSD）（Lloyd et al., 2021）の患者を対象にした研究も報告されている。もちろんそれぞれの研究で，最大限に注意を払った研究対象者の収集と，実験課題や分析が行われ，得られた脳活動データに関して，筋の通った解釈がなされている。しかしこれらの成果を包括的に見て，全体として精神疾患における自己意識感情の意味を包括的に理解できたと感じる一つの像が結ばれているかと言えば，そういった気配はない。

VIII　認知神経科学者の現状理解

この現状を，この分野の認知神経科学者はどう

見ているか。意外かもしれないが，多くの研究者は必ずしもそれほど悲観的ではない。少なくとも，現在使われている認知課題で，それなりにいろいろな領域の脳活動が統計的有意に変化しているのは確実である。そして，その領域が研究間で一致していないという問題はあるが，多くの研究で賦活が報告されている領域は，それなりに「ありそうな」領域なのである。研究者は，現状の知見について，自己意識感情の機能的解釈を主に4つの脳ネットワークと関連づけて説明しようとしている（Bastin et al., 2016 ; Xu et al., 2022）。

1つ目は感情処理に関わる脳ネットワークである。特にネガティブな情動反応と関係が深いとされる島皮質（前頭葉と側頭葉を分けるシルビウス裂という深い溝の奥に隠れている皮質）や側頭葉内側の扁桃核（amygdala）が代表的で，それ以外にもいくつかの大脳皮質の辺縁系や皮質下深部構造を含めて考えることが多い。恥でも羞恥心でも罪悪感でもいくつかの研究（すべてではない）で活動が報告されている。自己意識「感情」なので，実に「ありそうな」結果である。特に，「恥の方が罪悪感より脳反応が大きい」というパターンが，うつ病患者（回復後）群で（健常対照群と比べて）特徴だったという知見（Pulcu et al., 2014）は，恥感情と精神疾患の関係性に着目する研究者から歓迎されている。

2つ目は自己参照に関わる脳ネットワークである。刺激の自己関連性に反応したり自伝的記憶想起で活動したりする，頭頂葉内側の楔前部や帯状回後部など，両大脳半球の内側皮質に分布している。安静覚醒時に自発的脳活動が高いdefault mode networkの中心的構造としても知られる。恥でも羞恥心でも罪悪感でもいくつかの研究（すべてではない）で活動が報告されている。「自己意識」感情なので，実に「ありそうな」結果である。さらに，「自身の社会的評判」の維持機能を司る恥で，特に強い活動を期待する研究者（私もその一人（Sugiura, 2013））もいるが，現時点では明確な支持知見は得られていない。

3つ目は他者の心情処理に関わる脳ネットワークである。心の理論（theory of mind）やメンタライジング（mentalizing）といった，直接は見えない他者の心の中を，行動や状況から推測する認知処理に関わることが知られる，側頭－頭頂接合部（TPJ）や前頭前野背内側部（dmPFC），側頭葉前部（ATC/TP）が中心的な構成要素である。恥でも羞恥心でも罪悪感でもいくつかの研究（すべてではない）で活動が報告されている。TPJとdmPFCについて罪悪感で恥より賦活が大きいことが報告され（Zhu et al., 2019），罪悪感を「（自身にとって意味のある）他者の利益を守る」機能や，「相手との関係修復」行動と結び付ける立場から歓迎されている。

最後の4つ目に実行機能に関わる脳ネットワークである。作業記憶や認知制御，推論など，脳内での高度・意識的な情報操作を司る，前頭前野外側部や頭頂間溝周囲皮質で構成される。特に前者の領域が恥と罪悪感で賦活され（すべてではない），羞恥心ではあまり賦活されない印象がある。この領域について恥の方が罪悪感より賦活が大きいという知見（Michl et al., 2014）とその逆の知見（Zhu et al., 2019）がある。この領域の関与の意味について，前者の知見には感情制御での説明（Bastin et al., 2016）が，後者の知見には「相手との関係修復」行動に絡めた認知制御的な説明（Zhu et al., 2019）が用いられている。

Ⅸ　「恥」を脳で語れるか

このように，「恥」を脳で語れるか，という問いへの答えは，現状では「期待しかない」というのが正直なところであろう。「恥」的な心理反応を実験操作すれば，脳のそれらしい領域のいずれかが反応する。しかしその領域は実験間で実にばらばらで，脳知見に基づいて何かを語っても，ひいき目に見てさえ可能性の話の域を出ない。

おそらく問題は実験に用いる認知課題である。我々は，自己意識感情を我々の思った通りに実験操作できていない。そしてその最大の原因は，そ

もそもの自己意識感情の概念的心許なさではない
か。目の前の人が「恥」と呼ぶ心の動きと，自分
が「恥」と思う心の動きが同じであると確信でき
ない状態では，得られる研究知見は概念的にもそ
の程度の解像度になるのは，冷静に考えれば当た
り前である。我々自身が実験参加者だとして，目
の前の単語・スクリプトが誘発する感情が，「恥」
やそれ以外の自己意識感情に相当するかと尋ねら
れても，その理解と反応には大きな不確実さと個
人差が避けられない。そのような状況では，4つ
の脳ネットワークの関与の仕方も，自己意識感情
の種類の違いよりも，それぞれの課題文脈で，ど
のような知覚・反応を求められているかに大きく
影響されるであろう。

　こういった現状認識で，自己意識感情の認知神
経科学が今後向かうべき方向としては，何よりも
この心理概念自体の再構築とそれに基づいた認知
課題の革新ではないかというのが私見である。例
えば適応的機能としての自己意識感情定義にクロ
スして，その感情の病理性を説明するモデルを定
義できないか。すなわち，「自身の社会的評判」や
「他者の不利益」がどういった人・条件・文脈で，
またどういった過程で病理を生むのか，といった
考え方はできないだろうか。そういった個人差や
条件・文脈で，脳反応がどう変わってゆくのか分析
していったら，もう少し再現性のある知見と，輪郭
の明確な世界観が得られるのではないだろうか。

Ⅹ　むすび

　以上，「恥」を中心とした認知神経科学の現状
と今後について，私見を開陳してみた。ただし私
自身がこの研究テーマに特に詳しいわけでも，ま
た本稿が詳細な文献調査に基づいたものでないこ
とも，改めてお詫びと共に申し添えたい。しかし，
本稿執筆のささやかな準備を経て，この分野の研
究の今後に一方ならぬ関心と期待を持ったことも
事実である。本稿が，この分野の認知神経科学や，
研究方法と立場を超えた分野融合的議論に，少し
でも貢献できれば望外の幸せである。

▶文献

Bastin C, Harrison BJ, Davey CG, Moll J & Whittle S (2016) Feelings of shame, embarrassment and guilt and their neural correlates : A systematic review. Neuroscience & Biobehavioral Reviews 71 ; 455-471.

Göttlich M, Westermair AL, Beyer F, Bußmann ML, Schweiger U & Krämer UM (2020) Neural basis of shame and guilt experience in women with borderline personality disorder. European Archives of Psychiatry and Clinical Neuroscience 270-8 ; 979-992.

Kim S, Thibodeau R & Jorgensen RS (2011) Shame, guilt, and depressive symptoms : A meta-analytic review. Psychological Bulletin 137-1 ; 68-96.

Lloyd CS, Nicholson AA, Densmore M, Théberge J, Neufeld RWJ, Jetly R, McKinnon MC & Lanius RA (2021) Shame on the brain : Neural correlates of moral injury event recall in posttraumatic stress disorder. Depression and Anxiety 38-6 ; 596-605.

Michl P, Meindl T, Meister F, Born C, Engel RR, Reiser M & Hennig-Fast K (2014) Neurobiological underpinnings of shame and guilt : A pilot fMRI study. Social Cognitive and Affective Neuroscience 9-2 ; 150-157.

Morita T, Itakura S, Saito DN, Nakashita S, Harada T, Kochiyama T & Sadato N (2008) The role of the right prefrontal cortex in self-evaluation of the face : A functional magnetic resonance imaging study. Journal of Cognitive Neuroscience 20-2 ; 342-355.

Pulcu E, Lythe K, Elliott R, Green S, Moll J, Deakin JFW & Zahn R (2014) Increased amygdala response to shame in remitted major depressive disorder. PLoS ONE 9-1 ; e86900.

Sugiura M (2013) Associative account of self-cognition : Extended forward model and multi-layer structure. Frontiers in Human Neuroscience 7 ; 535.

Sznycer D (2019) Forms and functions of the self-conscious emotions. Trends in Cognitive Sciences 23-2 ; 143-157.

Takahashi H, Yahata N, Koeda M, Matsuda T, Asai K & Okubo Y (2004) Brain activation associated with evaluative processes of guilt and embarrassment : An fMRI study. NeuroImage 23-3 ; 967-974.

Xu Z, Zhu R, Zhang S, Zhang S, Liang Z, Mai X & Liu C (2022) Mortality salience enhances neural activities related to guilt and shame when recalling the past. Cerebral Cortex 32-22 ; 5145-5162.

Zhu R, Feng C, Zhang S, Mai X & Liu C (2019) Differentiating guilt and shame in an interpersonal context with univariate activation and multivariate pattern analyses. NeuroImage 186 ; 476-486.

[特集]「恥」は敵か？ 味方か？ ──生きづらさ・傷つきの根源

「心」は恥を想起する

感情心理学＋発達心理学

薊理津子 Ritsuko Azami

江戸川大学社会学部人間心理学科

　我々が「恥」を感じるときはどのような場面か考えてみよう。多くの人の前で転ぶ，みんなができることを自分だけできない，悪いことと認識しながら不正行為を行った，等々があるだろう。このように我々が恥を感じる日常的場面は多い。では，「恥」とはどのような感情なのか。

Ⅰ　恥とは何か

　失態を晒す，失敗して他者に迷惑をかける，能力の低さを露呈するなどして，他者から否定的な評価を受け，個人が所属する集団に受容されるか排斥されるかが問われる状況を社会的苦境場面（social predicament）と呼ぶ。個人が社会的苦境場面に陥った場合，それにどのように対処するかは重要である。もし，適切な対処行動が取られなかった場合，他者からの否定的評価は緩和されず，むしろ否定的評価が強まる可能性もあるため，苦境をより拗らせるだろう。対照的に，適切な対処行動を取った場合は，他者からの否定的評価が緩和され，苦境から脱することができる。恥はこのような社会的苦境場面で生起する。菅原（1998）によると，恥は自身が所属する集団の社会的基準を逸脱することで，集団から排斥される恐れがあるときに，自己の問題を知らせるために働く警報

装置とされている。恥が生起することで，人々は所属の欲求（Baumeister & Leary, 1995）を満たすよう，自己の問題への対処行動を取る（菅原，1998）。恥は個人に規則や社会秩序を守らせるよう働くことから，他者や社会全体の利益や幸福に結びついている道徳的感情である（Haidt, 2003）。

　恥の研究を調べるにあたり，注意しておくべき点がある。それは，「恥」に相当する英訳はshame と embarrassment の2つあることである。欧米ではそれぞれ異なる感情として扱われており，Miller & Tangney（1994）が次のように相違を示している。embarrassment は些細な出来事で瞬時に生じ，驚きを伴うことが多く，偶然の出来事に巻き込まれることで生起するという。加えて，embarrassment は周囲が何を考えているか心配するなど，他者の存在に注意を向けることも特徴であるという。一方，shame は不道徳的，重要な自己の欠点と関連しており，ゆっくりと時間と共に発展し，強烈で持続的という特徴が示されている。ほかに，embarrassment は赤面などの生理的変化，暴露されて目立っているという感覚が伴うこと，shame は embarrassment よりも罪悪感と共通点が多いことも示されている（Tangney et al., 1996）。

冒頭で，恥を感じる場面の例として，「多くの人の前で転ぶ」を挙げたが，この場面は，他者の存在に注意が向きやすく，また，偶然の出来事といえる。ゆえに，この場面で生起した「恥」はembarrassmentといえよう。また，「悪いことと認識しながら不正行為を行った」というような場面は，道徳的逸脱場面であり，偶然の出来事といえるような場面ではない。日本人が「恥ずかしい」と表現するとき，多くはembarrassmentに当たる。多くの心理学の研究は欧米の研究を参考にしており，恥についても例外ではないので，海外の「恥」研究を調べる際には，shameの研究を見たいのか，embarrassmentの研究を見たいのかを整理する必要がある。

II　恥の発達
——Lewis（2016）による感情の発達モデル

恥は何歳頃に感じることができるようになるのだろうか。ここではLewis（2016）による感情の発達モデルを紹介する。Lewis（2016）が欧米文献であるため，shameとembarrassmentの表記を用い，両感情について述べる。

Lewis（2016）によるモデルでは，感情を発達早期に見られる一次的感情（primary emotions）と，自己意識が芽生え，自己参照行動が見られるようになると出現する自己意識的感情（self-conscious emotions）とに区別している。embarrassmentとshameは自己意識的感情に分類されている。自己意識は15カ月頃に生じ，自己参照行動は24カ月までに見られる。さらに，Lewisは，自己意識的感情のなかで，発達的に早期に見られる暴露された自己意識的感情（exposed self-conscious emotions）と，遅く見られる自己意識的評価的感情（self-conscious evaluative emotions）とに区別している。

前者の暴露された自己意識的感情は，自己の心的表象の出現と結びついている。この感情にはembarrassmentが含まれており，自己評価とは関係なく，他者の注意の対象となることがem-

barrassmentを生起させるという。

後者の自己意識的評価的感情は，2歳半〜3歳までには見られる。2歳頃になると，文化や親の基準（standards），ルール（rules），目標（goals）（以降では，Lewis（2016）に倣い，SRGsとする）に関する知識を発展させ，自身の心的表象にこれらの知識を取り入れるようになる。自分のSRGsを持てるようになると，自己評価が可能となる。自己評価をすることで，自身の行動の評価が可能となり，行動に責任を持つことも，責任を持たないこともできるようになる。もし，自分に責任があると評価するのであれば，SRGsの成否を評価できる。その評価によって，自己意識的評価的感情が生起するとされている。このようにSRGsの知識の獲得と保持といった認知能力が発達し，自身の行動と思考に対する責任について考えられるようになると，自己意識的評価的感情は出現する。自己意識的評価的感情は，道徳的行動の基礎であるため，道徳的感情と呼ばれている。自己意識的評価的感情にはshameとembarrassmentが含まれており，embarrassmentは発達によって2タイプあるとされている。なお，embarrassmentよりもshameと共通点が多いと示された罪悪感はshameと同様，自己意識的評価的感情に含まれている。

さて，上述した通り，SRGsの成否の評価によって，自己意識的評価的感情が生起するのだが，shameはSRGsに失敗したと評価したときに生起する。例えば，ある子どもが，親の言うことを守って褒められたいという目標を持っていたとする。しかし，親の言うことを守ることができず，褒められなかった場合，目標を達成することに失敗したことになる。このとき，その子どもはshameを感じる。また，SRGsの順守もしくは達成の失敗の性質とその状況によって，shameを感じるのかembarrassmentを感じるのかは異なる。核となる自己評価と関連する失敗についてはshame，そうでなければembarrassmentが生起する。これに加えて，公的状況ではembarrassment が生起しやすい。

III　主流となっている恥に関する知見

　以降，欧米の恥研究を述べるときは shame の研究とし，shame を「恥」と表記する。何故ならば，shame は典型的な道徳的感情と考えられており（de Hooge, 2013），社会適応上，重要な感情と捉えられているためである。このセクションでは，恥研究で優勢となっている Lewis（1971）と Tangney による研究グループが行った恥に関する知見を紹介する。

　現象学的立場から，Lewis（1971）は，恥は苦痛な感情で，身が縮むような感覚，肩身が狭い感覚，無価値感，無力感が付随し，無価値で非難されるべきものとして自己をとらえ，その結果として逃避行動を促す，と述べた。この Lewis の知見について，Tangney（1995）が整理したものを表に示す。なお，罪悪感は恥と類似した社会的苦境場面で生起し，内省的評価と関連する（Tangney & Dearing, 2002）ことから，比較検討されることが多いので，表には罪悪感についても記載している。

　Tangney は Lewis（1971）が指摘する両感情の相違点を実証した（Tangney, 1993）。そして，Tangney は，恥は自己全体に焦点化した感情と定義した。この Lewis（1971）を発端とした恥と自己全体への焦点化の関連性については，恥研究において主流の考え方になっており，Tracy & Robins（2007）は，恥は能力のような内的で変化させることが難しい自己全体への帰属によって生じると論じている。

　さて，Tangney は，上述の定義に基づき，個人の恥の感じやすさ，つまり，恥特性を測定する Test of Self-Conscious Affect（TOSCA）を開発して，恥と関連する心理的特性や病理，行動傾向について一連の検討を行った（詳細は，薊（2008），Tangney & Dearing（2002）を参照されたい）。それらの研究結果を簡潔にまとめると次の通りである。恥特性の高さは精神的不健康，共感性の低

表　恥と罪悪感の相違
（Tangney, 1995（安藤（2002）の訳による））

	恥	罪悪感
評価の対象	全体的自己	特定の行動
苦痛の程度	相対的に強い	相対的に弱い
現象的経験	無価値感，無力感	緊張，自責，後悔
自己の操作	観察する自己と観察される自己の分離	自己は統合された状態
自己への影響	全体的な価値低下による自己評価の減損	全体的な価値低下を伴わない
他者への関心	他者による評価への関心	他者への影響に対する関心
反事実的過程	自己の一側面の心理的取り消し（undoing）	行動の一側面の心理的取り消し
動機的側面	逃避への欲求	告白・謝罪・償いへの欲求

さ，怒り・攻撃性の高さと関連し，将来の非道徳的行動（薬物の使用，飲酒運転など）を促進した。これらの結果から，Tangney は恥を不道徳的で不適応的感情と結論付けている。Tangney の一連の研究は多く引用されており，また，Tangney を支持する研究結果が得られることが多かった。

　日本においても，有光が Tangney の研究に基づいた一連の研究を行っており（例えば，有光（2006）），Tangney の研究グループの結果とおおむね一致する結果を得ている。その一方で，日本においては，恥が不道徳的で社会不適応的に働くとはいえない結果も得られている。例えば，菅原ほか（2006）は，恥が迷惑行為を抑制すること，薊（2022）は，男性においてのみだが，恥が新型コロナウイルス感染症予防行動を促進することを示している。この欧米と日本における知見の差は，文化差と考えられるのだろうか。

IV　恥は不道徳的で不適応的感情なのか？

　上述した通り，Tangney の研究グループによる知見は恥特性を扱った研究であった。果たして，「恥」を感じやすい人が不道徳的で不適応的だという議論と，恥という感情が不道徳的で不適応的

だという議論を同一にしてよいのだろうか。状態としての恥を扱った研究において，恥が促す動機づけや行動を検証したところ，恥が必ずしも不道徳的で不適応的感情とはいえないことが示されている。

例えば，恥を感じた個人は，恥が引き起こされた出来事と関わる他者がいる状況において，その他者に対して向社会的行動をとることが示されている（de Hooge et al., 2008）。また，恥は，従来より指摘されていた逃避行動（表参照）だけでなく，脅かされた自己の回復のための行動の両方を動機づけること，どちらの行動が促されるかは脅かされた自己が回復できる見込みがあるかどうかが要因となることが示されている（de Hooge et al., 2010, 2011）。de Hooge et al.（2011）は参加者に恥を感じた経験（恥条件），もしくは，通常の平日（統制条件）を想起させた。その後，参加者は能力課題か，達成と能力に関係しない意見課題のどちらに取り組みたいかを選択し，回復動機（項目例：「私の自己イメージを改善させたい」）と保護動機（項目例：「私の自己イメージが損なわれることを避けたい」）を測定した（Time 1）。次に，参加者に能力課題の難易度の情報が伝えられ，それによって能力課題の難易度が操作された。再び能力課題と意見課題のどちらに取り組みたいかを参加者に選択させ，回復動機と保護動機を測定した（Time 2）。結果，Time 1 と Time 2 においても，恥条件は統制条件よりも回復動機と保護動機が高く，Time 1 において，恥条件は統制条件よりも能力課題を選択する参加者が多かった。しかし，恥条件の Time 2 において，能力課題の難易度が高いと伝えられた参加者は難易度が低いと伝えられた参加者と比較して，Time 1 よりも回復動機が低下し，能力課題を選択する参加者が少なかったのである。この結果から，恥は脅かされた自己の回復のための行動を活性化させるが，それができない，もしくは，自己をさらに脅威に晒す危険性が高い場合は，さらなるダメージから自己を防衛するために，逃避行動を促すことが示された。

ほかに，Gausel & Leach（2011）は，先行研究による恥の定義の内容を整理し，恥の概念を拒絶された感覚，劣等感，恥の感情の3つに整理した。そして，道徳的失敗をしたときに，他者から非難されたという感覚が，拒否された感覚を促し，自己の社会的イメージを守るために他者による非難から逃れようとして，逃避のような自己防衛的行動が導かれるとした。また，道徳的失敗をしたときに，全体的な自己に欠陥があるという評価は劣等感と結びつき，自己の特定の部分に欠陥があるという評価は恥の感情と関連しているとし，恥は自己イメージを守るために自己を改善させ，他者との関係性を修復させるとした。この考えは実証されている（Gausel et al., 2016）。

主要となっている恥が苦境からの逃避を促すという知見と，上記の恥が苦境に建設的に対応するための行動を促すという知見は相反している。これについて，Leach & Cidam（2015）は，恥を生起させた失敗が修復可能なものか否かが要因となっていると考え，状態としての恥を扱った研究を対象にメタ分析を行った。この研究では，向社会的行動，協力・親和，自己改善の3つを建設的アプローチとした。また，修復可能な失敗を，失敗の原因に対処する機会，失敗によって影響を受けた人々に建設的に対処する機会があるものとした。結果，修復可能な失敗の場合は，恥は建設的アプローチを促すが，修復できない失敗の場合に，恥は逃避行動を促すことが示された。

このような研究が行われるなか，Miceli & Castelfranchi(2018)は上述した Tangney や Lewis による従来の主要な恥に関する見解について再考した。そのなかで，恥は自己全体ではなく，行動のような自己の特定の部分に焦点化することで生起することもあり，必ずしも全体的自己への焦点化と結びつくわけではないと論じている。そして，恥は理想的な自己の基準を満たすのに力不足であるという自己評価を意味する不快な感情であり，文脈的要因や制御方略によって適応的にも不適応的にもなりうると述べられている。

以上より，恥を状態として扱った場合は，恥は必ずしも不道徳的で不適応的とはいえないことが示されている。それはまた，Lewis（1971）とTangneyによる主要な考えに疑問を投げかけている。

Ⅴ　最後に

日本において，恥が社会適応的にも不適応的にも働くのは，特性と状態の違いと，失敗が修復可能か否かによって説明できるのかもしれない。例えば，上述した有光による一連の研究では，状況別羞恥感尺度（成田ほか，1990）を用いて，恥が生起しやすい状況で個人がどの程度恥を感じやすいかを測定していた。つまり，恥特性を測定していたといえる。そのため，恥が不適応的感情という結果が得られたといえる。また，薊（2022）について考えると，新型コロナウイルス感染症予防行動としてマスクを着用する，手洗い・消毒をするといった行動を取ることは，難しい行動ではない。仮に，そのような行動を取らなかったこと（これを失敗とする）があったとして，他者から批判されたとしても，それらの行動をすることは容易に可能であるので，修復可能な失敗といえる。そのため，恥が修復可能な失敗への対処行動として新型コロナウイルス感染症予防行動を促したとも解釈できる。

恥に関する研究を行う上では，特性と状態を整理し，社会的苦境の性質について整理して考える必要があるだろう。

▶文献

安藤清志（2002）罪悪感と社会的行動（Ⅰ）―罪悪感による行動のコントロール．東洋大学社会学研究所年報 34；23-39.

有光興記（2006）罪悪感，羞恥心と共感性の関係．心理学研究 77；97-104.

薊理津子（2008）恥と罪悪感の研究の動向．感情心理学研究 16；49-64.

薊理津子（2022）新型コロナウイルス感染症予防行動と行動基準との関連性―羞恥を媒介した検討．心理学研究 9；397-407.

Baumeister RF & Leary MR（1995）The need to belong : Desire for interpersonal attachments as a fundamental human motivation. Psychological Bulletin 117 ; 497-529.

de Hooge IE（2013）Moral emotions and prosocial behaviour : It may be time to change our view of shame and guilt. In : C Mohiyeddini, M Eysenck & S Bauer（Eds）Handbook of Psychology of Emotions. Vol.2 : Recent Theoretical Perspectives and Novel Empirical Findings. New York : Nova Science Publishers, pp.255-275.

de Hooge IE, Breugelmans SM & Zeelenberg M（2008）Not so ugly after all : When shame acts as a commitment device. Journal of Personality and Social Psychology 95 ; 933-943.

de Hooge IE, Zeelenberg M & Breugelmans SM（2010）Restore and protect motivations following shame. Cognition and Emotion 24 ; 111-127.

de Hooge IE, Zeelenberg M & Breugelmans SM（2011）A functionalist account of shame-induced behaviour. Cognition and Emotion 25 ; 939-946.

Gausel N & Leach CW（2011）Concern for self-image and social-image in the management of moral failure : Rethinking shame. European Journal of Social Psychology 41 ; 468-478.

Gausel N, Vignoles VL & Leach CW（2016）Resolving the paradox of shame : Differentiating among specific appraisal-feeling combinations explains pro-social and self-defensive motivation. Motivation and Emotion 40 ; 118-139.

Haidt J（2003）The moral emotions. In : RJ Davidson, KR Scherer & HH Goldsmith（Eds）Handbook of Affective Sciences. Oxford : Oxford University Press, pp.852-870.

Leach CW & Cidam A（2015）When is shame linked to constructive approach orientation? : A meta-analysis. Journal of Personality and Social Psychology 109 ; 983-1002.

Lewis HB（1971）Shame and Guilt in Neurosis. Madison, CT : International Universities Press.

Lewis M（2016）Self-conscious emotions : Embarrassment, pride, shame, guilt and hubris. In : LF Barrett, M Lewis & JM Haviland-Jones（Eds）Handbook of Emotions. 4th Ed. New York : Guilford Press, pp.792-814.

Miceli M & Castelfranchi C（2018）Reconsidering the differences between shame and guilt. Europe's Journal of Psychology 14 ; 710-733.

Miller RS & Tangney JP（1994）Differentiating embarrassment and shame. Journal of Social and Clinical Psychology 13 ; 273-287.

成田健一，寺崎正治，新浜邦夫（1990）羞恥感情を引き起こす状況の構造―多変量解析を用いて．関西学院大学人文論究 40；73-92.

菅原健介(1998)人はなぜ恥ずかしがるのか. サイエンス社.

菅原健介, 永房典之, 佐々木淳, 藤澤文, 薊理津子（2006）青少年の迷惑行為と羞恥心─公共場面における5つの行動基準との関連性. 聖心女子大学論叢 107 ; 160-178.

Tangney JP (1993) Shame and guilt. In : CG Costello (Ed) Symptoms of Depression. New York : Wiley, pp.161-180.

Tangney JP (1995) Shame and guilt in interpersonal relationships. In : JP Tangney & KW Fisher (Eds) Self-Conscious Emotions : Shame, Guilt, Embarrassment and Pride. New York : Guilford Press, pp.114-139.

Tangney JP & Dearing RL (2002) Shame and Guilt. New York : Guilford Press.

Tangney JP, Miller RS, Flicker L et al. (1996) Are shame, guilt, and embarrassment distinct emotions?. Journal of Personality and Social Psychology 70 ; 1256-1269.

Tracy JL & Robins RW (2007) Self-conscious emotions : Where self and emotion meet. In : C Sedikides & S Spence (Eds) The Self in Social Psychology Series. New York : Psychology Press, pp.187-209.

🗨 [特集]「恥」は敵か？ 味方か？──生きづらさ・傷つきの根源

身体は恥を記録する

トラウマの神経生理学と回復への可能性

花丘ちぐさ Chigusa Hanaoka

国際メンタルフィットネス研究所代表

「恥」と言えば，心の働きであるとか，あるいは，社会文化的なものであると捉えることが一般的であろう。本稿では，恥を身体に閉じ込められた神経生理的な反応として考察してみたい。筆者はソマティック心理学を専門としており，ソマティック・エクスペリエンシング®トラウマ療法(以下，SE™)を用いる心理療法家であり，また SE™ を教えるファカルティでもある。SE™は，もともとは一過性の衝撃トラウマへの介入方法として開発されたが，21世紀に入ってからは，感情トラウマについてもその応用と検討が重ねられている。恥はトラウマによって引き起こされ，また，恥がトラウマ体験にもなりえる。岩壁(2021)は，PTSDを引き起こすような出来事について，どのような感情を持ったかが大切であり，「PTSDはひどいめにあったからなるのではなく，いわば恥を通って起きる」と述べている。

ヒトは，何か人前で失敗したり，不適切な行動を咎められたりすると，とっさに恥を感じる。ヒトは社会的な動物であるため，集団に属し，適切な成員として迎え入れられるか否かは死活問題である。そのため，それに支障をもたらすようなことは避けようとする。ヒトは恥ずかしいと感じたとき，とっさに赤面したり，発汗したり，心拍数

が上昇したりする。これは，交感神経系の活性化を通して可動化していることを示す。つまり，失敗を挽回するために，あるいは，恥ずかしいところを見られないよう回避行動をとるために，身体は何か行動を取る準備をしていると推察できる。また，慢性的な恥については，こうした瞬間的な交感神経の活性化とは異なる，凍りつきが見られる。つまり，心拍数が低下し，呼吸が遅くなり，めまいがしたり，手足が冷たくなったりして，動きが鈍くなる。あまり身体を動かせなくなり，ヒトとの交流を避けて引きこもったりする。このように，一過性の恥と慢性的な恥とでは，交感神経の活性化と，凍りつき反応という異なる生理学的な状態を示している様子が観察できる。

トラウマの生理学についても，古くは，交感神経の活性化を伴う過覚醒が注目されていた。ちょっとした物音にも驚愕反応を起こすような状態である。しかし多くのトラウマの臨床家は，こうした過覚醒だけではなく，不活発で自己イメージが低く，慢性的に強い恥を抱え，他者との接触を避け，胃腸の調子が悪く，免疫疾患などを抱えるトラウマ患者に多く接してきた。こうした従来のトラウマの定義ではとらえきれない現象に対して，示唆に富む仮説が提示されるようになった。これ

が今，精神医学，心理学の分野で注目されている
ポリヴェーガル理論である。本稿では，ポリヴェ
ーガル理論と SE ™という 2 つの視点から，恥に
ついて考察する。

Ⅰ　ポリヴェーガル理論とは何か？

　ではここで，手短にポリヴェーガル理論につい
て概説する。これは非常に専門的で，門外漢には
難解な神経生理学的仮説である。しかし提唱者の
Porges が，臨床家のためにエッセンスをわかり
やすく解説してくれている。まず，この Porges
だが，イリノイ大学名誉教授，メリーランド大学
名誉教授，インディアナ大学名誉研究者，精神生
理学会会長，行動脳科学学会連盟会長などを歴任
し，400 本以上の論文が査読を経て専門誌に掲載
されている。さらに，これらの論文の引用回数は
3 万件を超えるという。ポリヴェーガル理論はあ
くまでも仮説であるが，引用回数 3 万回は相当な
インパクトを持つといってもよいだろう。

　Porges は 1994 年に精神生理学会の会長基調講
演においてポリヴェーガル理論を発表した。日本
でも，2000 年以降，海外からトラウマ学の講師を
招いてのトレーニングなどを通して紹介され，知
られるようになっていった。Porges の著書，"The
Pocket Guide to the Polyvagal Theory" の日本語
訳が，2018 年に『ポリヴェーガル理論入門——心
に変革を起こす「安全」と「絆」』(花丘ちぐさ 訳)
として出版された (Porges, 2017/2018)。2023 年
現在版を重ねて 10 刷となっており，日本でも，
ポリヴェーガル理論は熱い注目を集めている。

　Porges は，哺乳類は系統発生学的に進化して
きた 3 つの神経基盤を持つと論じた。最初に発生
したのは，背側迷走神経系であり，無顎魚類まで
さかのぼる。これは無髄のゆっくりと働く神経系
で，主に横隔膜より下の臓器を支配する。安全で
あるときには消化と休息を司り，生命の危機にさ
らされたときは，心拍や呼吸を一気に落として不
動化し，シャットダウンを起こさせる。次に発生
したのは交感神経系で，硬骨魚からみられる。こ

の交感神経系は「闘争／逃走反応」のための可動
化を司る。最後に，哺乳類に特異的に発生したの
が腹側迷走神経系だ。これは有髄の機敏な神経系
であり，哺乳類においては，複数の神経系と連動
して腹側迷走神経複合体を構成し，社会交流シス
テムを司るとともに，背側迷走神経複合体と交感
神経系のバランスを取る役割も果たしているとい
う。これは，神経系が進化の過程を経て複雑化し
てきたことを表している。また，古い神経系が無
くなって新しいものができるのではなく，古いも
のの上に，次の神経系ができ，最後に 3 番目の神
経系ができてきている。

　伝統的には，自律神経系には拮抗する作用を持
つ交感神経系と副交感神経系の 2 つがあると考え
られてきた。さらに，Porges は，副交感神経系
のなかでも，迷走神経系に背側迷走神経系と腹側
迷走神経系の 2 つの神経枝があるという理論を展
開した。このため，ポリヴェーガル理論，つまり
複数の迷走神経があると考える理論が生まれ，こ
れは多重迷走神経理論とも訳される。

　ポリヴェーガル理論は進化の過程に基づいてい
るが，Porges は，安全な状態では 3 番目に発達
した腹側迷走神経複合体が，背側迷走神経複合体
と交感神経系をうまく調整しながら機能している
ものの，危機に瀕すると，Jackson (1884) の解
体理論にあるように，進化の逆向きに反応が進む
と説いた。つまり，ストレス下では，まず，人は
友好の合図を送って話し合うといった社会交流に
よって問題を解決しようとする (腹側迷走神経複
合体)。それがうまくいかないと，戦ったり逃げ
たりという闘争／逃走反応を起こす (交感神経
系)。それもうまくいかないと，凍りつき反応を
起こす (背側迷走神経複合体)。これがトラウマ
の機序を説明しているだけではなく，治療法につ
いても有意義な情報を提供していることから，ト
ラウマ臨床でポリヴェーガル理論が大いに注目さ
れている。

　腹側迷走神経複合体の働きが優位なときは，人
は穏やかな状態で，お互いに安全と友好の合図を

送り合い，社会交流する。そのときは，笑顔で，優しく韻律に富んだ声で会話する。腹側迷走神経複合体の影響で，心拍が落ち着いており，交感神経系の働きを借りなくても，会話や交流に必要な心拍が得られ，その背景では，背側迷走神経複合体が穏やかに作用して，消化や吸収，身体の回復がすすむ。また，愛をはぐくみ，生殖を行うときも，相手との距離の近さや親密な接触でも交感神経系の闘争／逃走反応を引き起こすことなく，関係性を深めていくことができる。腹側迷走神経複合体の働きは，集団行動において欠かすことができない。つまり，社会交流を支持する神経生理学的状態は，ヒトが健康かつ幸福に生活するために欠かすことができない状態なのだ。

II　凍りつき反応とは何か？

次に，恐怖体験のなかで起きる凍りつき反応について説明する。背側迷走神経複合体は，平常時には休息，消化，回復を促進する。意図しなくても，胃腸は食べたものを消化する。これは，進化的に見て最も古い背側迷走神経複合体によるものだ。背側迷走神経は無顎魚類から発生したと言われていて，酸素をあまり消費しない節約型のシステムである。哺乳類にもこの神経系は備わっており，生命の危機においてはこの神経系が強く活性化し，心臓の鼓動を遅くし，呼吸も遅くする。これが凍りつき反応のメカニズムである。

かつてはヒトを含む哺乳類は，サヴァンナで肉食獣に追いかけられていた。万一捕獲されてしまったときに，心臓の鼓動がゆっくりであれば，出血も抑えられる。さらに，痛みの閾値も高くなる。このようなときは意識が遠のき，恐怖や痛みをあまり感じない。捕食されてしまっても，あまり苦しまないという神の摂理ともいえる。また，捕食動物からすると，獲物がぐったりとしており，不動化の状態にある場合，それは死んでいるかもしれず，その肉は腐っているかもしれず，腐肉を食べると病気になるかもしれないと見える。ぐったりとした肢体は捕食動物の狩猟本能を刺激しないので，うま

くいけば逃げおおせることができる。そのためにも，抵抗せず，出血も最小限に抑えておいたほうが生き残りの確率が高くなる。ヒトは鋭い爪も牙も持たない。したがって生き残りの確率を高めるために，凍りつきを起こすと言われている。

生命の危機においては凍りつきが起きると言うと，「そのような危機的な状況に陥ったことがないので，凍りつきの体験はない」という人も多い。しかし，多くの人は，一瞬であれば，背側迷走神経複合体の働きが高まった体験があると思われる。例えば，緊張のあまり「あがる」ことがある。プレゼンテーションのまえに心臓がドキドキする，つまり交感神経系の働きが高まる。そして，聴衆の前に立つと，頭の中が真っ白になり，言うべきことがすっかり飛んでしまう。これは，交感神経系が優位になり，さらに興奮が加わったときに背側迷走神経複合体が強く働き，心臓の働きに強いブレーキがかかり，脳への血流が滞ったため，凍りつき反応が起きたと推測できる。言語野への血流が減少すれば思考に混乱が起きるし，脳内の平衡感覚を司る器官への血流が滞ればめまいが起きる。擬死や失神という強い凍りつき反応ではないが，こうした日常の体験も，ひとつの凍りつき反応であると言ってよいだろう。

III　恥と安全

Porges は，ヒトが危険を感じて，交感神経による可動化によって闘争／逃走反応を起こし，さらに背側迷走神経複合体による凍りつきに入ったとしても，生物学的にみた同種の仲間，つまり別のヒトから，社会交流システムによる穏やかな表情，韻律に満ちた声など，「安全の合図」を受け取ることで，神経系の協働調整が起こり，再び腹側迷走神経複合体による社会交流を支持する状態に戻ることができるとしている（Porges, 2017/ 2018）。

恥を感じて一瞬交感神経系による可動化が起きても，その人が社会規範を理解し，行動を正すことによって，再び集団に受け入れられ，互いに安全の合図を出したり受け取ったりすることで，健

康，回復，成長を支持する神経生理学的状態が保たれれば，その人が凍りつくことはない。むしろ，神経系の活性化と脱活性化を経て，統合が起き，耐性領域が拡大することによってレジリエンスも高まる。しかし，慢性的なシェイミングが起きている場合，その人の神経系は回復や，さらなるレジリエンスの獲得を達成することができない。やがて「手も足も出ない」という，SE ™でいう「逃れられない攻撃」にさらされる状態となり，それは身体には生命の危機として感じられ，凍りつきに入る（Levine, 2015/2017）。それによって，神経生理学的状態が再編成され，慢性的な凍りつきと，安全の合図の読み間違いが起きる。善意で近づいてくる人があったとしても，その人が出す安全の合図を，攻撃の合図として解釈してしまう。あるいは，本来危険であるにもかかわらず，安全の合図だと解釈してしまう。さらに，世界は敵意に満ちているという世界観が確立され，自己価値観の低下が起きる。

慢性的な恥による凍りつきを溶かすカギは，人との穏やかなつながりなのだが，相手の安全の合図を読み間違い，敵意に満ちた環境への恐怖に固まっていると，こうしたつながりを持つことができない。そのため助けを拒絶してしまい，それによって自らの偏った世界観が正しいという体験が強化され，さらに孤立するという悪循環に陥ってしまう。

IV　凍りつき・迎合・恥

トラウマ療法の視点から行くと，危機的状況で凍りつき反応が起きることは当然である。つまり，声も出なくなり，身体が重くなって思うように動かなくなる。さらには，意識が遠のいて判断力が鈍り，起きていることがまるで他人ごとのように感じられたりする。先にも述べたように，これがヒトの生き残りをかけた神経系の反応なのである。

虐待，性暴力，犯罪，あるいは天災や事故に巻き込まれるといった体験を持つ人が，凍りついたことに恥を感じるケースも多い。虐待や性暴力な

どであれば，加害者こそが恥ずべき行為を行ったのであるが，声も出せず，身体も動かせず，助けも求められなかったという凍りつき状態に陥ったことに，被害者が恥を感じてしまう。

生命の危機を感じたときには，助けを求めることさえできないのが自然なのである。また，被害を受けた後には，身体は引き続き生命の危機を感じ取っている。そのため，背側迷走神経複合体が依然として優位な状態であり，じっと引きこもろうとするのだ。したがって，性被害に遭った場合など，多くの人は，すぐに助けを求めたり，病院に駆け込んだりしない。他者が救いの手を差し伸べても，「なんでもありません」といって被害について語れないことも多い。もちろんこれには個人差があり，恐怖のただなかにあっても圧倒されることなく，交感神経系の闘争／逃走反応をとることが可能で，大きな声を出せる人もいるだろうし，すぐに警察や病院に駆け込む人もいるだろう。しかし，すべての人がこうした神経系の機能を持っているわけではない。さらに，恐怖の度合いは人それぞれである。

そこに社会文化的な要因も関わってくる。社会的にも優位な立場にあり，経済的にも不安のない人が，好意を抱けない人から性行為に誘われたら，当然のことながら No と言えるだろう。No と言ったとしても，その後の生活に何らの支障もないことが推測できるからだ。しかし，それをそのまま性暴力の被害者に当てはめることは，無理があるだろう。例えば，雇用主から性行為を強要された場合，もし，拒絶したら仕事を失うかもしれず，そのことで経済的に窮地に陥るかもしれない。あるいは，やりたいと思っていた仕事に就けない可能性もある。研究職などでは，上司からの要求を拒んだことで，今まで積み上げた研究実績をすべて失い，職を失い，その研究分野で今後仕事を続けることさえできなくなってしまうこともある。そのようなときは，迎合するしかない場合もある。しかし，さらに辛いことに，被害者は迎合したことに恥を感じさえするのである。こうした不合理

な苦しみを取り除いていくためには，恥について
の知識を広く社会に普及していく必要がある。

V　シェイミングと未完了の自己防衛反応

　岩壁（2021）は，シェイミングを繰り返す人が
いることについて，「シェイミングをしている人
自身が，過去に散々，そのように周囲から扱われ
てきたからかもしれません」と論じている。そこ
で，過去に散々シェイミングを受けた人が，なぜ
他者へのシェイミングを繰り返してしまうのか考
察する。SE™を考案した Levine は，未完了の自
己防衛反応の完了について論じている（Levine,
2015/2017）。Levine は，トラウマを引き起こす
ような恐怖や痛みなどを体験し，凍りつきに入る
と，この打ち負かされた状態の記憶が身体に刻ま
れると論じている。そしてこれは，「いつ・どこ
で・誰が・何をした」といった物語を構成する顕
在記憶ではなく，自転車に乗るといった，皮質下
の身体の機能を司る潜在記憶に刻まれるという。
したがって，「あれは過去のことだ」「今は安全な
のだ」と理解できても，身体の反応としてのトラ
ウマは消えないのである。

　そこで Levine は，「加害者を押しのけて，全速
力で走りたかった」「事故を起こした車の中に閉
じ込められてしまったが，即座に外に出て，助け
を求めたかった」といった，未完了になっている
闘争／逃走反応を，セッションのなかで完了させ，
セラピストとつながることで社会交流へと統合さ
せていく手法を SE™として完成させた。Levine
は，こうした未完了の自己防衛反応が完了しない
と，同じような体験を繰り返してしまうとも言っ
ている。例えば，同じような事故にたびたび巻き
込まれたりすることもあるし，あるいは，まった
く関係のない他者に対して，自分がされたことを
執拗に繰り返してしまうのである。

　シェイミングを受けることも，攻撃であるとす
れば，その攻撃に対しての闘争／逃走反応を完了
させ，社会交流システムのなかで安心安全を感じ
ることができないと，自己防衛反応が未完了のま

まに留まってしまう。こうした未完了のトラウマ
があるために，シェイミングを他者に繰り返して
しまう衝動に駆られると推察できる。さらに，他
者を傷つけるだけで社会交流システムによる癒し
を体験しないと，傷は癒されず，またシェイミン
グを繰り返すことになる。

　したがって，慢性的な恥に苦しむ人も，あるい
は，シェイミングを繰り返してしまう加害的な人
についても，トラウマ解放セッションのなかで，
安全に自己防衛反応を完了させ，セラピストと安
全の合図を送り合い，社会交流システムの作用の
なかで穏やかな安全を感じることができれば，そ
の行動パターンが変化していく可能性がある。ま
た，生理的状態が変化することで，身体的な健康
を取り戻すこともできるだろう。恥の体験におい
ても，同じ人間同士での協働調整のやり方を学習
していくことが肝要である。

　本稿では，SE™について十分に論じる紙幅の
余裕がなかったが，SE™は，クライアントが生
まれつき持っている回復力を，セラピストと共に
見つけ，クライアントが封印して凍りつかせてい
るリソースを解き放ち，神経系の協働調整を行う，
美しいセッションであることを添えておきたい。
これは恥の持つ，心身を疲弊させるパターンを再
調整し，生きる力を再び目覚めさせる可能性を秘
めている。

▶文献

岩壁茂 監修（2021）恥（シェイム）…生きづらさの根っ
　こにあるもの．アスク・ヒューマン・ケア．
Jackson JH（1884）The Croonian lectures on evolution
　and dissolution of the nervous system. British Medical
　Journal 12-1（1215）; 703-707.
Levine AP（2015）Trauma and Memory, Brain and Body
　in a Search for the Living Past. Berkeley, CA : North
　Atlantic Books.（花丘ちぐさ 訳（2017）トラウマと記
　憶―脳・身体に刻まれた過去からの回復．春秋社）
Porges SW（2017）The Pocket Guide to the Polyvagal
　Theory : The Transformative Power of Feeling Safe.
　New York : W.W. Norton.（花丘ちぐさ 訳（2018）ポリ
　ヴェーガル理論入門―心身に変革を起こす「安全」と
　「絆」．春秋社）

[特集]「恥」は敵か？ 味方か？ ──生きづらさ・傷つきの根源

「集団」は恥を彫琢する

グループ・ダイナミクス

金子周平 Shuhei Kaneko

九州大学大学院人間環境学研究院

I　はじめに

　集団にはある種の規範（norm）や目的，信念がある。Bar-Tal（1989）のいうように集団が形成される鍵となるものこそが信念であると理解した方が正確かもしれない。そして集団の信念から外れる者としてのマイノリティが差別，価値剝奪され，スケープゴートにされると，その人は心理的にその集団にはいられなくなる。「君は集団Aの役に立たない」「君は集団Bのメンバーらしくない」というメッセージとともに，集団は人間を外に弾き出し，恥の感覚を植え付ける。家族にせよ大きな社会的コミュニティにせよ，集団から疎外されて孤独になることとスティグマ（烙印），そして恥の感情はセットである。

　恥は社会的で自己意識的な感情であるため，全ての恥は集団の中で生じたものと考えることができる。疎外された状況であるからこそ，恥を感じている人はそれを孤独に解消せざるを得ず，時に沈黙し，時に怒りや自己愛的な有能感に転換していく。しかしそのような対処は往々にして苦しみや葛藤を増幅させる。真の癒しに向かうためには，人は再び集団の中の人間関係において恥の変容を体験する必要があるだろう。これが筆者に与えられた表題の意味するところであろうと解し，そのグループ・ダイナミクスを考えてみたい。

II　現代日本における恥

　グループ・ダイナミクスや集団精神療法などの話題に進む前に，日本人という集団にとっての恥という途方もないテーマに触れてみよう。戦争を経て生き残ること，また捕虜になることは恥であるという考えは，戦中戦後の日本だけでなく多くの国と文化圏で見られる心情だが，まもなく戦後80年を迎える日本でそうした声を聞くことは少なくなってきた。しかし玉砕や集団自死の歴史は，今なお私たちの深層の痛みとして残っており，未解決のままである。さらに，欧米との関係における敗戦国としての恥の感覚は，戦後日本に暗黙のうちに植え付けられ，現在も大きく変わらない。恥は「自己の全体的な失敗」（Lewis, 1992/1997）だが，戦争と敗戦は日本という国をあげての全体的な失敗である。外交や貿易において諸外国から不条理な要求や条件提示がなされてもまるで選択肢がないかのように従順な判断をする日本人のことを考えると，私たちの中には敗戦国としての強い恥があると仮定せずにはいられない。こうした問題について，筆者を含む心理学者たちは往々

にして沈黙する。自身の専門的な考えが「政治的な含蓄」を持ってしまうことを避けたいのである（Bar-On, 2001）。

　日本人の恥は，高度経済成長と生産，技術開発によってしばらく覆い隠されてきたのだが，現代ではその方向性にも明らかな無理が生じるようになった。敗戦の傷が癒えずに沈黙を続けたまま経済成長も止まってしまったのである。そうして行き詰まった者同士で，その僅かな状況の違いを自己責任論によって分断し，例えば貴戸（2022）がいうように「生産性がない」という烙印を互いに押している。非生産性や無価値という恥が現代日本人の痛みの一つだとすると，日本におけるコミュニティ活動やグループ・アプローチもそうした痛みに敏感な構造や設定を持ち，運営されることが必要だろう。

III　恥を抱えて集団に入ることができるか？

　恥を抱える人は，「人から受け入れられない」という思いに苛まれている。そもそも恥を抱えたこと自体が恥であるため，自身の中でもそれがタブーとなり，身動きが取れなくなるのである（Scheff, 2003）。その状態から集団に入るためには，なんとか自身の恥を拾い上げ，時にはその恥を入場券として集団にアプローチし，スティグマを露呈させて援助要請をするという何段階ものハードルを超えることが求められる。恥の烙印を押された人は一筋縄では集団に戻ることができない。

　恥によって沈黙していたり，社交不安やうつ状態を呈したりしている場合は，まだ周囲の人から受け入れられやすい。恥を覆い隠すための二次感情としての罪悪感や悲しみも，比較的表現されやすく他者からの受容的な関わりを得やすい。しかし恥を回避しようとする究極の試みと言われる自己愛や怒りがそれに置き換えられる場合（e.g., Lewis, 1992/1997），それは集団から受け入れられにくく，孤独と恥の回避をさらに強めていくことになりやすい。エンカウンターや感受性訓練で

有名な Schutz（1958）が，人の包摂（inclusion）欲求，つまり集団における In か Out かという関心を一つの本質として指摘したように，恥を抱えながらも心理的に集団に入ることができているのかそうでないのかは，恥の「予後」を左右する決定的な要因だと考えて良いだろう。

　しかし集団に入れば安心というわけでもない。その集団が良質であるかどうかが問題である。二次感情としての罪の意識が利用され，罪深さとその償いの方法が提示されるカルトに表向きはフレンドリーに迎え入れられる可能性もある。また怒りや攻撃性を共にする反社会的集団に入ってしまうという道もある。それらの集団が傷を一時的に慰めるステップとして機能すれば良いのだが，そうした集団では，新たなスティグマを負うことやマインドコントロールによって抜け出せなくなること，転落していく構造的問題を伴うことが往々にしてある。

　恥を抱えた人が集団に入った後に，その人はどのようなグループ・ダイナミクスを体験するのだろうか。次に，その体験の深まりを3つの段階に分けて考えてみたい（IV, V, VI）。集団を用いた臨床心理学的なアプローチには，集団精神療法，グループ・カウンセリング，居場所活動，コミュニティ活動などがある。ここではそれらを区別せずにグループという表記で統一する。

IV　恥とグループ①
──「私は一人ぼっちではない」

　Yalom の有名な『グループサイコセラピー』初版から指摘されてきた治療因子に「この問題に苦しむのは私だけでなかった」という「普遍性（universality）」がある（Yalom, 1970）。最近よくみられる BIPOC（Black, Indigenous, and People of Color）の集団療法に関する研究でも，多くのメンバーが人種や文化にまつわる「恥と沈黙をグループに持ちこむ」こと，そして「苦しみについて一人ぼっちではないと感じ始め，自分がいていいところだと思うようになる」というプロ

セスが例示されている。そこでのグループ・セラピストの仕事は，社会的圧力によってひた隠しにされてきた文化的差異や感情を表現する十分なスペースを作ることである（Garrison et al., 2023）。国や文化や時代によってスティグマが変わろうとも，グループで体験される普遍性は恥を癒す強力な機能を果たす。

Ⅴ　恥とグループ②──「ここでは話ができる」

　安心できる雰囲気の集団の中にいたとしても，また自分と似た体験をした人を見つけられたとしても，自身の話ができないことはある。傷が深いほどに，自分の話だけは受け入れられないのではないかという考えも根強くなるのである。話せないことには他の要因もある。恥が個人の判断だけでオープンにできるものではないと捉えられている場合である。Goffman（1963/2003）が人種や階級，家系など集団に帰属するものを「汚染されるスティグマ」と捉えたように，あらゆる恥は関係者にも集合的な恥として広がりうる。そのため家族や仲間にまでスティグマが広がることを防ぎたい一心で，恥を自分の中に押し留め，沈黙を決意することもある。戦時中の体験を「墓場まで持っていくつもりだった」として長年話せないことも多い。その背景は複雑だが，家族につらい体験をさせたくないという切実な思いもあるだろう。

　ナチスの戦争犯罪者の子孫とユダヤ人の子孫のグループ "To Reflect and Trust" を実践し，和解に関する研究を長年続けたイスラエルの心理学者 Bar-On（2005）は，トップダウンの政治的・法律的な合意だけでは不十分であり，ボトムアップの心理社会的プロセスが遺恨をワークスルーするプロセスであることを指摘した。そうした和解がなされていることの基準の一つに，Bar-On は内なる対話としての反省と外的な対話を挙げている。恥はその声を奪われて沈黙となりやすく，そうした沈黙は容易に世代間に引き継がれてしまう。沈黙となった恥や苦しみを克服するのが，内省や対話である。

　言語的な対話が十分にできない子どもの場合も，傷つきが何らかの形で表現されることが重要である。Jalali et al.（2019）は，受刑者の親を持つ子どものナラティブグループセラピー（8セッション）において，『スイミー（Swimmy, the Black Fish）』などの複数の物語を通して，自己受容，信頼などに焦点化していく実践研究を報告している。第1セッションの焦点は，劣等感の軽減と自己価値の創造であり，受刑者の親を持つことの恥が初回から扱われている。子どもたちは「普遍性」を体験して孤独感を軽減させつつ，自分と似た境遇を他の子どもたちが乗り越えていく様を目の当たりにする。

　人がそれぞれの状態や発達段階に合わせて，集団において「ここでは話ができる／表現していいのだ」と思えることは極めて重要である。このプロセスは個別性が高く，数セッションから数十年までの幅があり，狭義のエビデンスベースドの研究よりも事例研究やナラティブ研究によって描かれている印象である。

Ⅵ　恥とグループ③──「私たちは助け合える」

　恥と集団の関係について，明確な答えを出した心理学者は Adler である。彼は恥という言葉こそ使わなかったが，人間が抱える問題の最も重要な要因として「劣等感（a feeling of inferiority）」を挙げた。人は社会的にその有用性や価値を認められないと，根本的なところで劣等感を体験し，それ自体を感じないようにするものである。劣等感を体験しないままに克服を目指せば，攻撃的，自己愛的になり，自分に一目置かせるように他者をコントロールしようとしてしまう。ゆえに Adler（1928）は，優越感を得るためにさまざまな感情や症状が道具的に用いられていると捉えたのである。劣等感によって生まれた各種の悩みを軽減させるものとして Adler が提示した一つの重要な概念が「共同体感覚（Gemeinschaftsgefühl）」である。本当の恥の克服は，集団やコミュニティで共有された社会的感覚に基づいて，対等で協力

的な立場で助け合い，建設的な行動に至ることによってなされる（Adler, 1931/2010）というのである。先に触れた Schutz 流に言えば，これは他者との満足できる関係を維持したいと望むこと，つまり愛情（affection）の欲求（Schutz, 1958）であり，人々が共通して持っている自然な心の動きである。

　元々，社会的な階級の比較による劣等感や恥の問題に取り組んでおり，コンパッション・フォーカスト・セラピー（Compassion-Focused Therapy：CFT）で有名な Gilbert の研究グループでは，最近パイロット的に CFT のグループ実践（12 セッション）を行い，BMI が 30 以上の体格に関する恥の体験とその変容を調査している。グループを通して，体格についての恥と，恥をもたらす他者視点を示す得点は明らかに減少しているのだが，コンパッションの体験には量的な変化が見られず，参加者のインタビューの質的分析によって考察がなされている。そこでは，①場の安全感による恥の探索，②「私は一人ぼっちではない」という体験，③怖さを乗り越えて，思いやりのある他者と自己を体験することなどが複数のメンバーから報告されている（Cater et al., 2020）。劣等感やスティグマの克服において，相互の思いやりや愛情，助け合いの経験が大きな役割を果たすことは確かだと考えて良いだろう。

　さらに個別的な体験に踏み込んで，グループにおける恥の変容の意味を捉えた研究がある。Sawer et al.（2020）は，AA（Alcoholic Anonymous）のグループメンバーから協力者を募り，ナラティブインタビューを行っている。参加者たちは，自分の問題を「暴走列車」のように語り，コントロールの失敗による恥の体験を語っていた。また親のアディクション問題について人生早期から恥を味わい，その問題が自分に「継承された」ように語っていた。劣等感や違和感を抱えた自分をお酒が変えてくれたというストーリーも率直に語られつつ，AA のコミュニティへの「恩返し」として自身の恥の体験を共有することで他者をサポー

トし，自らの恥を認めて癒されるという体験をしていた。

　集団において「私たちは助け合える」という実感を持つことは，先の Yalom（1970）でいう愛他性（altruism）であり，実存的気づき（existential awareness）である。恥とグループの関係は一言では語り尽くせないが，筆者の調べた限り，こうしたポジティビティの実感は，グループ・プロセスの発展とともに恥が変容する際に体験される最も重要な価値であり，目標とすべき治療的なエッセンスである。

　さて，ここでも論じてきたのは質的研究もしくは質的データのみである。恥が集団の思いやりや愛情，助け合いによってポジティブ感情に変容するという量的研究は残念ながら見当たらない。最近研究を多産している Kivlighan Jr DM や Kivlighan III DM らの研究グループによれば，感謝などのポジティブ感情とサポーティブな人間関係がグループ・プロセスにおける適応的な変化のスパイラルに寄与することが示されており（Wei et al., 2021），本稿で論じてきた内容が量的研究として展開される萌芽は確かにある。

VII　「集団」は恥を彫琢する

　現代の日本に蔓延している「生産性がない」という烙印が，助け合う協力的な集団に入ることを阻んでしまう。「会の運営や人のお世話よりも自分のことで精一杯」であるために地域の相互扶助活動や社会的活動が敬遠される。そして緩やかなコミュニティは姿を消し，分断による傷つきがさらなる分断と差別感情を生むことで，恥の感情が世に広まっている。

　集団やコミュニティ，共同体感覚の価値が認められにくい現代社会において，集団は恥を彫琢することができるのだろうか。それには，恥についての深い理解とつながりを持つことのできる考え抜かれた仕掛けが必要であろう。傷ついた人々は人間関係を求めているのだが，それを受け入れる集団やコミュニティは不足している。人々のニー

ズをトー横キッズ，カルト，犯罪集団のような不可視化されやすい集団に吸収させずに，暖かい集団に招き入れる社会を作っていかなければならない。時間的・経済的な余裕がなく，分断によって傷ついた人たちの恥を受容・彫琢・解消する集団とコミュニティを，臨床心理学もまた創っていく必要が今，高まっている。

▶文献

Adler A (1928) Feelings and emotions from the standpoint of individual psychology. Feelings and Emotions : The Wittenberg Symposium. Clark University Press, pp.316-321.

Adler A (1931) What Life Should Mean to You. Little, Brown.（岸見一郎 訳 (2010) 人生の意味の心理学［アドラー・セレクション］. アルテ）

Bar-On D (2001) The silence of psychologist. Political Psychology 22-2 ; 331-345.

Bar-On D (2005) Reconciliation revisited for more conceptual and empirical clarity. In : J Bec-Neumann (Ed) Darkness at Noon : War Crimes, Genocide and Memories. University of Sarajevo.

Bar-Tal D (1989) Group Beliefs : A Conception for Analyzing Group Structure, Processes, and Behavior. Springer.

Carter A, Gilbert P & Kirby JN (2020) Compassion-focused therapy for body weight shame : A mixed methods pilot trial. Clinical Psychology & Psychotherapy 28-1 ; 93-108. doi:10.1002/cpp.2488

Garrison YL, Jiao T, Vaz S et al. (2023) A qualitative study of women of color group psychotherapists : The wellspring of collective healing. Journal of Counseling Psychology 70-1 ; 1-15. doi:10.1037/cou0000643

Goffman E (1963) Stigma : Notes on the Management of Spoiled Identity. Prentice-Hall.（石黒毅 訳 (2003) スティグマの社会学──烙印を押されたアイデンティティ. せりか書房）

Jalali F, Hashemi SF & Hasani A (2019) Narrative therapy for depression and anxiety among children with imprisoned parents : A randomised pilot efficacy trial. Journal of Child & Adolescent Mental Health 31-3 ; 189-200. doi:10.2989/17280583.2019.1678474

貴戸理恵 (2022) 生きづらさを聴く──不登校・ひきこもりと当事者研究のエスノグラフィ. 日本評論社.

Lewis M (1992) Shame : The Exposed Self. Free Press.（高橋惠子 監訳 (1997) 恥の心理学──傷つく自己. ミネルヴァ書房）

Sawer F, Davis P & Gleeson K (2020) Is shame a barrier to sobriety? : A narrative analysis of those in recovery. Drugs : Education, Prevention and Policy 27-1 ; 79-85. doi:10.1080/09687637.2019.1572071

Scheff TJ (2003) Shame in self and society. Symbolic Interaction 26-2 ; 239-262. doi:10.1525/si.2003.26.2.239

Schutz WC (1958) FIRO : A Three-Dimensional Theory of Interpersonal Behavior. Rinehart.

Wei M, Wang L & Kivlighan Jr DM (2021) Group counseling change process : An adaptive spiral among positive emotions, positive relations, and emotional cultivation/regulation. Journal of Counseling Psychology 68-6 ; 730-745.

Yalom ID (1970) The Theory and Practice of Group Psychotherapy. Basic Books.

🐢 [特集]「恥」は敵か？ 味方か？ ——生きづらさ・傷つきの根源

「症状」は恥に起因する

感情制御

田中健史朗 Kenshiro Tanaka

山梨大学

Ⅰ 「恥」の感情制御

「恥ずかしい」という感情は、「恥 (shame)」「羞恥 (embarrassment)」という概念として研究で取り上げられている。人前でスピーチすることが恥ずかしかったり、初めてパートナーと手をつなぐときに恥ずかしさを感じたり、と日常生活のなか生起することは珍しくない感情である。Lewis (1992/1997) も「恥はどこにでもある」と述べている。そのため、恥という感情自体に大きな問題はないのであるが、その感情が精神障害の症状に関連していたり、心理的援助を行うなかで問題となったりする場合もあることが明らかになっている。そこで、恥の感情に関する感情制御研究を紹介しつつ、恥の感情が引き金となる精神障害や、恥の感情がもたらす臨床的問題について解説する。

なお、恥と羞恥は大まかにひとつにまとめることができると指摘されているが（樋口, 2005）、羞恥とは、自らの期待とは異なり、現実または想像上の他者から望ましくない評価を受けることへの懸念が増加するような出来事があった際の驚き、格好悪さ、気まずさ、後悔の状態と定義されている（樋口, 2020）。例えば、上記で挙げたように人前でスピーチすることが恥ずかしいという現象があるが、これは人前でスピーチした内容に対して、それを聞いた他者から悪い評価を受けるかもしれないという認知が高まり、恥という感情が生起するということである。重要な点は、望ましくない他者評価への懸念という認知的評価が関わっているということである。

恥の感情を生起させる認知的評価には4つの評価が関わっている（樋口ほか, 2012）。それは、①社会的評価懸念、②自己イメージとの不一致、③相互作用の混乱、④自尊感情の低減である。社会的評価懸念とは、周囲が自分をどのように評価するのかということに対する懸念である。自己イメージとの不一致とは、普段の自己イメージと異なることへの懸念である。相互作用の混乱とは、他者に対してどのように行動すべきか混乱してしまうことである。最後に、自尊感情の低減とは、自分はダメな人間であると感じることである。このなかでも特に、相互作用の混乱が恥の強い生起因となることが明らかになっている（樋口ほか, 2012）。つまり、初めてパートナーと手をつなぐ場面を想定したときに、手をつなぐためにどのように行動すれば良いのかわからないことが、恥の感情を強烈に生起させるということである。

続いて恥に関する研究の歴史を概観すると，恥と一緒に罪・罪悪感という感情が取り上げられている（Lewis, 1992/1997 ; Lynd, 1958/1983；内沼, 1983）。Lynd（1958/1983）は，罪とは自ら描いた自分自身の姿にそった生き方ができていないことで生起し，他者の批判に対する反応によって生起するのが恥であると区別している。また Lewis（1992/1997）は，恥や罪を出来事に対する客観的自己覚知の結果生じる自己意識的評価的情動と分類し，認知的評価によって生起する感情としている。そして，出来事に対する認知的評価が「失敗」と判断されたときに，その原因が自己の全体へ帰属される場合に恥という感情が生起し，部分的な自己に帰属される場合に罪という感情が生起するという区別を行っている。これらを整理すると，恥という感情は自分ではコントロールすることが難しい他者評価に依存した感情であり，出来事をネガティブに評価した際に自己全体に原因を帰属し，そして自身の内的情報に注意が偏ることで生じる感情であると言えるだろう。

Ⅱ 「恥」が引き金となる精神障害

上述した4つの認知的評価が生じることは珍しいことではなく，恥の感情が生起することも大きな問題になることはない。しかし，恥の感情が他者評価に依存した感情であり，自己全体をネガティブに評価することにつながる感情であるが故に，精神障害へとつながることも明らかになっている。

1 対人恐怖・社交不安症

「恥の病理」とされるのが対人恐怖である（森田, 1974）。対人恐怖とは，他者と同席する場面で，不当に強い不安と精神的緊張が生じ，そのために他人に軽蔑されるのではないか，他人に不快な感じを与えるのではないか，いやがられるのではないかと案じ，対人関係からできるだけ身を退こうとする神経症の一型とされている（笠原, 1993）。対人恐怖の症状としては，対人緊張，赤面恐怖，

蒼面恐怖，表情恐怖，態度恐怖，醜形恐怖，視線恐怖，関係念慮，ふるえ恐怖，発汗恐怖などがあるとされている（内沼, 1983）。市川・外山（2016）は，対人恐怖心性が高い人の場合，他者から拒否されることを回避しようという欲求が恥の感情の生起因として強く影響していることを明らかにしている。このように，社会的評価懸念が著しく高く，恥の感情により人前に出ることができず，社会的な不適応を起こすという構造が対人恐怖にはある。例えば，対人恐怖に伴い，学校で同級生や教職員に会うことを避けようとすれば不登校という現象となり，社会人になって職場の人に会わないようにすればひきこもりという現象になる。

対人恐怖は現在，不安症（不安障害）群の社交不安症（社交不安障害）に位置付けられている（American Psychiatric Association, 2013/2014）。その診断基準のひとつとして，行動に対して他者から否定的な評価を受けることを恐れているという社会的評価懸念が含まれている。例として，恥をかいたり恥ずかしい思いをしたりするだろうという懸念が挙げられている。このように，社会的評価懸念により生起する恥の感情が引き金となり，対人緊張や赤面恐怖，醜形恐怖などの症状が表出し，それを避けるために回避行動を取り，ひきこもりなどの社会的な不適応を生じさせるという構造をもつのが，対人恐怖・社交不安症である。

2 自己愛性パーソナリティ障害

「恥の病理」と呼ばれる精神疾患にはもうひとつある。それは，自己愛性パーソナリティ障害である。病理的な自己愛は恥の感情との関連が指摘されており，「恥の病理」とも呼ばれている（岡野, 1998）。自己愛性パーソナリティ障害の中核的な特徴として，恥に対する敏感さがあることが明らかになっている（Ritter et al., 2014）。市川・外山（2016）は実証的な研究により，病的な自己愛の特徴を有する人の場合，他者から否定的に評価されることを避けようとする欲求が恥の感情を強く生じさせる要因であることを明らかにしている。こ

れは Lewis（1992/1997）においても同様に指摘されており，恥の感情に起因する攻撃性が他者へと向くことは自己愛性パーソナリティ障害と関連すると述べられている。つまり，自己愛を保つために，恥の感情を抑圧し，自身の評価を下げかねないネガティブな出来事に対して自己とは無関係と評価したり，内的に原因帰属したりすることを避け，ネガティブな出来事が起きた原因を他者という外部に帰属させ，他者に対する攻撃的な行動を取るという構造により，自己愛性パーソナリティ障害の症状へとつながるということである。

3　強迫症

対人恐怖の症状として醜形恐怖が挙げられる（内沼，1983）ことは前述した。醜形恐怖症は，DSM-5 において強迫症および関連群に位置づけられている（American Psychiatric Association, 2013/2014）。自身の外見への囚われにより社会的な不適応状態になる疾患であり，社会的評価懸念や自己イメージとの不一致という恥の感情を生起する認知的評価（樋口ほか，2012）が関わっていることが想定される。

恥の感情は，強迫症および関連群の醜形恐怖症だけでなく，強迫症との関連も指摘されている。不潔恐怖のために手を必要以上に洗ったり，不安から確認行為を強迫的に繰り返したりする強迫行為や強迫症状は奇異的であるという認知を当事者も抱いており，その結果，恥の感情を抱くとされている（Andrews et al., 2002/2005）。このことは，久保・沢宮（2018）が実証的な研究により，強迫行動に向けられる強い意向（強迫性パッション）は恥の感情と有意な正の関連がみられることを明らかにした知見からも証明されている。

このように，恥の感情が引き金となる精神障害や恥の感情と関連の強い精神障害がいくつかある。本稿では社交不安症，自己愛性パーソナリティ障害，強迫症を紹介したが，ほかにも解離症との関連なども指摘されている（Lewis, 1992/1997）。

III　「恥」の感情がもたらす臨床的問題

恥の感情は心理的援助を行う際にも臨床的な問題を生じさせることが明らかになっている。具体的には，問題に直面したときに，恥の感情によって支援へとつながらない，二次障害が生じるという問題が挙げられる。

1　不登校事案における恥とその臨床的問題

文部科学省は毎年「児童生徒の問題行動・不登校等生徒指導上の諸課題に関する調査」の結果を公開し，不登校児童生徒数やその推移を報告している。令和 3（2021）年度の報告では，不登校児童生徒数は，小学校・中学校合わせて 244,940 名（前年度 196,127 名）となっており，過去最多を更新した（文部科学省，2022）。割合にして，小学校では 1.30％であり 77 名に 1 名，中学校では 5.00％であり 20 名に 1 名が不登校になっているという現状である。さらに，不登校事案を理解するうえで重要なデータもこの報告書に記載されている。それは，不登校になった児童生徒がその年度内に登校できるようになった割合である。令和 3（2021）年度は，小学校で 27.1％，中学校で 28.1％であり，これは他の年度をみてもおおよそ同様の割合であって，7 割以上の不登校児童生徒が年度内には復帰できていないという現実がある。そのため，不登校支援の目標は教室復帰ではなく，登校できていなくても，学習の機会，対人交流の機会，社会的経験の機会をどのように整備していくかという社会的自立が目指されている。

不登校事案への対応が学校教育において喫緊の課題であり，社会的自立に向けた支援が重要であるなか，臨床的な問題を引き起こすのが恥の感情である。文部科学省は不登校児童生徒の実態把握に関する調査企画分析会議を立ち上げ，不登校当事者に対する実態調査を行った（文部科学省，2021）。そのなかに，不登校で学校を休んでいる気持ちについての結果が示され，約 7 割の不登校児童生徒が「ほっとした・楽な気持ちだった」と

いう項目に「あてはまる・少しあてはまる」と回答し，「早く学校に戻りたかった」という項目に「あてはまる・少しあてはまる」と回答したのは３割弱であった。これも不登校事案の特徴を示しているが，「自分のことが嫌で仕方なかった」という項目に「あてはまる・少しあてはまる」と回答したのは小学生で43.6%，中学生で54.8%であった。この結果は，樋口ほか（2012）が恥を生起させる認知的評価として挙げている自尊感情の低減に該当する。つまり，不登校に至るプロセスのなかで恥の感情が生起し，社会的自立に向けた支援へとつながらない悪循環が生じるという臨床的問題である。

　不登校になる背景は児童生徒それぞれであるが，不登校になることで，「学校に行けない自分を同級生や親はどのように感じるのだろうか」「しばらく休んでいたのに学級レクのときだけ学校に行ったらみんなにどう思われるだろうか」といった社会的評価懸念，「自分の理想としていた自分とは違う」といった自己イメージとの不一致，「学校に行ってほしいと思っている親とどのように関われば良いのかわからない」といった相互作用の混乱，そして「自分はだめだ」という自尊感情の低減という認知的評価が高まることが考えられる。そして，その認知的評価に起因する恥の感情により，社交不安が高まり，学校だけではなく，学校以外の居場所など（例えば，教育支援センター，別室登校，フリースクール，放課後等デイサービスなど）ともつながらず，社会的自立に向けた環境整備が進まないという悪循環に陥るケースはとても多いのではないか。そのため，社会的自立に向けた支援を考えるうえでは，この恥の感情，その生起因である認知的評価への介入について検討し，支援を実行する必要があるだろう。

2　援助要請研究における恥とその臨床的問題

　学校教育で喫緊の課題となっている事案は不登校事案だけではない。令和3（2021）年度のいじめの認知件数は過去最多を更新し，自死事案や家庭内暴力，小学校における暴力行為の増加も顕著である（文部科学省，2022；警察庁，2023）。そのため，学校教育においては，「SOSの出し方教育」に重点が置かれ，教材開発や児童生徒向け講演会の開催などが行われている。

　SOSの出し方に関わる臨床心理学の概念に「援助要請」がある。援助要請とは，自身の力では解決できないような悩みに直面した場合に他者に相談し，援助を求めることを指す（DePaulo, 1983）。永井・新井（2008）は，中学生を対象とした調査によって援助要請行動の利益とコストを明らかにした。コストとしては，相談しても相手に馬鹿にされる，相手に嫌なことを言われる，といった否定的応答や，悩みを相談すると自分の弱さを認めることになる，自分を弱い人間のように感じてしまう，といった自己評価の低下という要因があることを解明した。さらに，それらの要因は，援助要請の欲求と負の相関があり，援助要請への抵抗感とも関連があること，相談行動している頻度に対する負の相関があることも明らかになっている。

　このように，恥の感情へとつながる認知的評価によって，自身では解決できない悩みに直面したとしても，援助要請行動を行えず，悩みを解決できない状況が継続するという悪循環が生じる。その結果，もともとは友人関係のトラブルだった悩みが，問題が解決しないために不登校になり，登校できない自分への怒りにより自尊感情が低下したり，登校を強引に促す教師や保護者との関係性が悪化したり，昼夜逆転の生活となるなかで抑うつ症状を発症したり，といったように恥の感情による二次障害を引き起こし，より難しい状況に陥る可能性も懸念される。

IV　「恥」の感情を緩和する心理的援助

　ここまで恥の感情と精神障害，臨床的問題との関連について紹介してきた。では，恥の感情に対してどのようなアプローチが可能なのか。最後にこの点について触れる。

その代表的なアプローチが認知行動療法である。恥の感情が精神症状となっている社交不安症に対しては，認知行動療法マニュアルが作成されている（吉永・清水，2016）。社交不安が生じる問題点として，①自分自身に対して注意が偏ること，②観察することなく自分が他者にどう見えているかを判断してしまうこと，③安全行動（本人は安全と思っているが，悪循環となっている行動）を続けること，という3点が挙げられている。この点を改善する方法として，ビデオフィードバック（否定的な自己イメージの修正），注意シフトトレーニング，行動実験などが開発されている。

ビデオフィードバックは，不安を感じる場面での様子（例えば，スピーチ場面）を録画し，それを自分自身で見返すという方法である。恥の感情は自身の内的情報に注意が偏って生じるとされているため，客観的に自身を観察し，手の震えやたどたどしさは自身がビデオ視聴前にイメージしていたものよりも悪くないことについて治療者と話し合っていき，否定的な自己イメージを修正していく。樋口ほか（2012）は，恥の感情が生じる認知的評価として，自己イメージとの不一致を挙げており，そのイメージの不一致を少なくするアプローチと言える。また，注意シフトトレーニングでは，自身の内的情報ではなく，他者の特徴（メガネの色など）について考えながらスピーチするなど，外的情報に意識を向ける練習をする。さらに，行動実験では自分のネガティブなイメージをつくっている根拠について実験を通して治療者と検討する。恥の感情の生起因となっている社会的評価懸念の妥当性を検証することで，認知バイアスを解消していくアプローチである。このように，恥の感情のもとになっている認知的評価の根拠について検討することで恥の感情へとつながる認知バイアスを解消していったり，恥を感じる場面において自分自身ではなく他者に意識を向ける練習をしたりすることが，ひとつの有効なアプローチ方法と考えられる。

最後に，本人が安全だと思っているが悪循環となっている行動について考えるという視点も興味深い。学校現場では，人前でスピーチすることが苦手で，みんなの前に無言で立ち続ける児童をみかけることがある。本人にとっては，スピーチすることを回避する安全行動であるかもしれないが，その行動により，他者からの注目はより高まるという悪循環になっている。テキトーにパパっと話して席に戻った方が安全ではないかなど，本当に安全な対処行動は何かという点について検討することも効果的なアプローチと言えるだろう。

このほか，認知行動療法以外でも恥の感情に対して有効なアプローチがあることも明らかになっている。そのひとつが精神分析である。恥の感情の背景には過去の心的外傷やそれに付随した罪悪感，怒りの感情が潜在していることが指摘されている（岡野，1998）。その根底にある心的外傷について治療者と語り，本人が抱えられる状態へと精神分析的にアプローチしていくことも，ひとつの方法かもしれない。また，恥の感情の背景にある怒りの感情が社交不安症と関連し，箱庭療法によって，その怒りを認識し，受け入れていくという症例も報告されている（北添，2013）。

恥の感情の性質に応じて，さまざまなアプローチを適切に実施することが望まれる。

▶ 文献

American Psychiatric Association (2013) Desk Reference to the Diagnostic Criteria from DSM-5. American Psychiatric Publishing.（髙橋三郎，大野裕 監訳 (2014) DSM-5 精神疾患の分類と診断の手引き，医学書院）

Andrews G, Creamer M, Crino R et al. (2002) The Treatment of Anxiety Disorders : Clinician Guides and Patient Manuals. Cambridge University Press.（古川壽亮 監訳 (2005) 不安障害の認知行動療法 [3] ―強迫性障害と PTSD. 星和書店）

DePaulo BM (1983) Perspectives on help-seeking. In : BM DePaulo, A Nadler & JD Fisher (Eds) New Directions in Helping. Vol.2. Help-Seeking. Academic Press, pp.3-12.

樋口匡貴 (2005) 恥の発生―対処過程に関する社会心理学的研究. 北大路書房.

樋口匡貴 (2020) 羞恥・健康―社会心理学と感情. 臨床心

理学 20-3；275-278.

樋口匡貴，蔵永瞳，深田博己ほか（2012）非典型的状況における羞恥の発生メカニズム—ネガティブな行為が含まれない状況に関する検討．感情心理学研究．19-3；90-97.

市川玲子，外山美樹（2016）対人恐怖心性—自己愛傾向2次元モデル類型間の失敗経験後に生じる感情の差異：自己呈示欲求からの影響．教育心理学研究 64-2；228-240.

笠原嘉（1993）対人恐怖．In：加藤正明，笠原嘉，小此木啓吾ほか 編：新版 精神医学事典．弘文堂，p.515.

警察庁（2023）令和3年中における少年の補導及び保護の概況．

北添紀子（2013）社交不安障害の大学生の箱庭療法過程—恥ずかしさの奥にある攻撃性とその現代的表現．箱庭療法学研究 26-1；43-53.

久保尊洋，沢宮容子（2018）パッション尺度日本語版の作成および信頼性・妥当性の検討．心理学研究 89-5；490-499.

Lewis M（1992）Shame：The Exposed Self. Simon and Schuster.（高橋惠子，遠藤利彦，上淵寿ほか 訳（1997）

恥の心理学．ミネルヴァ書房）

Lynd HM（1958）On Shame and the Search for Identity. Harcourt, Brace.（鑪幹八郎，鶴田和美 訳（1983）恥とアイデンティティ．北大路書房）

文部科学省（2021）不登校児童生徒の実態把握に関する調査報告書．

文部科学省（2022）令和3年度児童生徒の問題行動・不登校等生徒指導上の諸課題に関する調査結果．

森田正馬（1974）赤面恐怖（または対人恐怖）とその療法．In：森田正馬全集［第3巻］．白揚社．

永井智，新井邦二郎（2008）相談行動の利益・コスト尺度改訂版の作成．筑波大学心理学研究 35；49-55.

岡野憲一郎（1998）恥と自己愛の精神分析—対人恐怖から差別論まで．岩崎学術出版社．

Ritter K, Vater A, Rüsch N et al.（2014）Shame in patients with narcissistic personality disorder. Psychiatry Research 215-5；429-437.

内沼幸雄（1983）羞恥の構造．紀伊國屋書店．

吉永尚紀，清水栄司（2016）社交不安障害（社交不安症）の認知行動療法マニュアル．不安症研究 7；42-93.

🗨 ［特集］「恥」は敵か？ 味方か？ ──生きづらさ・傷つきの根源

［コラム1］恥という現象
現象学的考察

中村拓也 Takuya Nakamura
同志社大学

恥という現象は，最初期から現象学者の注意を集めてきた事象である。Sartre による『存在と無』での窃視者の例を用いた恥の分析は，単に恥についてのみならず，具体的な事象についての現象学的分析のなかで最も有名な分析のうちの一つに数えることができる。そうした古典的現象学の成果を踏まえて，近年では，現代の現象学者 Zahavi が再び恥という現象を現象学にとっての中心的な論題として取り上げている。本稿では，Zahavi による恥の分析を取り上げることで，恥についての現象学的考察の現在を確認することにしたい。

Zahaviは，『自己意識と他性』（Zahavi, 1999/2020）のなかで，現象学の創始者 Husserl の現象学のなかに自己性についての徹底した現象学的分析を認める。それに加えて，Sartre，Merleau-Ponty，Michel Henry といった古典的現象学者による豊かな現象学的分析の成果から，最も根底的な自己についての先反省的自己意識と他性との根底的な関連性を露わにしようとする。そこで行われた分析は極めて徹底したものであり，その後そこで獲得された基本的な枠組みに動揺は認められない。こうして確立された現象学的自己論を他の哲学的立場や隣接領域としての認知科学や心理学の成果との対話を通して，具体化と洗練が図られること

になる（Zahavi, 2005, 2014）。

Husserl の現象学は，さまざまな方法論的作業を通して，日常的に先反省的・非主題的に働く自己を主題化することをその重要な成果の一つとしている。このように見出された先反省的自己意識によって，ありとあらゆるものはまずもって一人称的に体験されていることが明らかにされる。いわゆる無意識的・没自我的とされるものでさえ，それが体験されているかぎりでは私によって一人称的に生きられていることになる。

なるほど，すべてのものがそれに対して現れてくる最小限的自己なしには，そもそも何も現れることがない。現象学的分析が見出す最小限的自己は，近代的な自我概念のような，私が世界を構築するという仕方で，主語的にはたらき，その働きの目的として世界を作り上げるという強い自我概念ではなく，あくまで世界がそれにとって現れること・現象することを許すという意味でその条件となる，現象の与格としての自我という弱い自我概念である。このように弱いとは言っても原初の与格としての自我がなお現象の可能性の条件であることには変わりはない。しかしながら，それによって明らかにされているのは，現象が現れるという事態の形式的構造にすぎず，さまざまな現象

が帯びている豊かな意味内容をその豊かさに照応する十分な仕方で説明することができない。

こうした脈絡のなかで，恥という現象が自己概念の十全な分析に対して重要な役割を果たすことが明らかになる。というのは，恥は多層的・多元的自我概念の両極としての最小限的自己と人格的－社会的自我，つまり，自己と人格の間を架橋することになる現象にほかならないからである。

恥は，ひとり反省によって解明され，自己完結する単なる自己意識的感情ではない。確かに，自分の体験を反省し，対象化して確定的に主題化することによって，結果として反省された自分の体験に対して恥を感じることはある。しかし，恥を感じる私は，そもそも反省に先立って恥を感じてしまっている。なるほど，恥もまた一人称的体験であるかぎりでは，他者を前にしての自分自身の恥にほかならない。しかし，恥という現象の特異な点は，私が恥を感じることは，その人を前にして恥ずかしいと感じる他者の介在を前提していることである。したがって，恥を感じる・体験するためには，媒介された形式の自己関係，私と私自身の間に他者が，現前しているのであれ不在であれ，媒介者として介在することになる。この意味では，恥は自己意識的感情であると同時に社会的感情でもある。

Sartre による窃視者の例によって知られるとおり（Sartre, 1943），恥を感じる際に，恥を感じている私，恥じる自己は，もはやそれ以前に一般的な意味での我を忘れて主題としている対象から

は退去してしまい，もっぱら恥じている私，恥じる自己だけが主題として前景化することになる。しかし，こうした恥じる自己は，先反省的に自己意識されている最小限的自己ではない。ここで体験的自己概念の限界が露わになり，なお体験的自己ではあるが，最小限的自己としての体験的核自己よりももっと複雑な体験的自己，他者との原初的なかかわりという原初的な社会性を有する自己が生じている。したがって，ここでの自己意識は，きわめて特異な自己意識にほかならない。すなわち，恥じる自己の自己意識は，私自身を体験する他者を体験する私を含んでいるのである。恥についての現象学的分析が露わにするのは，私の原型的恥体験が，最小限的自己の原初的社会的自己への拡張としての，他者に媒介される形式の自己体験にほかならないということである。

▶文献

Sartre J-P（1943）L'Être et le néant : Essai d'ontologie phénoménologique. Gallimard.（松浪信三郎 訳（2007-2008）存在と無 I-III. ちくま学芸文庫）

Zahavi D（1999/2020）Self-Awareness and Alterity : A Phenomenological Investigation. Northwestern University Press.（中村拓也 訳（2017）自己意識と他性. 法政大学出版局）

Zahavi D（2005）Subjectivity and Selfhood : Investigating the First-Person Perspective. Bradford Books.

Zahavi D（2014）Self and Other : Exploring Subjectivity, Empathy, and Shame. Oxford University Press.（中村拓也 訳（2017）自己と他者. 晃洋書房）

🗨 [特集]「恥」は敵か？ 味方か？——生きづらさ・傷つきの根源

羞恥からパラノイアに至るプロセス

岡野憲一郎 Kenichiro Okano

本郷の森診療所／京都大学

I　地獄は他者か

　恥というテーマは，私が1982年に精神科医になって最初に取り組んだ問題であるが，本稿の執筆を機会にこれまでの考えを振り返りつつ，再考を加えたい。今回の特集の大きなテーマは「恥は敵か？　味方か？」である。恥が私たちにとって防衛的に働くというプラスの側面とは別に，自分にとっても周囲にとってもネガティブに働くという側面について特に論じたい。

　まずは私のこのテーマとの関わりについて簡単に述べる。私はいわゆる対人恐怖症への関心から出発した。つまり恥の持つ病理性に着目していたのである。恥は広範な感情体験を包み込むが，その中でも特に「恥辱（shame）」と呼ばれる感情は，深刻な自己価値感の低下を伴い，一種のトラウマ的な体験ともなりうる。私たちの多くは，そのような体験をいかに回避し，過去のそのような体験の残滓といかに折り合いをつけるかということを重要なテーマとして人生を送るのだ。我が国における対人恐怖症や米国のDSMにより概念化されている「社交不安障害」は主としてこの「恥辱」関わることになる。その一方で「羞恥（shyness）」として分類される，気恥ずかしさや照れくささの

体験は，恥辱のような自己価値感の低下を伴わず，さほど病理性のないものとされる。私自身もどちらかと言えばこの羞恥に関してはあまり関心を寄せないできたという経緯がある。

　私がこれまでに世に出した恥に関する著述（岡野，1998, 2014, 2017）は以上を前提としたものであった。しかしそれらの考察が一段落した今，改めて恥について考える際に，私自身が改めて疑問に思うことがある。

　　「人と対面するのはなぜこれほど億劫で，心のエネルギーを消費することなのだろう？」

　私自身は決して人嫌いというわけではないし，人と会っていて楽しさを覚えることも決して少なくない。しかし一人でいることの方が圧倒的に気が楽なのである。心に潤沢なエネルギーが解放されたままで時を過ごすことができるのだ。そして臨床活動をする中で同様の体験を語る人（患者だけでなく関係者を含めて）も非常に多いのである。

　私のこれまでの考えは，人が他者との対面を回避するのは，恥辱の体験を恐れるからだ，というものであった。つまり対人恐怖の文脈で考えていたのである。しかし人は必ずしも自らを不甲斐な

く情けない存在とはとらえていなくても，他者と会うことに一種の嫌悪感を持つことが多い。それは人と対面する状況そのものの居心地の悪さ，それに伴う労作性，疲労感，エネルギーの消耗の感覚に由来するものなのである。

ちなみに恥の研究について私が私淑している内沼幸雄先生が「間のわるさ」（内沼，1977）と表現しているのは，私がここでいう対面状況に直接由来する居心地の悪さにおおむね相当するように思える。間の悪さ程度では人は深刻には悩まないのかもしれない。しかしそれ自体が苦痛なレベルにまで至る場合もありうるであろう。

もちろん人と常に群れていたい，誰かと一緒でないと寂しい，という人もたくさんいらっしゃる（私はひそかに「ワンちゃんタイプ」と呼んでいる）。しかしそれらの人たちにとっても，常に一緒にいたいと感じるのは親しい家族や友人であることが多く，初対面の人との出会いには抵抗を感じたり尻込みをしたりするようである。もし「私は人と出会うのが億劫です」と自認する人の声をあまり聞かないとしたら，おそらく世間から人嫌いと思われたくないからであろう。孤立を好み，人と交わらない傾向を持つことは，社会通念上あまり好ましく思われないからだ。飲み会や忘年会に誘われても及び腰になることは，社交性のない人，付き合いの悪い人として所属集団から敬遠される原因となりやすいのだ。少なくとも日本社会ではその傾向が顕著であるように感じる。

ここで私が述べようとしていることをわかりやすく言い換えたい。恥辱のレベルにまで至らない対面状況でも，十分に不快なものとなりえるのではないか。そこにすでに恥の体験の本質が垣間見られるのではないか，ということだ。

人と出会うことについて考えるときに私の頭にすぐ浮かんでくるのが，哲学者 Jean-Paul Sartre が語ったという「地獄とは他者だ（L'enfer, c'est les autres）」という言葉である。この言葉は「そうか，他人は本来地獄なのだ，だからそれを恐れるのが当然なのだ」という安心感を与えてくれる

のである。それをかの偉大な哲学者が保証してくれているのだ。

他者から単に見られることですでに体験される一種の嫌悪感については，内沼が Sartre を引用して次のように表現する。「純粋な羞恥は，これこれの非難されるべき対象であるという感情ではなくして，むしろ一般に，一つの対象であるという感情であり［…］根源的な失墜（chute originelle）の感情である」（内沼，1977，p.193）。

ただし Sartre はまた，地獄が他者であるという根拠をさらに述べている。彼はこの「地獄とは他者だ」という言葉を，『出口なし』（サルトル，1952）という戯曲の中で密室に閉じ込められた3人のうちの1人に言わせている。私たち人間は自分を他の人の目を通して知るしかない。そしてその他者が私たちを対象化するだけでなく，歪曲された目を持つのであれば，他者は地獄に他ならないと言っているのだ。

私たちは自分を知るために鏡を用いる。それが他者である。しかしその他者が自分にとって好意的な目を向けるという保証はあるだろうか。多くの場合，否，である。他者はライバルや敵ですらある。その目に映る自分を頼りにするしかないのであれば，他者は私たちが決して逃れることができない地獄といえないだろうか？

II　他者は本来的に地獄である

Sartre が語った「地獄は他者である」はやや思弁的でわかりにくいが，私はこの言葉をもう少しシンプルに捉えたい。他者が地獄であるのは生物としての私たちにとって避けられない現実なのである。自然界で野生動物が他の動物に遭遇した時の反応を考えればいいだろう。自分のテリトリーに侵入してきた他の動物を脅威と感じ，撃退したり，あるいはそれから退避したりするという基本的な性質や能力を備えていない限り，その個体は弱肉強食の世界を生き抜くことはできないだろう。というよりは，そのような個体が淘汰の結

果，現在生き残っているのである。結局自然界においても，つがいとなるべき相手や血縁を除いては，他者はまずは脅威として映る。その敵対的なイメージが私たちにとっての鏡になるとしたら，まさに Sartre 的な意味で地獄は他者になるのだ。

　私たちが日常生活ではあまり他者を怖がらないのは，他者は危害を加えてこないだろうとたかをくくっているからだ。親しい友人 A さんと会う時は，あまり警戒はしないであろう。それは「あの温厚な A さん」という内的イメージをすでに持っていて，それを本来は得体のしれないはずの A さんに投影しているからである。ところが通勤途中に道で見知らぬ人に急に話しかけられると，私たちはそれだけで一瞬警戒モードを全開にして身構えるものである。

　人間社会においても，私たちが遭遇する他者はいつどのような形でこちらに危害を加えてこないとも限らないが，それを警戒してばかりでは社会生活を営むことはできない。だから私たちはこの警戒モードを一時的に「オフ」にして，本来は敵対的かもしれない他者とも社会の中で関わりを持っているのだ。

　ところが私たちは，時にはこのオフモードに入ることができなくなってしまうような病態を知っている。例えば心的外傷後ストレス障害（PTSD）などの場合には，誰と会っても，どのような場でも警戒心を解くことが難しくなり，家を出ることさえも恐ろしくなってしまう場合がある。対人恐怖症や社交不安障害ももちろんこれに該当するのだろう。

III　警戒モードをオフにできるために必要な愛着関係

　実際には多くの危険性をはらむ対人関係において，私たちの多くが警戒モードをオフにすることができるのはなぜだろうか？　その能力を獲得するのが幼少時の愛着のプロセスである。乳幼児は母親的な存在との密接な関わりの中で，人間関係における基本的な安全性の感覚が育てられる。も

ちろんその安全性は完全なものではなく，突然崩される可能性はある。他者はいつ攻撃をしてくるかわからない。そして母親も他者である以上，乳幼児にとっての脅威となる可能性を常に備えている。現実にその要素はごく微量ながら母親により加えられていくのだ。Donald Winnicott は侵入（impingement）や脱錯覚（disillusionment）という概念を用いて，乳幼児が必ずしも安全でない外的世界へ徐々に適応していくプロセスを描いた。こうして私たちは，他者からの多少の侵害は深刻な脅威と捉えることなく，むしろ精神的な意味で「脱感作」されることで，世界はおおむね安全だという幻想を持つことができ，毎日を生き延びていく。これが先ほど述べた警戒モードをオフにする能力である。

　対人恐怖の観点からこの愛着関係についてもう少し具体的に見てみよう。愛着が形成されるプロセスで母親と乳幼児は視線を合わせ，多くの場合は身体接触を持ち，声を出し合いながら関わり合っていく。以下に述べるように人が対面する状況は極めて複雑な体験構造をなすが，通常の愛着関係では乳幼児はこれを巧みにマスターし，自然と行えるようになるのだ。

　乳幼児はやがて同じことを母親以外の身近な人とも行えるようになる。その能力は父親や同胞はもとより，親戚にもご近所さんにも広げられるだろう。そして見知らぬ大人に向かっても，母親に抱えられている限りは警戒せず，時には微笑みかけることができるようになる。ただし他人は安全な存在ばかりではないことを知り，警戒モードが成立し始めるのが，いわゆる「8 カ月不安」における人見知りの段階である。

　ところが愛着が十分に成立しない場合は，他者は最初から常に脅威の対象として立ち現れることになる。愛着の次に成立すべき警戒モードは最初から存在し，それがオフな状態を体験することなく子どもは育っていくことになる。

　ちなみに私がここで「警戒モード」オフ，という形で他者との体験を描きたいのは，それがある

種の感覚の遮断を伴っているからである。逆に言えば対人体験は極めて多層的かつ高刺激であり，それが本来の対人体験の性質を示しているということだ。それについて以下に述べよう。

IV　対人体験の「無限反射」という構造

先ほど他者との対面状況は極めて複雑な構造をなすと述べた。それは実際に多層にわたる認知的，情緒的段階を含む。だからこそ乳幼児の中枢神経の可塑性が最も高い時期に母子関係を通してそれをマスターする必要があるのだ。そこで対面状況の複雑さについて具体的に検討したい。

そもそも対面状況で相手と視線を交わすという体験が極めて錯綜していることは少し考えただけでもわかる。まずこちらが相手を見る。その相手はすでに「こちらからの視線を浴びた」他者であり，こちらはその人からの視線を浴びることになる。そしてそのような相手を見るという体験は，「こちらの視線を浴びた他者を見ている私の視線を浴びた他者を見る」という体験ということになる。そしてその相手は……という風に永遠に続いていく。そしてそれぞれの段階に「そういう自分を相手がどう思っているのだろう？」という思考が入り混じるという複雑極まりない体験となるのだ。内沼（1977）はそのような事情を指して以下のようにシンプルに述べている。「実際，対人恐怖には自・他の意識の同時的過剰が見られ，特に視線恐怖段階では患者は自分と他人のそれぞれの視線ばかりを気にして，結局は自分も他人も得体のしれない存在と化してゆくのである」(p.72)。

このような体験を私は「対面状況における無限反射」と言い表すことにするが，それは2枚の対面する鏡の間に光が入り込む状況になぞらえることができるからだ。鏡がお互いに相手を映し出している様子をご覧になった方は多いだろう。光は片方の鏡で反射し，次に反対側の鏡に向かって進み，そこでも反射する。この反射は，光が減衰しない限り永遠に続くことになる。これが「無限反射」と呼ばれる現象だ。2人の人間が互いに対面

し，見つめ合うという体験もちょうどこれと同じ構造を有する。このように考えると，人との対面が重荷に感じられ，ストレスに満ちた体験となるのはごく自然のことではないかと思える。対人体験がストレスフルなのは，この「無限反射」からくる情報量の多さとそれを処理することに投入されるべき心的エネルギーによるものなのだ。

ちなみにこの無限反射をある程度遮断することで，対人体験によるストレスはかなり軽減されることがある。例えばイヤホンで音楽を聴きながら街の人混みに出ても，周囲の人の存在はさほど気にならないものだ。心の半分は音楽により占められているために，情報を処理できる意識のスペースは限られているからである。しかしそれだけではない。自分の足音が聞こえにくいため，自分自身が発している情報が減り，それに対する他者からの照り返しによる情報も減少する。

V　対人過敏性とパラノイア，被害念慮

ここまで見たように対面状況では極めて複雑で，膨大な情報量を含む体験がなされる。人が思春期に自意識過剰になり，それまで特に意識することのなかった他者の視線の持つ意味について改めて考えるようになると，その情報量が一挙に増し，一種の感覚や思考の洪水に見舞われることになる。そしてその状況は社交不安や対人状況の回避傾向，さらにはある種の被害妄想的な思考を生みやすくなるだろう。この敏感さと社交不安傾向ないし被害念慮との関係は従来は十分に論じられなかった点であるが，最近はより重視されるようになってきている。私がそう考える根拠を以下にあげたい。

そもそも対人恐怖の理論の中に被害妄想やパラノイアの文脈は存在していた。内沼幸雄の『対人恐怖の人間学』(1977) では以下のように述べられている。「対人恐怖はかなり著しい，時にはひどく強固な妄想的確信を示すことが少なくない。この点は，古くから欧米でも指摘されていることである」(p.358)。内沼によれば，対人恐怖にお

いて視線恐怖段階で自らの視線が他者を不快にするという思い込みから「地獄とは自分である」(内沼，1977) という状態となり，それにより脅かされた他者から向けられた不愉快そうなまなざしがパラノイアの起点になると説明される。

　この対人恐怖から被害念慮へと至る経路と理論的には逆向きの関係にあるのが，被害念慮や被害妄想の性質を有するパーソナリティ障害 (Personality Disorder : PD) に見られる対人恐怖心性である。これに関連して最近では従来のDSMのPDの分類においてA群に属するもの(スキゾイド，スキゾタイパルPD) の捉え方に変化が見られている。これらは従来は「社会的関係からの離脱および全般的な無関心ならびに対人関係における感情の幅の狭さの広汎なパターンを特徴とする」(DSM-ⅢのスキゾイドPDの定義／ American Psychiatric Association, 1980) と理解されてきた。つまりスキゾイドPDは人の心に関心を持たず，感情的な動きの少ない病理と考えられていたのである。しかしその後，これらの臨床群でも対人状況を模した条件下で活発な情動が働いていることがわかり (Stanfield et al., 2017)，スキゾイドPDの概念そのものの意義が問われることとなった。そしてDSM-5(American Psychiatric Association, 2013) のパーソナリティ障害の「代替案」からはスキゾイドPDの姿が消え，その代わりにスキゾタイパルPDと回避性PDに解体された (織部・鬼塚，2014)。回避性PDが社交不安障害と近縁であることは言うまでもないが，スキゾタイパルPDの定義としても「疑い深さ」などに加えて「過剰な社交不安」が追加されたのである。すなわちA群PDは「社交不安障害」により接近する形で概念化されなおしたことになる。そしてそれらは上述のスキゾタイパルPDのように，感覚の過剰さと疑い深さが共存する形で捉えられたのだ。

　対人過敏性に関連した被害念慮の傾向はASDの病理において顕著に表れていると言っていいであろう。自閉症児においては視線回避の傾向が従来より指摘されていた。そしてその理由として，この場合も人に対する興味が欠如しているからだという説が唱えられていた。しかし最近はそれとは異なる理論が提唱されている。

　ASDでは実際には視線を一瞬合わせてから逸らすという傾向が観察されている。そしてその原因として，他者からの視線や顔の表情などの情報をうまく処理できず，それに圧倒されているという可能性が指摘されている (Bolis et al., 2017)。そしてその背景にあるのが過剰な覚醒状態である (Hadjikhani et al., 2017)。このことを反映して，2013年に発表されたDSM-5では感覚過敏の感覚鈍麻がその診断基準に加えられた。

　この問題に関して感覚処理障害 (Sensory Processing Disorder : SPD) という病態も注目されている。この障害は感覚過敏，感覚回避，低登録 (感覚鈍麻)，感覚探求に分かれるという (Ide et al., 2019)。対人過敏性に関連したいわゆる感覚過敏パーソン (Highly Sensitive Person : HSP) は，Elaine Aron (2010) が提唱した概念で，本来パーソナリティ傾向の一つである「感覚処理の敏感さ (sensory-processing sensitivity)」が高レベルの状態 (上述のSPD) である人たちとして定義された。HSPは本来精神医学における概念ではないが，これに該当すると自認する人々が増えて，注目を浴びるようになってきた概念である。HSPは今や人口の15〜30%に見られるとも言われ，それは感覚処理の深さ，過剰刺激，情緒的な反応性や共感，微妙さへの敏感さにおいて考えられるという (Aron, 2010)。このうち情緒的な反応性や共感は，まさに対人過敏性の問題を指しているのである。

　以上に示したことは，対人過敏性は他者の視線やその背後にある意図を正確に感知することには留まらないという事情を示している。対人過敏性により他者からの視線に対する的外れの敏感さが発揮された結果，それが行き過ぎて本来そこにはない敵対的，攻撃的な意図を読み込み，それが被害念慮やパラノイア（被害妄想）に結びつくこと

すらあるであろう。

　かつて自閉症を有すると思われる男性が若い女性を殺害した事件があった。その際に加害者は被害者に話しかけて驚いた顔をされて「自分が馬鹿にされた」と思い込み，包丁による刺殺行為に及んだという（佐藤，2005）。これなどはその一つの証左であろう。

　このように対人過敏性は，他人からかけられた声の調子やそこに含まれる感情などを外傷的なまでの大きさに増幅する可能性がある。何気ないコメントや忠告やアドバイスは，この上ない中傷や厳しい叱責として受け取られる。挨拶をしたらちらっとこちらを見ただけの相手が，自分を心底軽蔑したと思い込む。しかしここで同時に起きているのは，ASD が逆説的に有する鈍感さ，「表情の読めなさ」なのである。そのために細かいニュアンスを感じ取れない人はより相手からのメッセージを被害的に受け取ってしまう可能性がある。

　本稿を執筆している間に，岸田首相の演説中に鉄パイプ爆弾が投げ付けられる事件が起きた。昨年の安倍元首相の銃撃事件を彷彿させる事件であるが，いずれも加害者は犯罪性や反社会性を有した人物とは異なるプロフィールを有する。共通しているのは社会との接点が希薄で首相（経験者）に対する被害意識を有し，それを激しい加害性に転化したという点である。いずれも「自己愛憤怒」（Kohut, 1977）にかられた犯罪というよりはむしろ，対人過敏ゆえに孤立傾向にある人が被害念慮を発展させたケースと見なすことができよう。

VI　まとめ

　私が今回の恥に関する論述で新たに提示したのは以下の視点である。私たちが他者との関わりの中で苦痛を体験する一つの原因は，他者との対面状況そのものが「地獄」としての側面をすでに担い，さらに膨大な情報交換を伴うためではないだろうか。そして特に過敏な傾向を持つ人にとっては，そのような状況で情報量に圧倒され，身動きが取れなくなることがある。そしてそのために他

者との直接の交流を避けた分だけ，自らのファンタジー中で他者のメッセージは誇張歪曲され，他者からの悪意やネガティブな感情を誤って読み取り猜疑心を高めるというプロセスが生じる可能性があるのである。また被害念慮が比較的，典型的な形で生じやすい例として，対人恐怖のみならずその傾向を併せ持った PD や ASD について論じ，さらには最近注目されている「感覚処理の敏感さ」や HSP についても論じた。

　この対人過敏ゆえの被害妄想を経路として表される攻撃性は，私がこれまでもっぱら注目していた「自己愛憤怒」（Kohut, 1977）とは質が異なるものと言えよう。対人過敏に由来する憤怒は，自己愛憤怒のような肥大した自己愛やその背後にある恥辱の念を必ずしも必要としない。しかしそれは一人の対人関係の希薄な心の中で静かに増大し，突然外在化される可能性があるという意味ではかえってわかりにくく，また他者からの共感の及びにくい類の攻撃性と言えるであろう。現代社会に生きている私たちは，恥に関するこの2種類の異なる怒りの性質について，それが生じる状況を十分に理解して扱わなくてはならないであろう。

▶ 文献

American Psychiatric Association（1980）Diagnostic and Statistical Manual. 3rd Edition（DSM-III）. American Psychiatric Publishing.（高橋三郎，花田耕一，藤縄昭訳（1988）DSM-III 精神障害の分類と診断の手引き. 医学書院）

American Psychiatric Association（2013）Diagnostic and Statistical Manual of Mental Disorders. 5th Edition（DSM-5）. American Psychiatric Publishing.（日本精神神経学会 監修（2014）DSM-5 精神疾患の診断・統計マニュアル. 医学書院）

Aron EN（2010）Psychotherapy and the Highly Sensitive Person. Routledge.

Bolis D, Balsters J, Wenderoth N et al.（2017）Beyond autism : Introducing the dialectical misattunement hypothesis and a bayesian account of intersubjectivity. Psychopathology 50-6 ; 355-372.

Hadjikhani N, Johnels JÅ, Zürcher NR et al.（2017）Look me in the eyes : Constraining gaze in the eye-region provokes abnormally high subcortical activation in autism. Scientific Reports 3163.

Ide M, Yaguchi A, Sano M et al.（2019）Higher tactile temporal resolution as a basis of hypersensitivity in individuals with autism spectrum disorder. Journal of Autism and Delopmental Disorders 49-1 ; 44-53.

Kohut H（1977）Restoration of the Self. International Universities Press.（本城秀次, 笠原嘉 監訳（1994）自己の修復. みすず書房）

岡野憲一郎（1998）恥と自己愛の精神分析—対人恐怖から差別論まで. 岩崎学術出版社.

岡野憲一郎（2014）恥と「自己愛トラウマ」—あいまいな加害者が生む病理. 岩崎学術出版社.

岡野憲一郎（2017）自己愛的な人たち. 創元社.

織部直弥, 鬼塚俊明（2014）シゾイドパーソナリティ障害／スキゾイドパーソナリティ. In：神庭重信, 池田学 編：DSM-5 を読み解く［5］—神経認知障害群, パーソナリティ障害群, 性別違和, パラフィリア障害群, 性機能不全群. 中山書店, pp.171-174.

ジャン＝ポール・サルトル［伊吹武彦ほか訳］（1952）出口なし. In：サルトル全集［第 8 巻］—恭しき娼婦. 人文書院.

佐藤幹夫（2005）自閉症裁判—レッサーパンダ帽男の「罪と罰」. 洋泉社.

Stanfield AC, Philip RCM, Whalley H et al.（2017）Dissociation of brain activation in autism and schizotypal personality disorder during social judgments. Schizophrenia Bulletin 43-6 ; 1220-1228.

内沼幸雄（1977）対人恐怖の人間学. 弘文堂.

［特集］「恥」は敵か？ 味方か？ ——生きづらさ・傷つきの根源

Twitter論
恥と承認依存をめぐって

上田勝久 Katsuhisa Ueda

兵庫教育大学

I　承認依存と恥について

　元々出版社・編者から与えられた題目は「つながりたくて，認められたくて——承認依存」というものだったが，私のような無粋者にはあまりにポエティックにすぎて手に余る感じがしたので，現題に変更させてもらった。

　とにもかくにも，本論に望まれているのはSNSを媒介とした恥と承認依存に関する思索である。ここでは特にTwitterに着目してこのテーマに取り組んでみようと思う。というのも，私自身がTwitterユーザーであり，その面白さと怖さを実感してきたからである。

　ところで原題の「承認依存」という用語だが，私自身はこの概念のことを寡聞にして知らない。そのような者がこうした専門論文に取りかかってよいものか大いに疑問ではあるが，論文検索にかけてもヒットしなかったので新概念なのかもしれない。おそらくはアルコール依存や薬物依存のように何らかの病的様態を示す語であり，これもおそらくだが，他者からの承認を得続けねば自分をうまく保てない心性のことを指すのだろう。こじらせればhypervigilantな（周囲を過剰に気にかける）ナルシシズム（Gabbard & Crisp, 2018）

へと移行するのかもしれない。

　ただ，前提としておきたいのは，「承認欲求」自体は決して病的なものではないという点である。Winnicottをもちだすまでもなく，子どもは養育者から抱えられ，関心を寄せられ，その存在を承認されることで心身を真っ当に発達させていく。当然，大人もその延長線を生きている。誰かに認められることは喜ばしいことで，ときに活力となり，癒しとなる。自尊心の向上にもつながる。問題はその承認を得られねば自己や社会生活が崩れてしまう状態に至ったときである。自分を慰撫しえず，他者からの承認を渇望するなかで病的なナルシシズムを増長させたり，自己破壊的な心性へと陥ったりしたときに，元々ヘルシーなものだった承認欲求がその個人のこころを阻害する。

　もうひとつの鍵概念であり，本特集のメインテーマでもある「恥」だが，こちらはさらに一筋縄ではいかない概念である。恥はきわめて多義的な概念であり，その様態は，照れくささ，決まり悪さ，悔恨，屈辱，自己を貶められる感覚など，その時々に応じて多様な意味が付与される。英語圏でも，embarrassment, shame, humiliationなど，恥を示す言葉は多数ある。恥は「セクシュアリティ」や「甘え」や「罪悪感」と同じく，容

易にはひとつの定義に収納しえない意味の広がりと奥行きをそなえた概念である。

恥についてはこれまでに随分と検討されてきた。たとえば Lynd（1958）は，恥に苛まれる人は他者からのあらゆる関わりが自身の内密で傷つきやすい側面への侵入として体験されると述べ，Lewis（1971）はこの侵入を一時的な自我境界の崩壊として描写した。Tomkins（1963）は恥を「魂の病」と呼び，恥じる人は「自分自身を裸で，無防備で，挫折した，人から遠ざけられるべき尊厳と価値を失った存在」と捉えることを示した。

日本の臨床家も恥についてさまざまに言及している。北山（1996）は恥の生成過程を「露出と拒否の物語」と名づけ，①公と私，表と裏，本音と建て前などの「場と自己の二重性」の破綻が恥の前体験をつくりだし，②そのとき露呈したものがそれを見る側によって拒絶されたり，傷つけられたりして，③露呈したものが覆われないままにあると，恥が屈辱体験として固定化されることを示唆した。赤面症や対人恐怖症が示すように，確かに恥は隠していた自身の恥部が見知られる不安とリンクしている。この種の不安を岡野（1998）は「理想自己から恥ずべき自己への転落」として論じている。

他方，恥の生起をポジティブな面から捉えたのが Nathanson（1987）である。彼の理解では，恥は自己を対象化する能力と関わっている。「自身の狂気を恥じる」というとき，恥は狂気そのものではない。このとき恥は狂気を抱く彼とは別に，その狂気を眺める彼がいることの証左となっている。

さらに興味深いのは，Tisseron（1992）による恥と罪責感の差異をめぐる議論である。彼は恥の基底にアイデンティティの指標となる「目印」（主体を成立させる心的な根拠）の崩壊を見いだし，恥が自我の脱統合を促し，主体の一貫性を断絶させる情緒であることを示した。そして，恥を「排除の不安」という文脈から捉え，罪責感を抱く個人は超自我の厳格さに服しているが，まさにその

ことによってこの審級，つまりは親，他者，社会とのつながりを維持しているのに対し，恥じる個人は超自我との関係を断たれ，自らを社会に位置づける根拠を失っているという。

確かに Freud のエディプスコンプレックスにせよ，Klein の抑うつポジションのワークスルーにせよ，そこで取り組まれる主たる情緒は罪責感であり，そのワークこそがこころの統合とその個人の社会生活を確立するという話になっている。罪責感は人が他者と関わり，社会に息づくための起点となっている。

一方，恥のストーリーは排除に満ちている。日本の説話に目をやると，同様に主人公がその場から退去する結末であっても，『竹取物語』のかぐや姫が罪の償いによって月の住人として迎え入れられるのに対し，北山（1996）が恥の物語として掲げた『イザナギ・イザナミ神話』『鶴女房』『蛤女房』などに登場する女性たちは，黄泉国，空，海中へと去ることを余儀なくされる。彼女たちはこの世とのつながりを断たれてしまう。

身近なエピソードでも同じことがいえる。お菓子を盗み食いした子どもは叱責され，罪責感を体験するが，片や大便を漏らした年長児や自慰を見つかった子どもは恥を体験するはずである。前者の場合，その行為は罰せられても，おいしいものを食べたかったという欲求自体は社会的に是認されるのに対して，後者の欲求は社会的に容認されず，嫌悪の対象として拒絶される。恥じる個人にとって，自身の欲求，思考，感情，行為は社会的秩序に組みこみ難く，排除の対象として体験されるのだろう。恥は罪責感と比して，自己のより根源的な層を揺さぶる情緒となっている（上田，2018）。

II　私の Twitter 体験

北村ほか（2016）の実証研究によると，人々がTwitter に投稿する主な理由は，「その体験内容が面白かったから」「他のユーザーとコミュニケーションを取りたいから」「自身のメモや記録のた

め」「ツイートすることそのものが楽しいから」などであり，「体験の共有」がその中心となっていることが示されている。また，加納（2019）は「承認欲求が高いとSNSを多用する」ことを実証したが，これらの結果は多くの人が納得するところだろう。

　日々の何気ない体験や思考を形にしたいならば，日記帳やスマホのメモ機能にでも書きこめばよい。わざわざTwitterに投稿するのは，やはり誰かに見てもらいたいからに相違ない。まさに承認欲求の賜物である。もしかすると，Twitterの起源は「ねえねえ，見て見て」という，幼い子どもたちのあの無邪気な要求にあるのかもしれない。己の思考や体験を誰かと共有したいというニーズ。共同注視への誘い。「○○なう」などは無垢な欲望の発露といえそうである。

　だが，Twitter内で展開していることはこうした無邪気なものばかりではない。激しい論争があり，炎上があり，感情剥き出しの，逆にいかにも皮肉めいた罵倒や冷笑（wwwで示される）や批難や揶揄が駆けめぐっている。「エアリプ」や「何か見た」タグなど，あたかも戦場に仕掛けられた地雷のようである。これらは直接的なやりとりではないので目にしなければ何の被害もないが，無情にもTwitterは関連ツイートを自動的にホームに流してくるので見たくもないのに見てしまう。

　無邪気な承認欲求がいつしか「承認依存」へと切り替わっていく様は，私にはよくわかる気がする。Twitterをはじめた当初は読んだ本のなかで出会った言葉を何気なくつぶやいていたが，Twitter内で公認心理師の成立をめぐる議論が活発になると，私もまた自身の考えや想いをツイートするようになった。すると，「いいね」や「フォロワー数」がやたらと気になりだし，みんなはこの考えに賛同してくれるだろうか，変なことをいっているのではないかといった懸念が頭を占めはじめ，「いいね」や「リツイート」数が自身の思考の正しさを立証しているような気がしてきた。遂にはフォロワー数がそのユーザーの心理職

としての能力値を反映しているようにも思えてきた。まるで『ドラゴンボール』のスカウターである。

　自身のツイートに対する批判的な見解には，唐突に遠方から放たれた矢に射抜かれる心地がした。Twitter内の議論は学会での議論と勝手が違う。学会では「壇上」と「フロア」とのあいだに歴然とした壁があるが，Twitterにはそれがない。ここではみんなが「壇上」に立っているともいえるし，フロアの声が可視化されたともいえる。ゆえに「万人の万人に対する闘争」のごとき事態が起こる。

　特に著名人に批判されると恥の苦痛が顕著となる。著名人には万単位のフォロワーがおり，自身のツイート内容の正誤はどうあれ，それが一瞬にして衆目に晒されることになるからである。Twitterは明確に権力社会であることを痛感する。

　私自身は何か書き物をするときにもTwitter内の批判者たちの声が脳内に響くようになった。無論，いまも存分に響いている。これはこれで自身の思考の齟齬を見直し，それに厚みをもたらしてくれるが，次第に私のなかで内なるPlatoたちを鎮める考え方が癖付き，遂には「お前の文章はレトリックにすぎない」と内なるPlatoにまで批判される始末となった。自身の恥部が誰ともなく晒される感覚を覚え，どうやら末期症状に至ったらしいので，現在はTwitterから幾分距離を取っている。

Ⅲ　Twitterの構造的特性からみた恥と承認依存

　私はなぜこのような状態に陥ったのだろうか。このような状態とは，承認依存になったことで恥にともなわれる排除の不安に怯え，排除への不安ゆえにユーザーからの承認を切実に希求するという負のスパイラルを指す。

　多くの人はSNSを匿名でプレイしている。というよりも，そもそも，その場に自分はおらず，Twitterとリアルは明確に隔てられている。隠れ蓑は十全なはずだが，それでも私たちは恥の

暴露的性質に慄くことになる。考えてみれば不思議なことだ。2000 年代初頭に流行った「掲示板」やその後の「mixi」でもこの手の受傷は生じたが，Twitter での受傷はさらに強烈である。ここには単に私自身の病理のみには還元しえない，Twitter 独自の構造的特性が関与しているのではなかろうか。少し考えてみよう。

　Twitter の最大の特徴はやはり 1 回の投稿字数が 140 字に制限されている点であろう。

　人は通常会話時に 1 秒で 6 ～ 7 音を発しており，140 字を口語換算するとおよそ 20 秒の発話となる。これは日常会話の感覚にきわめて近い。漫画の吹き出しの適正文字数は 20 字以内とされており，Twitter はそれよりやや多いが，掲示板や mixi と比べれば口語的特性が強いメディアといえる。ゆえに「おはよー」などのツイートが成立する。Twitter は「チャット」や「LINE」と同類なのだろう。Twitter は書き言葉でありながら口語的対話性を有したメディアである。確かに Twitter でのやりとりは最近では顕著に少なくなった「井戸端会議」に似ている。もしかすると Twitter はかつての村社会的共同体の復興を体現しているのかもしれない。ただし，Twitter には井戸端会議のような秘密主義的結束感は乏しく，あくまで露出的である。純粋なる井戸端会議を実行したい人は Twitter の DM 機能や LINE へと場を移すのだろう。

　ここで書き言葉と話し言葉の差異について考えると，そのひとつとして推敲作業の程度があげられよう。

　書き言葉は常に修正が図られる。その修正は「相手にどう読まれるか」という配慮や懸念にもとづいている。書き言葉は常に推敲作業を背後に控えながら紡がれるゆえ，そこにはある種の「間」や「一旦停止」の感覚がある。誰かに伝達される前に，自分の表現物を自分が読むゆえの「間」である。

　一方，話し言葉はひとつの発話が次なる発話を呼び覚まし，喚起し，連綿と紡がれていく。話し言葉にて接続詞がほとんど使用されないのは，接続を要するような断絶が起こりにくいからだろう。この「間」の乏しさの分だけ，推敲の程度は弱くなる。「失言」の多くは話し言葉に拠っている。話し言葉でのやりとり時も相手の表情や雰囲気から発話内容に修正をかけるが，書き言葉のような提示前修正ではなく，修正は次なる発話で実行される。

　推敲とは一種の検閲である。潜在夢が検閲を経て，より当たり障りのない顕在夢となるように，検閲の多くは安全保障に寄与している。表現内容をオブラートに包む機能がある。Twitter は書き言葉でのやりとりでありながら，この種の検閲がその構造的特性により機能しにくいところがあるのかもしれない。

　口語的やりとりでありながら，そこに身体がないことも大きい。「目は口ほどにものを言う」ように，身体はその人の本音を露わにするが，同時にその人の本音を包むものでもある。「あんた，ちゃんとしなさいよ」という発話には非難や蔑視や憤りが混在するが，そこに「あたたかいまなざし」が加わると，そうした攻撃性はオブラートに包まれる。身体は心の保護膜にもなっている。身体化症状はこころの苦境を身体が肩代わりしている事態である。

　身体なき Twitter にはこのような保護膜がない。ゆえにややもすると思考と思考が，感情と感情が直に衝突し合うことになる。匿名性を担保された場でありながら，それぞれが剝き出しのままにやりとりするという逆説がある。

　検閲機能の弱体には Twitter のスピード感も影響しているのだろう。Twitter には各自のツイートが次々に流れてくる。私たちは反応する情報を意識的に選別しているが，この情報過多状況に脳の皮質視覚野，海馬，扁桃体はたえず反応し続けている。これらの部位の過剰駆動は前頭前野に負荷をかけ，そうすると Twitter においてはロジックが十分に固まる前に「思わずつぶやいてしまう」ことになるのかもしれない。

　恥と承認依存に深く関わることだが，しばしば

Twitterでは物事の道理，事の正誤，善悪が表出される。ときに「調停者不在の会議場の喧騒」を彷彿させる事態となる。Twitterでは「聞く」という行為が示せず（「いいね」を押すのが「聞く」に該当するのかもしれないが），基本的には「話す」場なので当然そうなるわけだが，それにしてもコレクトネス合戦が頻発するのはなぜだろうか。

　私自身はこれこそが世間の実体なのだと考える。世間では一人ひとりに各人各様の事情があり，理があり，正しさがある。「客観的」という言葉は「絶対的なもの」，すなわち「神」を想定せねば使用できないが，現代は幸か不幸か神なき時代である──「客観的」という言葉にはせいぜい「数値的には」とか「外側から見て」という意味しか付与されない。私たちは全体主義的な統一された価値観で自分を誤魔化すわけにはいかない時代を生きている。このことは私たちに自由意志の表明機会と寄る辺なき感覚とをもたらした。

　無論，これは何も現代に限らない話ではある。国が戦争にかまけていた時代においても，市民は各人各様の事情をもち，理をもち，思考をもっていた。だが，そうした声は構造的抑圧を被っていた。そして，Twitterこそがこれまでは圧殺されていた多様な声を拾い上げるメディアとなった。各人の声が全体に共有されるTwitterは，ある意味では民主主義の理想を体現している。

　とはいえ，Twitterが寄る辺なさへの補填として使われ，ある個人の正しさが別の個人の事情を鑑みることのない絶対的正義としてマウントを取るとき，それは新たな構造的抑圧を生みだしていく。さらには，Twitterが仮想空間であり，そこには明確な統治者も法もなく，すべてが自然法に委ねられていることも大きい。今後はTwitterでのやりとりがリアルな法的闘争に至る案件が増えるのかもしれない。それはTwitterでかかされた恥をリアルに形付けるための方策であり，法と身体の復興への試みとして解せるのかもしれない。

IV　おわりに

　松木（2021）は「外傷化したこころ」という概念を提示したが，同様に「SNS化したこころ」「AI化したこころ」という概念も成立する時代に入ってきたのかもしれない。私たちはSNSに自身の思考，感情，こころを打ち込んでいると思っているが，実は私たちのこころのほうが「AI化」「SNS化」しつつあるのかもしれない。その特性としては，たとえば「思考が検索的になる（○○の場合はこうする，△△の場合はああするといった形で）」「通信は交わしているが，関係は構築しない（関係がありそうでない）」「他者理解が投影的になる（他者に関する情報が曖昧であるゆえに，自身の既存の知を参照して他者理解を進めやすい）」「身体を媒介としないゆえに，逆にダイレクトに思考と感情が行き交わされる」などが思い浮かぶ。このテーマについては機会を別にして論じてみたい。

　いずれにせよ，こころのAI化，SNS化の正誤善悪は私にはわからない。ただ，少しでもTwitter内で恥じ入る人たちが減ることを祈るばかりである。

▶文献

Gabbard O & Crisp H（2018）Narcissism and Its Discontents : Diagnostic Dilemmas and Treatment Strategies with Narcissistic Patients. Washington DC : American Psychiatric Association Publishing.（池田暁史 訳（2022）ナルシシズムとその不満─ナルシシズム診断のジレンマと治療方略．岩崎学術出版社）

加納寛子（2019）承認欲求とソーシャルメディア使用傾向の関連性．情報教育 1；18-23．

北村智，佐々木裕一，河井大介（2016）ツイッターの心理学─情報環境と利用者行動．誠信書房．

北山修（1996）恥の取り扱いをめぐって．In：北山修 編：恥─日本語臨床［1］．星和書店．

Lewis HB（1971）Shame and Guilt in Neurosis. New York : International Universities Press.

Lynd HM（1958）On Shame and the Search for Identity. New York : Harcourt.

松木邦裕（2021）トラウマのメタ心理学─「外傷化したこころ」のβ要素とα機能に焦点を当てて．In：松木

邦裕 編：トラウマの精神分析的アプローチ. 金剛出版, pp.51-65.

Nathanson DL（1987）The Many Faces of Shame. New York : Guilford Press.

岡野憲一郎（1998）恥と自己愛の精神分析—対人恐怖から差別論まで. 岩崎学術出版社.

Tisseron S（1992）La honte : Psychanalyse d'un lien social. Paris : Dunod.（大谷尚文, 津島孝仁 訳（2001）恥—社会関係の精神分析. 法政大学出版局）

Tomkins S（1963）Affect Imagery Consciousness. Vol.2 : The Negative Affects. New York : Springer.

上田勝久（2018）心的交流の起こる場所—心理療法における行き詰まりと治療機序をめぐって. 金剛出版.

告 知　…… 第16回（2023 年度）関西森田療法セミナー（入門コース）開催のお知らせ

日時：2023 年 9 月～ 2024 年 2 月（全 6 回）日曜日　10：00 ～ 12：00

開催方法：オンラインセミナー（Zoom による）

内容：このセミナーは，森田療法初心者向けのものです. 森田療法の基本的な理論と治療の実際についての講義を行います. 本セミナーは日本森田療法学会公認です.

受講対象者：メンタルヘルスに関わる医師，公認心理師，臨床心理士，カウンセラー（学生相談，スクールカウンセラー，産業カウンセラーなど），社会福祉士，精神保健福祉士，教育関係者で森田療法セミナー資格審議会が適当と認めた方. 原則クライアントの守秘義務を持つ方.

受講料（テキスト代 3,200 円含む）：33,200 円／大学院生（医師・社会人大学院生は除く）18,200 円

◉連絡先：194-0298 東京都町田市相原町 4342 法政大学現代福祉学部

　　　　久保田研究室内 関西森田療法セミナー事務局（E-mail：morita.seminer@gmail.com）

　　　　お問い合わせ，ご連絡は事務局まで郵便もしくは E-mail にてお願い致します.

[特集] 「恥」は敵か？ 味方か？ ──生きづらさ・傷つきの根源

自分を傷つけずにいられない

恥ずかしさとセルフ・ネグレクト

小林亜希子 Akiko Kobayashi

マインドフルネス心理臨床センター

I　はじめに

「ああ, もう無理。また両親が目の前で怒鳴り合っている。私のせいなのだろう。恥ずかしい。耐えられない。もう切るしかない……本当に私はダメ人間だ」

「こんな仕事のできない無能な自分には耐えられない。もう飲むしかない」

自傷行為やアルコール乱用などに及ぶ人々の心のなかには, 状況は違えども, このように自分を卑下し, 恥じる傾向が見受けられる。それに対する不適切な対処行動として, 自分を傷つける行為がある。

このような人々は, 基本的にセルフケアを積極的には行わない。カフェイン飲料を大量に飲み, 睡眠時間を削ってでも良い成績を取ろうとしたり, 引きこもって過食嘔吐を繰り返したりするかもしれない。いずれにしろ, 自分の体や心のニーズに気づき, 積極的にケアしようとはしないものである。

自分を傷つける行為を, この論考ではいわゆるリストカットなどの自傷だけにとどまらず, アルコール・薬物乱用, 摂食障害なども含めて包括

的に「アディクション」と呼び, 広義に考えたい。そして, これらの行為の背景には, 恥がある (Kurtz, 2007 ; Turner, 2002/2009)。

自分を傷つける行為に介入し, 恥の感情に対処していくためには, 周囲からの多面的な支援と, 本人自身の年単位にわたる忍耐強い回復への努力が必要である。特に必要なものは, 「信頼できる他者の存在」である。いくら本人が一人でたくさん本を読み, 頭で理解し, ワークブックを利用しても, それだけでは回復は難しい。

なぜアディクションと恥からの回復に, 他者が必要なのであろうか？　私は以下の立場を取る。「愛着理論の観点からみるとアディクションは, 過去に満足な愛着関係を体験していない人が, その欠損を埋め合わせようとする衝動に導かれて繰り返す強迫的な行動である。したがって, 対人関係において満足のいく愛着を体験する能力を獲得するまでは, 長期的回復は不可能なのである」 (Flores, 2004)。

また近年, マインドフルネスやセルフ・コンパッションの研究がすすみ, 恥への解決策としても, これらが有効であることが示されている (Germer, 2022)。だからといって, 恥からの自傷に悩むクライエント (Cl) に対して, 「あなた

にはセルフ・コンパッションが有用です。セルフ・コンパッションを使った一休み（マインドフル・セルフ・コンパッション（Mindful Self-Compassion：MSC）のワークの一つ）を実践してみましょう」といきなり勧めるだろうか？　いや，私は最初からは提案しない。

では，マインドフルネスの実践で行うボディスキャンを勧めるだろうか？　いや，こちらも最初からは勧めない。まず，自傷行為の問題を抱えている人に体の感覚を感じてもらうこと自体が難しいし，感じられたとしても，自傷の痛みやネガティブな身体イメージに圧倒される可能性がある。ボディスキャンを実践中にフラッシュバックが頻発し，病状が不安定になる事例に私は何度も出会ってきた。

自分を傷つけることがやめられない人々と関わる上で絶対的に必要なことは，まず Cl のストーリーに耳を傾けることである。それは，なぜアディクションになるのか，そのメカニズムをともに検討し，Cl が経験しているネガティブな感情や恥を同定し，共感し，一緒に対処法を考えることである。つまり，最低限の治療同盟，あるいは信頼関係を構築することがまず絶対的に必要なのである。

この論考では，今，目の前にアディクションに困っている Cl がいると仮定し，私ならアディクションと恥の関係についてどう説明し，どういう順序で支援を提供していくかを述べていきたい。

II　アディクション，恥，セルフ・ネグレクト

1　アディクションの背景にある恥

「いつも評価されていなければ，自分は生きている価値がない」

「私は，性的なトラウマを負っているので，汚れてしまった感じがするし，誰も理解してくれなかった」

「私は，母親／父親失格だ」

自傷行為や過食嘔吐，アルコール乱用など，自分を大切にできないアディクションの背景には，必ずといってよいほど恥の感覚がある。上に列挙したのは，今までの臨床現場で少なからず耳にしたことがある Cl たちの恥の気持ちの例だ。

さらに，恥の対処法としてアディクションを繰り返すことによって，二重に恥の感覚が生じる。

「こんなことがやめられないのは私だけだ」「ダメだとわかっているのに，また手を出してしまった」などと恥の感覚を一人で複雑にこじらせ，人とつながることを難しくしてしまうのがアディクション特有の難しさだ。二重の恥の感覚があるがゆえに，彼らはなかなか援助につながらない。

ゆえに，まずは彼らの苦悩に寄り添った真の共感が必要である。「アルコールが体に悪いのがわかりませんか？」などと上から目線で語りかけたり，「自分を傷つけないでもっと体を大切にして」などと正論を告げたりすることは，彼らの恥の感覚を上塗りすることになり，百害あって一利なしである。なぜならデメリットを上回るほどの，心の苦痛を軽減させてくれる隠れたメリットが，アディクションにはあるからだ。

支援者との人間関係や自助グループで安心できる体験を重ねたり，マインドフルネスの実践で心身を落ち着かせたりする習慣を身につけるまでは，Cl たちはアディクションを手放せない。そしてそれら回復に必要な対処行動を定着させるには，ある程度年月を要することを覚悟しなければならない。

2　アディクションとは，誤ったセルフケアである

アディクションに悩む人々にとって，そもそもアディクションはどのように役立っていたのかを問う質問が，「マインドフルネスに基づく再発予防」（Mindfulness-Based Relapse Prevention：MBRP）にある（Bowen et al., 2021）。そこで Cl から聞かれるのは，束の間ではあるものの「眠れるようになる」「リラックスできる」「やる気が出る」などといった短期的なメリットである。

MBRP では，アディクションについて「根本

的原因とは，やっかいな感情から解放されたい，喜び，平穏，自由がほしいという感覚である」(Bowen et al., 2014) と説明されている。たいていの場合，彼らがアディクションによって得ようとしていることは，「心の平安」という人間の基本的な欲求である。それは子どもの頃，辛いときに養育者に抱きしめてもらって安心を得ようとするアタッチメント欲求と似ている。

アディクションとは誤ったセルフケアである。彼らの苦痛があまりにも強く，しかし対処法は限られており，心理的に圧倒されているがために，「今すぐ楽になりたい！」と焦り，長期的には悪影響があったとしても即効性のあるアディクションを用いて自らをケアしようとしてしまうのである。

MBRP における質問には続きがある。「アディクションの結果として何が得られたか？」と問い，直面化する。するとたいていの場合, Cl たちは皆，苦笑いを浮かべながら「体が不健康になった」「仕事や友人を失った」などと口にする。セルフ・ネグレクトの悲しい結果である。

アディクションを抱える Cl たちは生育過程で何らかのトラウマを抱えていることが多いが，一般的にトラウマを生き延びてきた人々は，内受容感覚と呼ばれる体から発せられるメッセージに気づくことが難しい。逆に言えば，メッセージに気づき，適切な対応をとること，自分に優しいケアをすることこそが，アディクションからの回復プロセスなのである。

III　自分を傷つけずにいられない状態から回復するために必要なこと

1　専門家のサポートにつながる

支援の初期は，「アディクションに苦しむものたちが，ある程度の期間，アディクションを手放し，それでもなんとか生きていけそうだと思えるようになるまでのあいだサポートしてくれるアディクション以外の何かが必要」であり，それは「強固な愛着関係によってもたらされる情動調整

能力」(Flores, 2004) である。

まずは，「この人は，アディクションのことをわかっていそうだし，アディクションを止められない私を裁かない人みたいだ。この人を少しだけ信じてみようか？」と思える誰かとの出会いが Cl には必要である。それは施設の職員だったり，病院のスタッフやセラピストであったりする。

アディクションの力は強く，「通常は一人のセラピストとの間に作られる治療同盟の情動調律能力だけでは不十分」(Flores, 2004) である。専門家も自分一人で抱えずに，自助グループや集団精神療法などのコミュニティを紹介することが大切である。最初の援助者との関係を安全基地として，Cl がより多くのサポート資源につながるよう時間をかけて少しずつ促していくことが求められる。

セラピストは中立的立場を取るよりは，本人に寄り添い，感情表出が豊かで支持的な態度を取った方がよい。従来のセラピー関係で重視されている中立・客観的姿勢は，二重の恥を抱えるアディクションの Cl たちにとっては遠く冷たい印象を与える可能性が高く，セラピストと信頼関係を結ぶのが難しくなるからである。

だが寄り添うことは，Cl のどんな要求にも応じ，甘い態度を取ることではない。むしろ治療関係では，「できること／できないことの境界線」をしっかり伝え，Cl にその時点で本人が抱えることの可能なレベルのストレス，すなわち Flores (2014) の言う「最適不満度」を経験してもらいながら，安定性と一貫性を維持した方がよい。

日本では SMARPP（小林, 2010）などのグループ療法が，アルコールや薬物のアディクションを抱えた Cl たちに対して多くの施設で実施されている。それは再発予防に重きをおいた認知行動療法的プログラムであり，治療継続性に一定の効果があると言われている。

私もかつて精神保健福祉センターにおいて，同様のプログラムに関わっていたことがある（宮崎ほか, 2010）。そこでは，個別支援だけでは不足

しがちな心理教育的側面の強化や，ピアサポート意識の醸成，専門家スタッフとの信頼関係構築，当事者スタッフへのモデリングなど，アディクションからの回復において大切な多岐にわたる効果が見受けられた。

　参加メンバーの誰かが，薬物を再使用したときにそれをプログラムのなかで正直に述べると，皆が拍手し，それを受け入れる。そのような，回復途上にある等身大の自分を受け入れてもらえる場所があることは，特に治療初期の人々にとって意味が大きい。長年一人だけで抱えてきた恥を，皆と笑いながら共有することで，孤独が癒える側面もある。プログラムの冒頭で専門家スタッフが必ず，全員の生活状況を確認（チェックイン）することが通例であり，コミュニケーションに難しさを抱える当事者も孤立しにくい。

　ロールモデルとなる先輩回復者ともっと出会いたい，仕事をしながら再発予防のリハビリを続けたい，などといった，回復の中盤から後期に差し掛かっている Cl たちのニーズには，次に述べる Alcoholics Anonymous（以下，AA）などの自助グループを紹介することが適切である。

2　自助グループにつながる

　「AA はアルコホーリク〔アルコール依存症者：引用者注〕の強烈な「恥の感覚」を少しずつ解きほぐし，等身大の，つまりありのままの自分を受け入れる道を開きます」（Kurtz, 2007）
　「恥は，人との間で生まれる感情です。その痛みから回復するのも，人との間でこそ可能になります。信頼できる治療者や支援者の存在，そして何よりも同じ体験をもつ仲間が集まる自助グループが，力になります」（岩壁，2019）

　哲学者 Ernest Kurtz は，AA の有効性の理由として，「AA の 12 ステッププログラムが非常にうまく恥の感覚を癒やす点にある」（Kurtz, 2007）という。また，「他者は恥の感覚を解消してくれる存在である」と主張している。
　典型的なアルコール依存症者は，恥の裏返しと

して完璧主義的な幻想に過度にとらわれ，その強迫観念を維持するために自分にも他人にも厳しい生き方を選びやすい。そして疲労感や恨みの感情を制御するために，アルコールを利用する。したがって回復の第一ステップは「自分はアルコールさえ，もはやコントロールできなくなっている」という無力を受け入れ，完璧主義を手放していくことである。そのプロセスが 12 ステップなのである。特に男性は自己愛性パーソナリティ障害の傾向が強いと，物質乱用も合併しやすいことが指摘されている（Stinson et al., 2008）。

　女性の場合，トラウマ・サバイバーであるケースが比較的多く，境界性パーソナリティ障害を併存している可能性も疑った方がよい（Emmelcamp & Vedel, 2006）。彼女たちは，「自分は数々の被害にあっていて無力だ」「助けてもらう価値のない人間だ」という恥の感覚や，「誰からも愛してもらえなかった」といった恨みの感情をもっており，その惨めさに対処するために自己破壊的行動に及ぶ。したがって男性のように「無力を認めること」よりも，むしろ自助グループの仲間の中でいかに自己効力感を高めていくかということが，女性の回復では重要なテーマになっていくのである。

　このように性別やパーソナリティ傾向によって回復の力点は異なるものの，自助グループの最大の利点は「恥ずかしいと感じてひた隠しにしてきたストーリーを皆の前で話すと共感が生まれ，一人ではないと実感できること」にある。恥の克服を含む癒やしや人間的な成長を促すには，12 ステップの各段階を一つひとつ踏んでいくことが必須であるが，日本では 12 のステップすべてを実践し終えている人はとても少なく，AA のレガシーを活用しきれていないことが惜しまれる。リカバリー・ダイナミクス（Recovery Dynamics : RD）など，12 ステップを学び，実践することを重視する回復施設もあるので，関心のある方は参照されたい。

3　マインドフルネスを実践する

　近年，メンタルヘルスの課題に対してマインドフルネスストレス低減法（Mindfulness-Based Stress Reduction：MBSR）など，マインドフルネスに関連した介入法への関心が高まっている。アディクションの問題に対して開発されたMBRPの有効性に関するエビデンスもすでに数多く報告されている（Bowen et al., 2014）。

　私は2023年5月現在，わが国で唯一の公認MBRPトレーナーであり，ここ4年間多施設で実践してきた。その結果については，すでにいくつかの論文（小林ほか，2020；菊地ほか，2021）にまとめており，一定の再発予防効果と，マインドフルネス（全体的な気づきの度合いや，状況に反応しすぎない態度など）の改善が確認されている。

　MBRPでは，初期段階から短時間のボディスキャンを行い，参加者たちは自らの体の感覚に少しずつ気づくことができるようになる。また静坐瞑想を通じて，少しずつ自分の思考のくせに気づき，感情を抱えられるようになる。その過程で恥の感覚や，恨みの感情が明らかとなり，瞑想を通してケアを行う習慣が身につくようになる。SOBER呼吸法などの危機介入的な瞑想も頻繁に練習するため，アディクションの欲求に暴露された際に活用し，再発を予防できるようになる。

　MBRPでは，参加者たちのコミュニティのなかで恥の感覚を共有し，共通の人間性に気づくこともできるようになる。瞑想を通じて気づき，受け入れていくことで，自己受容やセルフ・コンパッションの態度も培われていく。

　MBRPは週1回, 計8週間で修了するため, フォローアップのセッションを定期的に行うといった配慮も必要である。さらに注意点として，マインドフルネス瞑想はアディクションが最も重篤な時期には適さないことも指摘しておきたい。

　ある程度の時間じっとしていることができ，自分の身体感覚や心の動きに目を向けられる精神的な安定感や身体的な落ち着きが，MBRP受講に

は必須である。そのため，一般的にMBRPは本格的な治療を必要としない軽症レベルのアディクション患者を対象としており，アルコールや薬物を断ち切る解毒治療が必要な中等症以上の患者の場合，治療後4～6週間が経過してからスタートすることが望ましいとされている。

　MBRPの開発者たちは禁忌を特に設けていないが，私のこれまでの経験では，MBSRなどと同様に，自傷行為が今現在止まっていない方，自殺念慮が強い方，精神病症状がある方，PTSD症状が重篤な方，あるいは離脱症状を伴うアディクションが今現在も進行中である方の場合，プログラムから早期に脱落したり病状が不安定化したりするケースが多かった。最近, 私はそのような方々には，個別カウンセリングや精神科的治療を優先し，MBRPへの参加は見合わせるようお願いしている。

4　マインドフル・セルフ・コンパッション（MSC）について

　「恥への解決策はセルフ・コンパッションである」（Germer, 2022）

　恥の根底には，自分が何らかの資質や能力といった点で「足りていない」という批判的感情がある。だからこそ，そのような自分に優しさを向けることを練習するMSCは，本質的な解決につながるだろう。

　MSCでは,「自分への優しさ」「マインドフルネス」「共通の人間性」という3つの要素を身につけることを目標としている（Neff & Germer, 2018/2019）。アディクションの問題を抱えている方がMSCを実践しようとする際，特に注意すべき点は，セルフ・コンパッションを向けたときに生じるバックドラフト（精神的動揺や自律神経症状）である。

　アディクションが止まっていない方は，自分に優しさを向けようとすると，過去に大切な他者から優しくされなかった思い出や，周囲に優しくで

きなかった自分への恥の感情が噴出し，心身ともに不安定になりやすい。

　もともと MSC は一般人口を対象としたプログラムであり，現在進行形でアディクションに苦しんでいる人は本来適応外である。アディクションが止まって数年以上が経過し，動揺に耐えられる落ち着きが出てくる回復後半の安定期まで，MSC への参加は控えたほうがいい。

　MBRP や MSC のアディクションに対する導入に関しては，拙書（小林・小林，2022）に書いたので，興味のある方は参照してほしい。

IV　おわりに

　「セルフ・コンパッションは恥に対する最高の防御手段です」（Neff & Germer, 2018/2019）

　恥は孤独なままで癒やすことは難しい。支援者や自助グループなどで人とつながり，MBRP や12 ステップを通じてマインドフルになり，最後に MSC で自分に優しくなる方法を身につけることが回復には必要である。

　回復途中では多くの人と関わることや，勇気，モチベーションも必要となる。この道筋を歩いていくことで，恥の感情から生み出されるアディクションという難しい病に対しても解決を見出すことはできる――このことを本稿で少しでも示すことができたのなら幸いである。

▶文献

Bowen S, Chawla N, Grow J et al.（2021）Mindfulness-Based Relapse Prevention for Addictive Behaviors : A Clinicaian's Guide. 2nd Edition. Guilford Press.（第 1 版：檜原広大 訳（2016）マインドフルネスに基づく嗜癖行動の再発予防．日本評論社）

Bowen S, Witkiewitz K, Seema L et al.（2014）Relative efficacy of mindfulness-based relapse prevention, standard relapse prevention, and treatment as usual for substance use disorders : A randomized clinical trial. JAMA Psychiatry 71-5 ; 547-556.

Emmelcamp PMG & Vedel E（2006）Evidence Based Treatment for Alcohol and Drug Abuse : A Practioner's Guide to Theory, Methods and Practice. Routledge.（小林桜児，松本俊彦 訳（2010）アルコール・薬物依存臨床ガイド．金剛出版）

Flores PJ（2004）Addiction as an Attachment Disorder. Jason Aronson.（小林桜児，板橋登子，西村康平 訳（2019）愛着障害としてのアディクション．日本評論社）

Germer C（2022）Self-compassion : An antidote to shame.（https://meditationandpsychotherapy.org/self-compassion-an-antidote-to-shame-online/［2023 年 5 月 1 日閲覧］）

岩壁茂 監修（2019）恥（シェイム）…生きづらさの根っこにあるもの．アスク・ヒューマン・ケア．

菊地創，小林亜希子，石黒香苗ほか（2021）COVID-19 影響下におけるオンライン MBRP（Mindfulness-Based Relapse Prevention for addictive behaviors）実施の試み．日本アルコール関連問題学会雑誌 23 ; 35-40.

小林亜希子，石黒香苗，高橋郁絵ほか（2020）マインドフルネスに基づくアディクションの再発予防プログラム（MBRP）―依存症回復施設利用者を対象とした予備的実践報告．日本アルコール関連問題学会雑誌 22-1 ; 107-113.

小林亜希子，小林桜児（2022）やめられない！を手放すマインドフルネス・ノート．日本評論社.

小林桜児（2010）統合的外来薬物依存治療プログラム―Serigaya Methamphetamine Relapse Prevention Program（SMARPP）の試み．精神神経学会雑誌 112-9 ; 877-884.

Kurtz E（2007）Shame and Guilt. 2nd Ed. Hindsfoot Foundation.（依存症からの回復研究会 訳（2021）罪と恥．一般社団法人セレニティー・プログラム）

宮崎洋一，山口亜希子，近藤あゆみ ほか（2010）精神保健福祉センターにおける薬物依存症再発予防プログラムの取り組み―TAMARPP の実践．こころの臨床 à・la・carte 29-1 ; 85-89.

Neff C & Germer C（2018）Mindful Self-Compassion Workbook. Guilford Press.（富田拓郎 監訳（2019）マインドフル・セルフ・コンパッション ワークブック．星和書店）

Stinson FS, Dawson DA, Goldstein R et al.（2008）Prevalence, correlates, disability, and comorbidity of DSM-IV narcissistic personality disorder : Results from the wave 2 national epidemiologic survey on alcohol and related conditions. Journal of Clinical Psychiatry 69-7 ; 1033-1045.

Turner VJ（2002）Secret Scars Uncovering and Understanding the Addiction of Sef-Injury. Hazelden Publishing.（松本俊彦 監修，小国綾子 訳（2009）自傷からの回復―隠された傷と向き合うとき．みすず書房）

[特集]「恥」は敵か？ 味方か？ ──生きづらさ・傷つきの根源

「恥から社会をまなぶ」？
自閉スペクトラム症と心理教育

山口貴史 Takashi Yamaguchi

愛育クリニック／あざみ野心理オフィス

I　はじめに

　自閉スペクトラム症（Autism Spectrum Disorder：ASD）の人は「恥という感覚ゆえに社会規範を学ぶ」のだろうか。あるいは支援者は恥という感覚を通して ASD 者に心理教育[注1] を行っているのだろうか。

　この問いに対して，筆者なりの論考を試みたい。その際，当事者研究の視点からの「恥」と「社会」，支援者がユーザーに恥の感覚を「植えつける」可能性，心理教育の際の臨床的小工夫に焦点を当てる。

　なお，本稿は事例を中心に論考を展開するが，以下に提示する事例はいずれも筆者の経験を複数組み合わせた上でさらに修正を加え，個人が特定されないよう配慮している[注2]。

II　恥の感覚ゆえに社会を学ぼうとしている「かもしれない」可能性

事例A「これって恥ずかしいことなんですか？」

　システム系の大手企業に勤める女性会社員 A は，大学卒業後，就職して 3 年目を迎えたばかりだった。1 カ月ほど前のオンライン会議。

　A が上司から強く叱責された際，パソコン画面には 10 名ほどの同僚の顔が並んでいた。その日の夜から突然の流涙と不眠が始まった。2 週間ほど続いた症状を心配した A は，インターネットで調べた「適応障害」に該当すると考え，筆者が勤めるメンタルクリニックを受診し，カウンセリングを紹介された。主治医の診断は「適応障害，ASD の疑い」だった。

　叱責された理由はこうだ。

　有能なシステムエンジニアである A は入社後，周囲からも一目置かれる存在であったが，「ほうれんそう」をしないため，周囲は作業工程を把握できなかった。A は「周りの人間より作業スピードが速いから問題ない」と考えていた。しかしフラストレーションが溜まった同僚が上司に報告し，上司面談が行われた。上司は「周りが困っている」と諭そうとしたが，A は「みんなが遅いので私の方が困っています」「もっと感情ではなく，論理で考えてください」と応じた。

　このような面談が，3 回ほど繰り返された。ついに上司は「お前はこんなに人に迷惑をかけて恥ずかしくないのか」「みんなの前で怒られてもわからないのか」と大声を上げた。

　筆者は〈そう言われて，A さんはどう思ったのでしょうか？〉と尋ねてみた。A は少し考えてから，「上司が言ってることは，何となくはわかるんですよ。同僚も呆れてそうだったし。居心地悪いという

か。こんな思いしたくないから，嫌だなって」と答えた。

そして，尋ねてきた。

「これって恥ずかしいことなんですか？」

筆者は答えに窮した。

〈恥ずかしいこと……なんですかね，私にもわからないですね〉と，戸惑いながら伝えてみた。

Aは「もし，恥ずかしいことなら，コミュニケーションの勉強とかした方がいいかなって思うんです。クビにはなりたくないし。推しにお金使えないじゃないですか。みんなの前で怒られるのも嫌だし」と言って，爪をいじりはじめた。

Aは「これって恥ずかしいことなんですか？」という感覚をもとに，「コミュニケーションを学ぶ」ことを検討した。と考えると，確かに恥の感覚ゆえに社会を学ぼうとしているのだろう。いや，学ぼうとしている「のかもしれない」。

ここで注目したいのは「……ことなんですか？」という言葉である。この言葉には，恥を明確に感じたわけではないという含みがあるように感じられる。むしろ，解雇されないための方策を探しているとも捉えられる。

ここから考えると，ASD者の場合，「恥」の感覚を抱くがゆえに「社会」を学ぶ必要性を感じるというリニアな回路ではなさそうである。つまり，「恥」の感覚が不確かで曖昧さを伴っている可能性がある。

注1）心理教育という言葉は用いる文脈や現場によってその意味が若干異なるが，本稿ではソーシャルスキルトレーニング（以下，SST）の意味合いを含むこととする。なぜなら，臨床現場で行われるASDに対する心理教育は，SST的な要素が含み込まれることが多いと思われるからである。

注2）ASDの診断のためには幼少期の詳細な聴き取りが必要となる。以下に述べる事例は文字数の関係でエッセンスの抽出に重きを置き，成育歴等の情報は大幅に削っている。

III 「ユーザーが社会で恥をかくかもしれない」，ゆえに支援者が社会規範を伝えている可能性

事例B「アクシューニーカー（悪臭スニーカー）」

小学校の入学式，Bは机の下に潜って出てこなかったという。元々，チキンナゲットと鶏からマヨネーズおにぎりしか食べられなかったBにとって，給食は「拷問」だった。クラスメイトの話し声や昼休みの喧騒は「地獄」だった。

小学2年生に上がる頃，児童精神科を受診し，「ASD」の診断を受けた。通級指導を利用しながら小学校を卒業したが，中学進学後，普通級の生徒にからかわれ不登校となったBに主治医がカウンセリングを勧めた。

初めて会ったとき，筆者はBの足元に目を奪われた。ボロボロのスニーカーは強烈な悪臭を放っていた。ネグレクトの可能性も頭をよぎったが，ボロボロなのはスニーカーだけだった。趣味であるザリガニ探しの後，スニーカーを濡れたまま放置する習慣も悪臭に拍車をかけているようだった。

中学校では「アクシューニーカー（悪臭スニーカー）」とからかわれていたという。むろん，周りの生徒や彼を守らない教師に問題があるのは明白であるが，「今後の社会への適応」や「彼がこれ以上恥ずかしい思いをしないため」にも，スニーカーを洗えるようになることが必要であると思われた。

6カ月目のセッション。

〈そのスニーカーだけどさ……〉と，おそるおそる触れる筆者。

「え，何？」と驚くB。

〈ずっと履いていそうだけど，気に入っている靴なのかな？〉

「このマークと色が好き」

〈あくまでも一般論的な話なんだけどさ，靴ってね，汚れてきたら洗った方がいいと言われているんだ〉

「え？　なんで？」

〈雑菌が繁殖して不衛生だし，臭いも発するようになるしね〉

「まずいってこと？」

〈うーん……なかには嫌がる人もいるかもしれない〉

「でも，僕は別にこれでいい」

〈そうだよね。Bくんはその靴のままでいいと思っていて，別の人のなかには，その靴が嫌と思う人もいるかもしれないってことなのかなあ〉

「でも……」と，納得がいっていない様子のB。

その後，同じようなやりとりを何度か続けた後，Bは「靴ってどうやって洗うの？」と尋ねてきた。筆者はパソコンで靴の洗い方を検索して具体的な手順を伝え，そのサイトをプリントアウトして渡した。

翌週，Bは洗ったスニーカーであらわれた。このマークはイエローだったのかと思いながら，〈スニーカー洗ったんだね〉と伝えると，「洗った方がいいっぽかったし。やっぱり洗う必要あるとは思わなかったけど」と無表情で応じた。

Bはしかし，「恥」の感情を抱いているようには見えなかった。

結果的に「臭いスニーカー」は「臭くないスニーカー」へと変化した。その変化自体は社会規範に沿うようになったと言えなくもないだろう。

しかし，ここで注目したいのは，この変化はBのなかに「恥」の感覚が芽生えたゆえに起こったのではなく，社会規範を意識した支援者の考えが基点になっている。そして，「臭くないスニーカー」になった時も，Bは「恥」の感覚を抱いていないように思われた。

つまり，ユーザーのなかに「恥」という感覚はないまま，支援者が内面化している「恥」の感覚を通して，社会規範を伝える心理教育を行っていた，ということである。

Ⅳ　社会規範を伝えようとする心理教育がユーザーの恥を喚起する可能性

事例C「僕は普通じゃないんだ」

筆者がCに会った時，彼は電気工学系の学部に通う大学2年生であった。

大学入学後，オリエンテーションキャンプでうまく溶け込めず，同じ学科に友人をつくることができなかった。鉄道研究サークルに入ったものの，音鉄

であったCは撮り鉄中心のサークルメンバーとそりがあわず，3カ月ほどで辞めてしまった。

抑うつ的になったCを心配した母親が学生相談室の利用を勧め，カウンセラーの紹介で筆者が勤務する精神科クリニックにやってきた。数回の診察を経て，「人間関係の改善」を目的としたカウンセリングの依頼があった。医師の診断は「ASD」であった。

Cの語りは非常に主観性優位であった。例えば，「鉄道の魅力が最も感じられるのって音なんです。発車して，スピードが上がるにつれて滑らかに響いていく，あの音。京急こそが一番なんです。京急ほど美しい音はないんです」「撮り鉄もわからなくはないですよ。でも，彼らは電車の本質がわかっていないんです！」という調子であった。

とはいえ，Cは周囲とうまくいかない感覚，そして疎外感も抱いていた。

開始から4カ月目のセッション。

Cはサークルの先輩から「もっと周りに配慮しろ」と注意をされたことを回想した。そして，「配慮ってどういう意味ですか？」と筆者に問うてきた。筆者は少し考えてから，〈辞書的には気遣いという意味だろうけど，その先輩はもう少し周りの人の気持ちを考えた方が良いと言いたかったのかもしれないですね〉と伝えてみた。この介入は，他者の意図の解説，社会規範を提示するための心理教育を企図したものであった。

するとCは「それって僕が人の気持ちを考えていないって意味ですか？」と表情を一変させた。この時のCの情緒は，恥じらいやバツの悪さではなく，より危機的な，「パニック」とでも言えるようなものであると思われた。そして「怒り」も伴っていた。

筆者は〈そういう意味で言ったのではないのだけど，そう伝わったのであれば申し訳ない〉と伝えた。Cは「やっぱり僕はダメな人間なんだ！　終わってるんだ！」と大声を出し，自分の頭を叩きはじめた。それは幼少期から続くパニックのサインだった。

筆者は非常に申し訳ない気持ちになりながら，何とかCのパニックをおさめようとした。少しばかりクールダウンしたCは「思い返してみれば，先輩だけじゃなくて同級生にも同じようなことを言われてて……それって，みんな思ってたってことじゃ

ないですか。恥ずかしくて，大学ですれちがうのも嫌です」と机に突っ伏した。

Cがサークル活動でうまくいかなかった要因は，Cにとって周囲の人間の気持ちや考えの読み取りが難しい点にあると筆者は考えていた。そのため，社会規範を「学ぶ」ために，他者の気持ちの解説や社会規範を提示するための心理教育を行った。

しかし，Cのその後の反応からもわかるように，この介入によってCの迫害感，自責感は強められ，その後に「恥」の感覚があらわれた。

つまり，社会規範を伝えようと意図した心理教育がユーザーの恥を喚起する，言い換えれば支援者側がユーザーに恥の感覚を植え付けてしまう可能性があると考えられる。

また，Cにとっての「恥」という感覚は，一般的な意味での「恥ずかしい」とは異なるだろう。「恥」はすでにCのなかにセットされていた自己が全否定される感覚を喚起するキーワードであり，面接でのやりとりが対処不能な情緒の嵐を引き起こすトリガーとして機能してしまった可能性がある。

Ⅴ　3つの事例のまとめ

以上，3つの事例を述べてきた。ここから以下の論点が導き出せるだろう。

① ASD者は「恥」の感覚なしに社会規範を学ぶことがある（事例B），あるいは「恥」を感じていたとしても明瞭なものではない（事例A）。
②「恥」と「社会」を意識しているのは，むしろ支援者側かもしれない（事例B）。
③支援者による心理教育はユーザーに「恥」の感覚を植え付ける可能性がある。その際，ユーザーは強い迫害感や自責感や怒りに襲われることがある（事例C）。
④ ASD者の感じる「恥」の意味合いは，非ASD者が共有する恥の概念や感情とは異なる可能性がある（事例C）。

以下では，この4つの点を中心に，「恥」と「社会」の関係について述べたい。

Ⅵ　ASD者における「恥」の感覚と「社会」——当事者研究の観点から

では，ASD者は「恥」や「社会」をどのように体験しているのだろうか。ここではその実際を知るために，当事者研究の観点から考えてみたい。

1　ASD者における「恥」の感覚

自らがASD当事者であり，ASDの当事者研究を行っている綾屋紗月は，脳性まひをもつ共著者の熊谷晋一郎と『発達障害当事者研究』（綾屋・熊谷，2008）という著書を著している。

そのなかで綾屋は「空腹」という身体感覚を自らがどのように感知しているかを具（つぶさ）に観察している。彼女自身が身体感覚には「心理感覚」（≒感情）が伴うと述べているように，この観察は「恥」という感情体験にも援用できるように思われる。

ここで注目したいのは，身体感覚を感知するプロセスのなかで彼女が用いた，①「〔明確な感覚として〕まとめあげることができない」，②「〔自分のなかで〕ひとまとめになっている感覚らしい〔としか知覚できない〕」，③「少し遅れて」，④「事後的に」という言葉である（〔　〕内は筆者が補足）。ここでは①と②を「ぼんやり感」，③と④を「事後性」と名付けたい。

例えば，事例Aの「これって恥ずかしいことなんですか？」という発言は，「ぼんやり感」ゆえにこのような表現となった可能性がある。一方，事例Bは「恥」という感覚を抱いているように見えなかったが，もしかしたら「事後性」ゆえにそう見えなかっただけなのかもしれない。

ASD者が心の理論を獲得しないわけではないように，恥の感覚がないわけでもない。その程度は自閉度の濃淡や年齢によって左右され，ASD者の「恥」を考える際には「ぼんやり感」と「事後性」という視座が必要ではないだろうか。

2　ASD者における「社会」

ASD者における「社会」を考えるためには，綾屋が編集した『ソーシャル・マジョリティ研究』（綾屋，2018）という著書が参考になる。同書は，マジョリティ（＝定型発達者）向けにつくられた多数派社会の暗黙のルールをASD当事者[注3]のマイノリティ視点から多角的に検討し，解き明かそうとした試みである。

そのなかで綾屋は以下の点を指摘している。

ASDの診断基準である「コミュニケーション／社会性の障害」という言葉は，「社会」や「コミュニケーション」のもつ多様性を無視して，あたかも「正しい」社会性やコミュニケーション方法が一つだけであるかのように活用されている。その結果，社会が責任を負うはずの問題が個人の問題であるかのようにすり替えられたり，ASD者の自責を強化したりといったことが起こる。そもそも，社会は一つではない。ソーシャル・マジョリティ研究は多数派に所属する人たちも自分たちの当たり前を振り返り，それが一つのあり方に過ぎないと自覚することに貢献できる可能性がある。

筆者はこの本を読み，はっとさせられた。ASD者との面接において知らず知らずのうちに自分の物差し（＝多数派の当たり前）で接していたことに気づかされたからである。ASD者と「社会」について考える際，支援者は大前提としてこうした観点を携えておく必要があるだろう。

VII　ユーザーと支援者間で「恥」と「社会」がすれちがうなかでの心理教育

1　恥の植え付け──支援者の加害性

事例Cのように，支援者側が「社会」を意識して行った介入がユーザーに「恥」の感覚を植え付けてしまうことがある。

このことは支援者によるマイクロアグレッション（Sue, 2010/2020）という観点からも考えられ

る。マイクロアグレッションとは，明確な意図のもとに行われるヘイトと異なり，加害者側が相手を貶めたことに気づかない，社会的マイノリティ集団に対する差別の一形態である。

支援者側は，「社会性のない」ASD者が，「社会性を身につけられる」よう心理教育を行う。つまり，「よかれと思って」行う行為である。だからこそ，筆者自身も無自覚であったように，支援者自身の加害性は気づかれにくい。

支援者の加害性は近年議論されつつあり（富樫，2021），ASD者との面接では特に意識する必要があると考える。なぜなら，ASDの特徴の一つに「嫌な記憶が残りやすい」というタイムスリップ現象があるからである。

「社会適応」の名のもとに支援者がよかれと思って行う介入が，ASD者の心に傷として深く刻まれて残り続ける可能性。これはASD者において顕著なスティグマ付与であると言えるのではないだろうか。

2　「並置する」と「枕詞をつける」──心理教育における臨床的小工夫

事例Cで筆者が失敗した理由はいくつかあるが，その一つは社会規範の提示の仕方にある。社会規範の提示に先立って必要なことは，支援者とユーザーにはそれぞれ別の世界が存在するという前提を共有することである。

その際，ASDの特徴である「ぼんやり感」と「事後性」を踏まえ，できる限り侵襲性を低減する必要がある。

筆者は臨床場面で行える具体的な工夫として，「並置する」と「枕詞をつける」が効果的であると考えている。

「並置する」とは，「社会とはこういうものだ」と教えることではなく，文字通りただ並べることである。ユーザーと支援者の間に〈Bくんはその靴のままでいいと思っていて，別の人のなかには，その靴が嫌と思う人もいるかもしれないってことなのかな〉と置いてみる。そして，ユーザーには

注3）著書のなかでは「発達障害」という言葉が用いられているが，本論では用語を統一するためにASDと書き換えている。

それがどう見えるのかを尋ねてみる。こうしたやりとりを通して，ユーザーの世界とは別の世界が存在することをどの程度認識できるのか，一緒に面接で扱っていけるのかを判断していく。

「枕詞をつける」とは，支援者の介入に〈どうやら〉〈ひょっとすると〉〈あくまでも〉といった言葉をつけるということである。繰り返すが，支援者の当たり前は，ASD者の当たり前とは限らない。だからこそ，「自明なもの」や「暗黙の了解」として述べるのではなく，仮説を提供しながら，一緒に検証するようなイメージで，可能な限り同じ視線で伝える必要がある（もちろん，完全に同じ視線に立つことは不可能である）。

このような介入は，ASD者が自分自身の輪郭を作っていくことや自治権といった概念を知ることにもつながるかもしれない。紙幅の関係で詳述することはかなわないが，これらはユーザーが「現代の」社会を生きていく上では重要なキーワードとなるだろう。

VIII　おわりに

「ASDの人は恥という感覚ゆえに社会規範を学ぶのだろうか」という冒頭の問いに答えるとするならば，「恥から学ぶこともあれば，恥の感覚を伴わずに学ぶこともあり，時に社会規範を伝えようとした支援者が恥という感覚を植え付ける可能性もある」となる。

何とも歯切れが悪い答えである。だが，これが臨床的な実感でもある。

この論考を書きながら，あるASDの男児から言われた言葉を思い出していた。

「僕は外国人のなかにいる異星人なんですよ」。

同じ日本ではなく，しかも星も違う。非常に遠い世界なのだ，と筆者は感じた。

筆者は彼と同じ星の住民にはなれないし，彼が筆者と同じ星の住民になれるわけでもない。そもそも，そうなる必要はないのだろう。お互い，異星人なのである。だけれども，ときにどこか通じ合う瞬間が訪れることもある。

とはいえ，この社会の「マジョリティ」である非ASD者と，「マイノリティ」であるASD者のあいだに差異が存在することも，また確かである。"同じ異星人"と括ってしまうことは，その差異を否認することになる。

ASD者にはASD者固有の「社会」があり，「恥」がある。それは尊重されなければならない。言葉にすると当たり前のことである。しかしながら，そのことを忘れてしまいそうになる時，私たち支援者は気づかないうちに加害者になってしまうのだろう。

一方で，非ASD者が「マジョリティ」である社会をASD者が生き抜くためには，ときとして非ASD者の「恥」と「社会」を伝えていく必要もある。

この論考がその両者のバランスをとるための補助線の一つとなり，「自閉スペクトラム」と「恥」という，遠いようで遠くない2つの概念の関係性を考えるきっかけとなれば幸いである。

▶ 文献

綾屋紗月 編（2018）ソーシャル・マジョリティ研究―コミュニケーション学の共同創造. 金子書房.

綾屋紗月，熊谷晋一郎（2008）発達障害当事者研究―ゆっくりていねいにつながりたい. 医学書院.

Sue DW（2010）Microaggression in Everyday : Race, Gender, and Sexual Orientation. John Wiley & Sons.（マイクロアグレッション研究会 訳（2020）日常生活に埋め込まれたマイクロアグレッション―人種，ジェンダー，性的指向：マイノリティに向けられる無意識の差別. 明石書店）

富樫公一（2021）当事者としての治療者―差別と支配への恐れと欲望. 岩崎学術出版社.

[特集]「恥」は敵か？ 味方か？ ──生きづらさ・傷つきの根源

「恥」の視点からトップアスリートの世界をみる

関口邦子 Kuniko Sekiguchi

目黒駅前メンタルクリニック

I　はじめに

　「恥」という感情は怒り，悲しみ，恐怖，不安などと同じ基本感情のひとつとされ，人との関わりのなかで生じる自意識感情（Tangney & Dearing, 2002）と定義される。

　筆者は，トップアスリートの心理支援に携わっているが，「恥」は，これまでアスリートの心理臨床や研究のなかで，あまり取り扱われてこなかった。「恥」は，人との関わりのなかで生じる，つまり，その人が置かれた環境との相互作用のなかで生じる感情であるからこそ，まずはトップアスリートの生きる特殊な世界を照らし出した上で，筆者が出会った事例（何例かを組み合わせてある架空の事例）を中心に，「恥」という視点からアスリートの世界に焦点を当てて論考したい。

　本稿では，Lewis（1971）の知見を参考に，「恥」を〝生活上の欠点や至らなさ，無能さを自覚することで生じる不快な自己意識的感情で，無価値観や無力感が付随し，無価値で非難されるべきものとして自己を捉え，その結果として逃避行動を促す感情〟と捉え，論じるものとする。

II　日本におけるアスリートの特殊な世界

　まず「アスリート」の定義であるが，健康のためにスポーツをしていたり，趣味としてスポーツを楽しんでいる人のことではなく，競技力向上のために身体や技術を鍛錬し，競技会に参加している人のことを指す。

　TV やインターネットを通してみるアスリートは，コートやグラウンドで一心不乱に，勝利をつかみ取ろうとしていたり，完璧な演技をやり遂げ，誇らしい表情をしていたりと，その「光」の部分に焦点が当たっている。最近では，うつ病や摂食障害などをカミングアウトするアスリートもおり，ようやくアスリートの「影」の部分も注目されることになった。「健全な身体に健全な精神が宿る」というスティグマのためにカウンセリングに通うこと自体が「恥」と思うアスリートや競技関係者は多く，世間的に受けの良いメンタルトレーニングと嘘をついてカウンセリングに通うアスリートも少なくない。また，成績の良い時は，マスコミや SNS でもてはやされるものの，そうでなくなると手の平を返されるような態度を取られるという話はよく臨床現場でも聞かれ，「光」と「影」を一般の人よりは感じやすい世界に住ん

でいるとも言える。

　トップアスリートへの道のりも特殊である。トップを目指す子どもたちは学校生活や学業は二の次，家族との関わりもおろそかになり，同年齢の友達も少なく，親友もいないことが多い。「放課後はいつも練習場へ行っていたから友達と遊んだことはあまりない」「家族旅行も試合に連動させて行っただけ」というエピソードはカウンセリングでも何度も耳にした。そして，指導者の指示に従う従順性が良きものとされる風潮もあり，主体性も育ちにくい（関口，2021）。このようななかで生きるトップアスリートは，良くも悪くも狭い世界で純粋培養されているかのようだ。

　アスリートは，個人競技であれ集団競技であれ，ある集団に属したり，誰か指導者やスタッフと共に過ごしながら日々の練習をこなしていることがほとんどである。岡野（2022）によると，「集団に所属し，そこでの考えや感情を共有することで心地よさや安心感を体験する。（中略）ところが，ある集団の凝集性が増す過程で，そこから外れる人たちを排除するという力もしばしば働くように」なり，その仕組みを「排除の力学」と呼んでいる。そして，ある集団が凝集性を高める条件として，一つは明白な形で利害を共有しているということ，もう一つは集団のメンバーが共通の敵ないしは仮想敵を持っている場合を挙げている。また，構成メンバーの均一性を，日本の集団の特徴に挙げ，少しでも異なった人は「排除の力学」の対象とされかねないと述べている。アスリートの生きる集団は，この凝集性が高いことが多い。さまざまな研究で，集団凝集性が高いことと集団のパフォーマンスは正の関連があることが示されている。その上，勝利主義に走りすぎるあまり，時に指導者の独裁的で偏ったルールが横行していることもある。その集団のなかでは，唯一の目標が"勝利"（明白な利害の共有かつ共通の敵がいるということ）であり，外部の目にもあまり触れることなく醸成されてしまった文化は，何の変化もすることなく，歪な形で形状記憶される。しかも勝

利につながれば，道徳的判断は棚上げされ，"良き文化"としてさらに強く形状記憶されていく。部活動での体罰やスポーツ界でのしごきやハラスメントが絶えないのは，こういったことも一因と考えられるであろう。

III　「恥」がアスリートにもたらすもの

1　日本人的「恥」がアスリートにもたらす両側面

　その競技自体の功績や，チームが歴代上位入賞しているなどの名誉・栄光があると，指導者がアスリートに，もしくはアスリートも自らに「日本のお家芸としての誇りを保とう」「先輩たちが残してきた栄光を守ろう」と鼓舞することはある。これまでの輝かしい成績を守らないと「恥」であると自尊心をくすぐることで，鍛錬に向かわせるものだと考える。これが程よく，タイミングが良ければ，ポジティブな「恥」を動因として，パフォーマンスの向上につながるかもしれない。これが行き過ぎると，例えば敗北したチームの指導者が，指導者としてのプライドが傷つき，恥ずかしく感じて，それを怒りとして選手にぶつけることもある。アスリートたちは指導者の「恥」を代理で負い，アスリート自らもその「恥」を強化させる。このように「恥」の連鎖が起こることもあろう。

　2016年のリオ・オリンピックで銀メダルに輝いた吉田沙保里選手の決勝戦後のインタビューは，「恥」のネガティブな側面が浮き彫りになったシーンなのではないだろうか。彼女はオリンピック4連覇を目指して臨んだが，決勝で惜しくも負けてしまった。惜敗後のインタビューで何度も「申し訳ない」と涙ながらに繰り返すシーンがある。日本国民の多くは，彼女の活躍を同じ日本人として，誇らしい気持ちで応援し，銀でも本当によくやったという気持ちで見ていたのではないだろうか。彼女は日本選手団主将として金メダルを取らねばならないと思っていたそうである。周囲からの期待や自分自身への期待が，はじめはモチベーションとして働き，努力や鍛錬へと突き動かしていたが，いつのまにか自らを襲い，焦らせ

るようなプレッシャーへと変換され，期待に応えられず，背負った理想像に届かなかったことで，強い「恥」を感じてしまったのではないだろうか。

　日本人のトップアスリートは，必要以上に期待を背負いすぎるという文化的背景もあるように思われる。アスリートに適度に働けば「恥」はポジティブに，過剰になるとネガティブにも働く感情なのではないだろうか。

2　集団のなかの「恥」

事例1（女性A・高校生・個人対戦競技B）

　Aは中学から本格的に競技Bを始め，スポーツ推薦で高校に入学した。その高校は，毎年全国上位校であり，指導者Cも以前は，競技Bで日本トップクラスだった。Cの指導は，トップダウンで，厳しく，横柄，暴力行為もあることで有名であったが，Cに指導を受けられれば日本で上位になれる，むしろ「あれだけ厳しいから強くなれる」と指導を肯定するような風潮があった。その指導を否定すれば途端にCの指導はなおざりになり，集団から排除されることは目に見えていたため，保護者も見て見ぬふりをするしかなかった。Aはインターハイで優勝したいという目標を強く持っていたため，Cの指導に必死に食らいつき，高2で目標を達成した。その結果，世界大会にも出場した。しかし，世界の舞台は何かが違った。競技前のアップでは，ジュニアの大会とはいえ，アスリート自身が主体的に考えて行動していた。Aは驚愕するとともに，何もできない自分を恥ずかしく思った。帰国してから，「こんな練習ではうまくならない，上に行けない」と思い，自分で調べた練習方法を提案したが，「後輩のくせに生意気」「ちょっと成績が出たからっていい気になっている」と言われ，煙たがられてしまった。指導者Cからは，「1回世界に行ったくらいで何様だ！　俺に従えないなら，勝手にやめろ！」と怒りを露わにされ，先輩たちと暗黙の結託をするうち，徐々にAに冷たく当たるようになっていった。

　この指導者や先輩たちの怒りの奥には，自分の指導や練習内容を否定されたという「プライドの傷つき」からくる「恥」の気持ちがあっただろう。この指導者C自身も元々指導者への従順性が良きものとされたなかで育ってきた一選手であった。こうして凝集性の高い，均一性をよしとするような集団主義が重んじられたアスリートの集団では，個人の意見はなきものとしなければうまく適応できず，個人を埋没させた形で集団になじむことが暗黙のうちに求められる。集団からの排除や，ハラスメント的指導の連鎖には，「プライド」と「恥」が絡んでいるように思う。

3　「恥」がもたらす食行動異常・摂食障害

　岩壁（2021）は，摂食障害の研究において，拒食症には恥とプライドが入れ替わりながら進行する「シェイム・プライド・サイクル」，過食症や過食嘔吐には恥が恥を呼んでしまうという「シェイム・シェイム・サイクル」があることを紹介している。このサイクルを参考にしながら，アスリートの典型事例を検討してみる。

事例2（女性D・10代後半・持久系個人競技E）

　Dは，インターハイで上位に食い込み，F実業団に入社した。F実業団では週に1度，みんなの前で体重計測を実施するのが通例であった。目標体重に落ちていないと，その日の夕飯は減らされることもあった。食堂では「あの子，目標体重に行ってないのに，普通にご飯食べてるし」という冷ややかな先輩のコメントを耳にすることもあり，Dも戦々恐々としていた。1年目は，なかなかタイムは伸びず，2年目に，指導者から「タイムを伸ばしたいなら，3カ月後までに体重を40kgにするように」と指示された。3年目までに良い成績を取らないと解雇を言い渡されるルールもあり，Dは，焦る気持ちでいっぱいだった。先輩たちがやっているようにまず炭水化物を食べないようにしてみた。すると，2週間ほどで2kg軽くなり，身体も軽く感じ，その心地良い手ごた

えから，どんどん体重を減らしていき，いつしか38kgにまでなっていた。その頃の試合では，見事自己ベストを更新し，Dは「この体重をキープすれば，良いパフォーマンスが出せるんだ」と思うようになった。

　しかし，その後，食事制限を続けていたが，なかなか良い記録が出なくなっていった。そのうちイライラし，そして普段は食べないようにしていた炭水化物やお菓子を，何かがはじけてしまったかのように過食するようになり，毎日の日誌にも，食べたものや体重は誤魔化して報告するようになった。体重計測の日までに，食事量を減らし，なんとか目標体重にし，体重計測が終わると，自室にこもって過食することが習慣になってしまった。それでもどうにもならなくなり，またパフォーマンスも低迷し，過食嘔吐も始まった。罪悪感にも駆られるようになり，鬱々とした気持ちになった。この先どうなってしまうのか不安に駆られ，夜もうまく眠れなくなってしまった。

　競技によっては，求められる理想的身体像がある程度存在することは否めない。アスリートの場合，身体やパフォーマンス，自分自身への在り様（主体性のなさや自信のなさなど）への「恥」を起点として，「シェイム・プライド・サイクル」を一時的に繰り返し，怪我や競技力低下をきっかけに，拒食の反動として「シェイム・シェイム・サイクル」に移行しているパターンが多いように思われる。Dも典型例である（もちろん移行なく，どちらかのサイクルで循環しているアスリートもいる）。

　元々あまり自信がなかったDにとって，Eという競技で求められる身体像に近づけるため，体重を落とせたという即時的な成功は，強い手ごたえを感じさせてくれるものでもあり，「プライド」を持続させ，自信を補ってくれるようなものでもあった。そして良いパフォーマンス（自己ベスト）につながったことは「この体重であればよいパフォーマンスが発揮できる！」と強烈にインプットされた出来事だっただろう。その体重に固

執し，体重コントロールに拍車がかかってしまった。また，「パフォーマンスのためには食事量に気をつけるべき，食べてはいけない」という集団規範や仲間たちからの外的な圧があり，さらにそれが内在化され，過食・過食嘔吐や太った自分に「恥」を強く感じるようになってしまった。公然と皆の前で体重計測がなされ，「恥」をかかされたり，身体のシルエットが露出するユニフォームを着なければならない「恥」をかくこともあった（一方，過食嘔吐して体重をコントロールすることが当たり前という集団の志向性があるために「恥」にならない場合もあり，カウンセリングでは，偏った志向性であることを心理教育することも多々ある）。

　カウンセリングに来たDは，誰にも言えなかった過食や過食嘔吐について，堰を切ったように話し出した。カウンセラーの前で一旦は「恥」をさらすことになるが，受容され続けることにより，身体の外側につけた"立派な／強健なアスリート"という鎧が少しずつ自然に取れていった。外的に与えられ，いつのまにか内在化された「恥」だったが，カウンセラーがもつ，Dの所属する集団規範とは違う価値観に触れ，「そのままの自分でもいいのだ」と感覚的に理解していった。

　山崎・中込（1999）によれば，競技者にとって問題となる身体像とは，単に体型や体重に関するものだけではなく，競技者としての同一性を支えるものとしての身体，すなわち身体の機能性や能力，運動感覚，あるいはより包括的な身体への感情などが総じて含まれているという。一般的に身体像への不満と食行動異常との関連性は示唆されているが，アスリートにとっての摂食障害のリスクは，いわゆる身体のサイズやフォルムという意味合いの身体像に対する不満だけではないと考えられる。アスリートにとっては，"身体"は包括的なものである。鎌田（1994）によれば，人間には「見える身体」と「見えない身体」があり，前者は「目に見え，手で触れることのできる今ここにある身

体」であり，後者は「見えない身体領域は霊性の次元にかかわっているものともいえるだろう」と述べている。「見える身体」に固執し，それを物理的にコントロールすることだけで高いパフォーマンスを求めると，総合的な身体はバランスを崩すのだろう。アスリートにとっては，「見える身体」「見えない身体」のどちらとも結びついてこそ，素晴らしいパフォーマンスに繋がるのではないだろうか。だが，「見えない身体」と結びついていない「見える身体」だけを重視すると，より「恥」という感覚もつきまとうのかもしれない。

　筆者らは女性アスリートの摂食障害をスクリーニングするために「東大版女性アスリート摂食障害スクリーニングテスト（通称 TEDIFA）」（6項目，4件法）を開発した（Chiba et al., 2023）。これは減量期間を除く，ここ1カ月の間の心理状態について問う質問紙で，「自分の食生活を恥ずかしいと思う」「誰かと食事をすることが嫌だと感じる」という2項目がある。この項目から推察されるように，女性アスリートにとって，「恥」という感情は摂食障害と切り離せないのであろう。

4　アスリート人生の幕引きを留める「恥」
事例3（男性 G・20代後半・個人競技 H）

　小学生の頃から G は競技を始め，常に年代別では国内トップであった。G は大きな挫折なく，10代後半にワールドカップという大舞台で銅メダルを獲得し，将来を期待された。すぐに企業とプロ契約を結ぶが，その後は鳴かず飛ばずで，怪我を繰り返し，痛みがなかなかひかなかった。整形外科医は，痛みを心因性と考え，カウンセリングを勧めた。カウンセリングのはじめの頃は，「次のオリンピック出場を目標にしているが，やる気が出てくると怪我をして，なかなか練習が思うようにできない。時間がないのに焦る，でも応援してくれる人のためにも頑張る」と言っていた。半年ほどすると徐々に，練習に全力投球する意欲を見せたかと思うと，飲み会に行って泥酔して練習を休むなど，意欲にムラがあり，「自分でも何

してるんだろうと思う」「企業に申し訳ない」と困惑していた。カウンセラーは，その行動の奥にある否認しなければ競技生活を乗り切っていけないが，本当は辞めたいのだという想いを推察しながら聞いていた。1年ほどすると，「本当はもうどこかで限界なのかなと思うことがあって……ただ，せっかく雇ってくれた企業に申し訳なく，せめて最後に結果を残したかった……競技しかしてきてないから，どうやって生きていけばいいかもわからない。思えば，ワールドカップに出場してメダルを取って以降は，そこで夢が叶ってしまって，達成感と，その後の疲労感で，やる気がそこまでなくて……でも周りが期待してくれていたから言い出せなくて……その過去の栄光に縛られてしまってもいた」と静かに涙を流した。一時期だけでも世界で名を馳せ，相当の期待をされた自分が，“ただの社会人，恥ずかしい自分”（一般には“普通の社会人”なのだが）に成り下がるということに耐えきれなかったのである。引退を巡る逡巡のなかで，一時は，「死にたい」という言葉も漏らしていたが，最後は怪我を理由に引退した。

　怪我は結果が出ない「恥」を強烈に感じることから守ってくれたものでもあったかもしれない。過去に栄光を背負ったアスリートは，世間からも期待を受け，自分も自分に期待をしつづける。いつかまたあの頃のような結果が出るのではないかという虚構を追ってしまう。そして現実的にそれが難しいとわかった時には，アスリートというアイデンティティが象徴的に一度死ななければならないくらいの傷つきと悔しさとむなしさが湧き起こる。それが象徴的になされない場合，薬物依存や事件事故，自死などにつながってしまうこともあるのだろう。普通の人としてその後も生きていくことを「恥」と感じ，それを受け入れはじめるところから第二の人生が始まるとも言えよう。もちろん十分に自分のできることをやりきり，納得して引退するアスリートも数多くいることも付記しておきたい。

IV　おわりに

　本稿では，トップアスリートの世界を「恥」という切り口から眺め直した。事例を通し，トップアスリートの世界と「恥」という感情が織りなす世界からアスリートの心性を描き出したが，トップアスリートの世界独特の文化や集団規範が「恥」にもたらす影響は多大であると考えられた。さらに社会学的見地を取り入れるなど論考の余地があると思われるが，それは今後の課題としたい。

▶文献

Carron AV, Brawley LR & Widmeyer WN（1998）The measurement of cohesiveness in sport groups. In : JL Duda（Ed）Advances in Sport and Exercise Psychology Measurement. Morgantown, WV : Fitness Information Technology, pp.213-226.

Chiba Y, Nose S, Sekiguchi K at al.（2023）Development of University of Tokyo's eating disorders inventory in female athletes. Japan Society of Obstetrics and Gynecology 2023 Apr 23 ; 1-13.

岩壁茂 監修（2021）恥（シェイム）…生きづらさの根っこにあるもの．アスク・ヒューマン・ケア，pp.39-41.

鎌田東二（1994）身体の宇宙誌．講談社［講談社学術文庫］，pp.11-14.

Lewis HB（1971）Shame and Guilt in Neurosis. New York : International Universities Press.

岡野憲一郎（2022）恥と「自己愛トラウマ」．岩崎学術出版社.

関口邦子（2021）女性アスリートと摂食障害．臨床精神医学 50-1 ; 11-18.

Tangney JP & Dearing RL（2002）Shame and Guilt. New York : Guilford Press.

山崎史恵，中込四郎（1999）スポーツ競技者の食行動問題—その独自の特徴と背景について．臨床心理身体運動学研究 2 ; 7-25.

［コラム2］恥をほどいて躰は踊る

山田美穂 Miho Yamada

お茶の水女子大学

I　柔らかい蔦のような「恥」

このエッセイに与えられた仮題は，「恥を"超えて"躰は踊る」だった。むくむくとイメージが喚起され，"ほどいて"に変えてみるとさらに展開していった。普段「恥をほどく」とはあまり言わないが，ダンスセラピー実践の入り口で出合う，とても繊細に扱うべき課題を表現できる気がしている。特に，日本の大学教育のなかで実践する際には，肌にまとわりついて絡まり合う，柔らかい蔦のような種類の「恥」とどう付き合うかということが，最大の課題になると言ってもいい。

II　セラピストの躰

臨床心理学分野の授業などで，いくつかの大学の学生たちと，ダンスセラピーのグループ演習を試みてきた（山田，2020）。このかなりマイナーな実践技法を紹介するためだけでなく，心理専門職にとって不可欠なスキルとしてソマティックな共感（Cooper, 2001）や body to body のコミュニケーション（Tortora, 2011）を体験してもらい，心理臨床における躰，特にセラピスト自身の躰がいかに大事かということに気づいてもらうためである。しかし，心理学専攻の大学生・大学院生を

ダンスセラピーに誘うと，ほぼもれなく，恥ずかしい……という反応が返ってくる。

それで私はなんだか申し訳なくなり，やっぱりやめておこうかとひるんだりする。私にも恥ずかしさがあるからだ。授業でこんなことをやっていいんだろうか……おばさん何やってんの？　と陰で笑われていないだろうか……そう感じるのも私だ。そしてこの恥ずかしさも私たちの大事な一部だ。だから無くさないでおこう，いつか自分がセラピストになった時，クライエントが抱く恥ずかしさを少しでも想像できるように覚えておいてほしい，だんだんスレて麻痺してしまったりするからね，と話す。何人かが頷いてくれたりする。

III　恥をほどくステップ

では，どうすれば，恥を大事にしつつ，少しずつほどいて，自分の躰をゆるめ，誰かの躰とかかわることができるだろう。探り探りやってきたなかで，大学生・大学院生との授業では，入門編として「場を作る」「型を繰り返す」「構えを覚える」あたりまで進められるとよさそうだと考えている。その先に，「技を磨く」「型から出る」「構えを捨てる」……といった段階があるが，それらはより本格的なトレーニングで取り組む課題となる。

Ⅳ　場を作る

"さあ, 恥ずかしがらずに！"と, 蔦をむしり取ってしまうようなことはしない。恥をかなぐり捨てて解放される場合もあるかもしれないが, さらに絡まって身動きが取れなくなったり, 肌がむき出しになって傷ついたりする危険性もある。むしろ, 無理にやらなくていい, 自分を守ることも大事な学びだと, 何度も確認する。いつも口癖のように「パスありですよ」と言っていたら, ある学生が「授業でそんなこと言われるなんて新鮮で, 安心して取り組める」と, 逆説的な効用について語ってくれた。

演習を始める時には, 教師である私が全身を見せ, 少し動いて見せる。私の躰とあなたの躰は今ここにある。私たちはさまざまな動きと感情で, 恥ずかしさでも, つながることができる。そんなことが伝わると, 少しずつ一体感が生まれていく。

Ⅴ　型を繰り返す

ダンスセラピーは, モダンダンスをはじめとする型のないダンスを中心に発展してきたが, いきなり自由に踊れと言われても, どうしたらいいかわからなくて当然だ。むしろ型（振り付け）のある動きや踊りを使うことや, セッション全体に型（一定の枠組み）を作って繰り返すことが, おそるおそるの初心者の助けになる。ウォームアップとクールダウンは重要な構成要素だから, 毎回省略せずに丁寧に行う。呼吸法, ストレッチ, 体操, 手遊び歌なども取り入れやすい。私はフラダンスや盆踊りにも誘う。座ったままシンプルな振り付けを何度かやってみるだけも, 時代を超えて共有されてきた, 感情を表現する喜びや誰かと踊る楽しさを, 感じることができる。

Ⅵ　構えを覚える

ダンスセラピーにおいて, クライエントは自分自身のために, セラピストはクライエントのその動き・踊りを躰で受け止めて支えるために, 動き・踊る。それができるようになるために, 演習では型を繰り返しながら徐々に馴染み, まず恥の奥にいる「いつもの自分」と「いつもと違う自分」を感じる。自分の躰と向き合うのも練習が必要だが, 特にここでは, Gendlin が創始したフォーカシングの知恵がとても役立つ。

さらに少しずつ, 「相手」や「みんな」とも向き合う体験を積み重ね, その向き合い方を躰に馴染ませる。そうやって構えが身についていくと, お互いに学び合える場も育っていく。

Ⅶ　硬い鎧になってしまう前に

肌にまとわりつく恥は, 時々ほどいてやらないと, 鎧のようにガチガチに硬くなってしまうかもしれない。演習のなかで, 絡まる蔦をひとときほどいて, 終わったら再びまとい直してもいい。そんなことを安全に繰り返し, 必要な時に「恥をほどける躰」でいることは, ダンスセラピー実践に限らず, あらゆる心理臨床実践のために, とても大事なことだと確信している。

▶文献

Cooper M（2001）Embodied empathy. In : S Haugh & T Merry（Eds）Empathy Vol.2. PCCS Books, pp.218-229.

Tortora S（2011）The need to be seen : From winnicott to the mirror neuron system, dance/movement therapy comes of age. American Journal of Dance Therapy 33 ; 4-17.

山田美穂（2020）教育・心理専門職養成教育における身体的共感のトレーニング―ダンス・ムーブメント・セラピーとフォーカシングの技法を用いて. ダンスセラピー研究 12 ; 19-28.

[特集]「恥」は敵か？ 味方か？ ——生きづらさ・傷つきの根源

セラピストの失敗と恥

菅野 恵 Kei Kanno
和光大学

失敗や恥をかく行為は，プライベートであれば流せることでも，臨床心理の専門家の立場になると専門家としてのアイデンティティが揺らぎやすい。特に，トレーニングを受けはじめた大学院生や特定の領域での臨床経験の浅いセラピストは，失敗や恥に敏感になるであろう。セラピーの失敗と思われる展開や業務上で恥をかく場面に直面することは，セラピストとしての自信を失わせ，また自らの専門性の適性を自問自答する機会になるであろう。

岩壁（2007/2022）は，セラピストの恥の回避の種類として，①失敗という恥の回避，②クライエントより「知らない」ことの恥，③スーパーヴィジョンで起こる恥の反応，④セラピストの自己価値と恥，という4つに分類している（表1）。

また，Davis et al.（1987）によると，セラピストとしての困難の度合いを評定したところ，①力不足，②有害，③技術的な困惑，④恐れを感じる，⑤ラポールが築けない，⑥セラピストの個人的な問題，⑦痛ましい現実／倫理的ジレンマ，⑧行き詰まる，⑨妨害を受ける，という9つに分類している（表2）。

そこで，岩壁（2007）とDavis et al.（1987）で挙げられたセラピストの失敗と恥に関連するキーワードを用いながら，筆者のセラピーでの経験や複数のスーパーヴィジョンを受けてきた経験から，事例を紹介しながら論考を試みたい。なお，事例については複数を組み合わせ臨床現場もフィクション化している。また，臨床現場によってカウンセラーと呼称するほうが適切な場合でも，本稿ではセラピストに統一したことを断っておきたい。

I　能力の不十分さによる恥，みじめさ

大学院を修了後，学生相談のカウンセリングルームで働くことになった。そこではセラピスト1名体制，週1回勤務であり，心理面接業務だけでなく，予約管理やインテーク，情報共有のための連携，ケース会議のマネジメント，緊急支援，カウンセリングルームのPR，各種講演会の講師といった多岐にわたる業務を，限られた時間内でこなさなければならなかった。しかし，スクールカウンセリングの実習で経験を積んでいたので，やや自信過剰になりながら何とかこなしていた。インテークの際にクライエントに記入を求めている相談受付票は，大学院生の頃に実習先の病院で教わったような問診票とは異なり簡易化されていて，面接を進めるなかで情報を聴き取って補うス

表1　セラピストの恥の回避
（岩壁（2007）を基に菅野作表）

回避の種類	例
①失敗という恥の回避	不本意な終結が立て続けにあり，唯一継続していたケースをつなぎとめようとしてクライエントからのあらゆる要求に応えていった。
②クライエントより「知らない」ことの恥	専門的で高度な知識をクライエントから説明され，クライエントに引き込まれ，おどおどしうまく切り返せなくなった。
③スーパーヴィジョンで起こる恥の反応	スーパーヴァイザーからの批判や否定的なコメントに敏感になり，面接のトレーニングで用いた音声録音を嫌がった。
④セラピストの自己価値と恥	ケースでの失敗についてユーモアを交えて自虐的に話すため，スーパーヴァイザーは肯定的なコメントを残すしかなかった。

表2　セラピストとして困難を感じる状況
（Davis et al.（1987）を基に菅野作表）

①力不足	セラピストとしての能力に不十分さを感じる
②有害	クライエントを傷つけるかもしれないと感じる
③技術的な困惑	どのように進めるのが相応しいのかわからない
④恐れを感じる	クライエントから身を守らなければと感じる
⑤ラポールが築けない	クライエントとの関係性が築けないと感じる
⑥セラピストの個人的な問題	セラピストのプライベートな悩みがセラピーを妨げているように感じる
⑦痛ましい現実／倫理的ジレンマ	痛みを感じるが避けて通れない状況何がもっとも倫理的か判断しきれない
⑧行き詰まる	セラピーが行き詰まり，逃げ道がないと感じる
⑨妨害を受ける	セラピストの治療努力をクライエントがすすんで妨害していると感じる

キルが必要であった。しかし，その後のスーパーヴィジョンでは情報が欠けていることを何度も指摘され，「すみません。聴けていませんでした」と答えるたびに恥ずかしい気持ちと力量不足に直面することになった。

　他校舎のセラピストが一堂に会しスーパーヴァイザーを招いたケース検討会では，若手からベテランまでがまんべんなく参加していた。若手であっても優れた報告をする者もいて，スーパーヴァイザーから褒められている姿をうらやましく思っていた。その一方で，私のケース報告では厳しいコメントが飛び交い，うまくいっていたと思っていたケースをスーパーヴァイザーから酷評され，そのコメントに対して反応できず黙ってしまった。さらに，筆者のケース報告の場であったにもかかわらず，同僚である若手カウンセラーのコメントに対してスーパーヴァイザーが「よい指摘ですね」と褒めているのを見て，さらにみじめな想いをすることになった。

　Eells（イールズ，2021）によると，自信過剰は臨床での意思決定に悪影響を及ぼし，自分の思考を批判的に見ることがなくなり，予測が間違っていても誤りから学ばないようになる。スクールカウンセリングの実習経験から生まれたわずかな自信過剰により，批判的にケースを捉えられなくなっていたのかもしれない。経験の浅いセラピストであればあるほど力不足を痛感しやすく，そのうえセラピストとしてどのあたりの力が不足しているのかということに無自覚であるとすれば，セラピストとしての心理的成長は見込めないであろう。

II　初回面接での"失敗"

　公立教育相談機関に勤めて間もない頃，中学卒業後からひきこもり状態が続いているという17歳の男性の母親から電話相談を受けた。その母親は「高校も中退してしまった。どうすればよいか？」としきりに答えを知りたがっているような印象であった。ひとまず詳細を聴くため来所してほしいと伝え，数日後に来談することになった。初回面接では，息子のひきこもりの悩みをたった一人で抱えながら仕事をしている孤独な母親の姿

が見えてきた。ひきこもりに至るまでの経緯を共感的に聴き，母親をねぎらい信頼関係を築こうとしたが，「私は何をすればよいか？」と具体的な助言を求める姿勢を崩さなかった。「訪問して息子に会ってもらえないか？」という要望も受けたが，訪問相談に応じておらず，その地域にはソーシャルワーカーも存在していなかった。当時，ひきこもりの支援機関はほぼなく，ひきこもり支援の情報提供もできなかったことから，苦しまぎれに「お母さんのお話をお聴きしながら一緒に解決策を考えていきたい」と継続面接を提案すると，「今どうすればよいのかを知りたいので，助言をもらえないのであればもうけっこうです」と怒りの感情を向けてきた。

　面接終了時間が差し迫るなか，こちらも引き下がらず「お困りだと思いますが，さまざまな理由でひきこもりになっているようなので，一回の面接で改善するようなことは難しいです」と伝え，「ご本人にこの場に来てもらえるように働きかけることは可能でしょうか？　そのあたりも次の面接で考えていきたいと思っています」と提案すると，クライエントはしぶしぶ継続面接を了承し，次回の予約をとって退室した。

　しかし，次の予約の日時になってもクライエントは現れなかった。クライエントに電話をかけると，「自分が子どもと向き合うしかないと思ったのでもうけっこうです」と怒り口調で電話を切ってしまった。その瞬間，面接に失敗したという意識で頭が真っ白になり，しばらく動けなくなってしまった。初回面接だけで終結してしまったため，職場の会議で報告するのもセラピストとしての低い技術をさらけ出す気がして恥ずかしい気持ちになった。

　しばらくすると，信頼のおける同期のセラピストが私の様子を気にとめて声をかけてくれた。経緯を説明して「失敗してしまった」と伝えたところ，「なるほどね。けどそのクライエントは，初回面接までは助言をもらえれば解決するだろうと依存的だったわけで，次の予約までの間に"自分

が息子としっかり向き合うしかない"という気づきを得たわけだから，もちろん継続面接で支えていったり適切な支援機関につなげたりするのが理想だけど，失敗とは言い切れないんじゃないかな？」という見解であった。私は「失敗した」というフレームから抜け出せないでいたため，ピアサポート的な職場の同僚からのコメントは，新たな視点でケースを振り返るきっかけになった。

III　恐れと代理受傷

　児童福祉施設の心理療法担当職員になって間もない頃，被虐待経験を有する小学校低学年男児のプレイセラピーを担当することになった。男児には粗暴な言動がみられ，ケアワーカーは攻撃対象になって疲弊している状況であった。セラピーの導入当初から，セラピストの顔色をみながら試し行動を繰り返すようになり，近距離でセラピストの顔にボールを思いきり投げたり，チャンバラごっこで興奮し箱庭の砂をセラピストに投げつけたりすることもあった。その都度，「自分や相手を傷つけることはしない」という約束を確認するのであるが，ふてくされた態度で「もう帰る」とプレイルームを退室して外に出ると，追いかけては隠れ，見つけるとまた逃げるといった，いたちごっこになっていった。セラピー中のプレイルームの外でのやりとりは，面接構造を逸脱してしまっているといった不安や，スーパーヴァイザーに怒られるのではないかといった恐怖など，さまざまな感情が混在することになった。

　このような試し行動が落ち着いてからは，プレイセラピーの場面でセラピストが何度も殺される場面が表現され，セラピストを狭い空間に閉じ込めたり椅子に座ったセラピストの身体を紐でしばったりするような異様な遊びが繰り返され，恐怖を感じることもあった。外傷体験を再現しているということがわかっていても，男児からたびたび向けられる攻撃性に疲弊し，ケースを終えて片づけをしたあとに眠気が襲い，職場で過眠をとらないと帰宅できない日々であった。毎回男児から

激しい攻撃性を向けられ，まさに代理受傷のような状態であった。

代理受傷とは，二次受傷や二次的外傷性ストレス（Secondary Traumatic Stress : STS）ともいわれ，「傷ついた他者を気遣い，献身的に，助けることに責任を感じることで起こる変化のプロセス」（Pearlman & McKay, 2008）のことである。代理受傷は，被虐待児の支援者にも生じやすく，筆者のようなセラピストもまた同様である。複雑性トラウマを抱えているような被虐待児では，セッションを重ねてもセラピーの効果を感じられず，無力感を抱きやすいことが多い。児童養護施設で心理療法を導入しても心理的な回復に時間がかかるため，周囲から目に見えるようなセラピーの効果を期待されるものの，実際には悪化しているように映ることもしばしばである。しかし，被虐待児からすれば，守られた環境でセラピストに見守られながらようやく自らのトラウマ体験を表現できるようになったととらえることもできる。セラピストから生じる恐怖は，代理受傷と関連しているといった視点をもつことも重要である。

IV　セラピスト自身の悩みと葛藤

心理療法の早い段階で，若手のセラピストが直面しやすいクライエントからの問いがある。例えば，夫婦関係の悩みを持ち込んできたクライエントからセラピストに対する「先生は結婚していますか？」といった質問は，比較的オーソドックスではないだろうか。また，子育て支援や教育の現場では，保護者から「先生はお子さんいますか？」と尋ねられることもよくある。自己開示するかどうかはともかく，結婚していないことや育児経験のなさが，セラピーにネガティブに働くのではないかといった不安が生じやすい。例えば，セラピスト自身に結婚願望があっても結婚できない悩みを抱いていれば，クライエントからの「結婚しているか」という問いに過剰反応してしまうかもしれない。経験していないがゆえに的外れな質問をしてしまわないかと発言を控えてしまったり，ク

ライエントから語られる言葉の意味をしっかり確認せずスルーしてしまったりすることもある。恥じることを回避しようとすることでクライエントとセラピストで認識にズレが生じ，セラピーの停滞や中断に発展することもありうる。

スクールカウンセラーとして学校現場で働いていた頃，クライエントだけでなく一緒に働く教師からも「ご結婚されていますか？」「お子さんはいますか？」とよく尋ねられていた。専門家以前に，育児経験の有無で評価されてしまっているような気がして，教師のコンサルテーションにも支障が出てしまうのではないかという不安に駆られることもあった。このような結婚経験や育児経験のなさがもたらす葛藤は，スーパーヴィジョンを通して解消されていくこととなった。スーパーヴァイザーからは，「夫婦関係や子育てのテーマを扱うことになったらクライエントから学びなさい」という教えを受けた。相手に望ましい印象を与えるような意図的なふるまいは不要であり，Carl Rogers の純粋性（genuineness）でいえば，まずはありのままの自分を受けとめたうえで対話することが求められる。

V　失敗や恥から立ち直るためのセルフケア

失敗をしたり恥をかいたりすることを恐れて一歩を踏み出せなくなるよりも，失敗から学び，恥をかく自分と向き合うことが，豊かな臨床経験につながるであろう。ただし，耐えがたい失敗や恥に直面したときは，同時にセルフケアにも目を向けなければならない。セラピストとしてのセルフケアに欠かせないこととして，スーパーヴィジョン，教育分析，失敗の認知の変容，同僚や仲間との対話，自らの無知の受容，について取り上げたい。

1　スーパーヴィジョン

スーパーヴァイザーにセラピスト自身の失敗や恥のテーマを報告できるかどうかは，とても重要なことである。著名で権威のあるスーパーヴァイ

ザーにこだわるあまり，本当に困っていることを相談できないとしたならば，スーパーヴィジョンの意義が問われる。嘘や偽りなくスーパーヴァイザーに曝け出せるかどうかは，セルフケアにも大きく影響する。

2　教育分析

セラピストの恥の感情は，セラピスト自身の幼少期からの養育の影響や失敗体験を重ねてきたことによるトラウマの影響かもしれない。そうなるとスーパーヴィジョンで扱うには限界があるため，教育分析を受けたほうがよいであろう。

3　失敗の認知の変容

失敗事例と思っていたとしても，経過を追うと予後がよいことが後々わかることもある。また，不本意に終結して失敗と思っていたケースのクライエントから，感謝の手紙が届くことがあるかもしれない。逆に，成功事例と思って終結したケースが，その後悪化していくこともある。本当の意味で成功しているか，失敗しているかというのは，実は誰にも，担当したセラピスト自身にもわからないのである。

4　同僚や仲間との対話

先述した事例でも述べたように，信頼のおける職場の同僚からの支えに助けられることもある。スーパーヴァイザーに相談するほどではないけれど，仕事上のモヤモヤすることを話せる同僚の存在は貴重である。また，多領域で働く大学院の同期や研究室の先輩との交流をもつようにすると，狭い領域から脱した視点で俯瞰できるようになるため，心理的視野狭窄も起こりにくくなる。

5　自らの無知の受容

専門領域の細分化に加え，時代の変化で新たな心理療法や技法，専門用語も誕生するわけなので，知らないことが山ほどあるといってもいい。知ったふりをするのではなく，「わからないので教え

てください」と言ってそこで恥をかいたと感じたとしても，新しいことを一つ覚えたのであれば心理的成長につながるであろう。セラピストはそもそも他者の心を理解しようとする仕事であるから，知らないことについて他者から教わる姿勢を日常的に身につけることは，セラピーにもプラスになると考えられる。

VI　おわりに

若手の頃に参加していたグループスーパーヴィジョンに提出する事例は，成功事例とまでは言えないけれどきれいにまとめた報告ばかりだったように思う。なぜそうなってしまったかというと，グループスーパーヴィジョンの参加者である同期や後輩を過剰に意識していたからかもしれない。しかし，たいてい「なぜこのケースを報告しようと思ったのですか？」「それでこのケースから一体何を検討したいのでしょうか？」とスーパーヴァイザーから諭され，失敗や恥を回避しようとしていることに気づくのであった。「失敗事例を報告して批判されたくない」「恥をかきたくない」といった意識が臨床の研鑽を邪魔するのがわかってくると，しだいにスーパーヴィジョンにあえて失敗と感じる事例を積極的に提示できるようになった。そのような繰り返しが，その先の臨床のスキルアップにつながっていったと感じている。

▶文献

Davis JD, Elliot R, Daivis ML et al. (1987) Development of a taxonomy of therapist difficulties : Initial report. British Journal of Medical Psychology 60-2 ; 109-119.

トレーシー・D・イールズ［津川律子，岩壁茂 監訳］(2021) 心理療法におけるケース・フォーミュレーション——的確な臨床判断に基づいた治療計画の基本ガイド. 福村出版.

岩壁茂 (2007) 心理療法・失敗例の臨床研究——その予防と治療関係の立て直し方. 金剛出版 (改訂増補＝2022).

Pearlman LA & McKay L (2008) Understanding & Addressing Vicarious Trauma. Heading Institute.

[特集]「恥」は敵か？ 味方か？ ──生きづらさ・傷つきの根源

「恥」と自己開示
スーパービジョン

北村婦美 Fumi Kitamura

東洞院心理療法オフィス／太子道診療所

I 「恥」──隠し，隠れるもの

呑み助は，空のビンと，酒のいっぱいはいったビンを，ずらりと前にならべて，だまりこくっています。王子さまは，それを見て，いいました。
「きみ，そこで何してるの？」
「酒のんでるよ」と，呑み助は，今にも泣きだしそうな顔をして答えました。
「なぜ，酒なんかのむの？」と，王子さまは尋ねました。
「忘れたいからさ」と，呑み助は答えました。

「忘れるって，何をさ？」と王子さまは，気のどくになりだして，ききました。
「はずかしいのを忘れるんだよ」と，呑み助は伏し目になってうちあけました。
「はずかしいって，なにが？」と，王子さまは，あいての気をひきたてるつもりになって，ききました。
「酒のむのが，はずかしいんだよ」
(Saint-Exupéry, 1943)

「恥」は私たちにおなじみの感情である。恥を避けることをめぐって私たちは日々思い悩み，取り繕い，振り回されているといえる。けれども往来ですれ違う人々の顔色に，恥はそのまま現れていたりはしない。というのも恥は隠すことと深い関わりがあり，人目にさらしたくない内容物を隠すだけでなく，恥という感情をもっていること自体も隠そうとするからだ。端的に言えば恥は，恥ずかしい内容を「隠す」とともに，みずから「隠れる」ものだともいえる。

また「恥」は別のものに姿を変え，自分の姿を隠そうとする。人は恥を感じたとき，いわば「穴があったら入りたい」と一種の心の退避所に逃げ込んで，劣ったものとして感じられた自分自身の姿を自他の目から隠そうとする。この退避は，酔いがもたらす現実逃避という形で現れたり，逆に復讐によって立場を逆転させる行為となって現れたりする（Steiner, 2011/2013, p.12）。たとえば後者の場合，恥は怒りという感情に瞬時に置き換えられ，怒りに任せた復讐の行為によって発散される。ここでは恥というものがそれ自体の存在を，怒りで覆い隠してしまっている。しかも他人の目から隠すだけではなく自分自身の目からも隠してしまい，自分が「恥ずかしい」と感じている感情自体を味わわなくて済むように，防衛を作動させているともいえる。

日本ではかつて，米国の文化人類学者 Ruth Benedict の『菊と刀』（Benedict, 1946/1967）の

もたらした衝撃に触発され，西洋の「罪」の文化に対して日本は「恥」の文化をもつという認識が広まり，恥が日本文化論としてさまざまに論じられた時代があった。日本発の精神療法である森田療法も，恥と深い関わりをもつ対人恐怖について独自の研究を深めており，恥は日本人にとってとりわけ重要な主題だったといえるだろう。

さらに当時ここには単なる違いというのみでなく，恥より罪の文化の方が，より高等で成熟したものだという含みもあった。Freud の精神分析においてもエディプス葛藤による「罪悪感」が中心的な役割を担っているのであり，罪悪感を中心に組み立てられている西洋発祥の精神分析を，恥の文化のわれわれ日本人がどう受容するかということが，しばしば真剣に話し合われた。

時代は移り，恐らくは 1970 年代の Kohut の自己心理学を端緒として，ナルシシズムと深い関わりのある恥の体験が，人間一般の重要な感情体験として西洋文化圏でも真面目に取り上げられる時代がやってきた（Morrison, 2008 ; Wurmser, 2015）。つまり「善／悪」を基準として，その人の行った個別の行為に関して生じる罪悪感は，謝罪のしようもあるし，まだしも耐えやすい。けれども「優／劣」を基準として，しばしばその人の人間的価値そのものをめぐって生じる恥の体験は，人間にとってより深く根源的であるがゆえに隠されやすい。それゆえ罪悪感を論じることの背後には，実は恥の体験が隠されていたのではないかという考察と内省が，近年西洋文化圏でも広がってきた。たとえば Lansky（1994）は，精神分析の基本概念の中には「恥」が明示されないままに含まれていると指摘し，「いわばそれは罪悪感というカーペットの下に押し込まれ，隠されてしまいがちなのだ」（p.437［引用者訳］）と述べている。

II　治療関係と「恥」

このように，恥という感情は隠されていながら広く人間の感情や行動に影響を与えているため，治療にも大きく関わっている。

筆者はかねがね，精神療法にとってもっとも大切な局面の一つは，患者さんが他のどんな場においても触れられることのなかった心の奥底にある隠されたものが，治療者との間に展開する心の空間において触れられるようになる局面だと感じてきた。恥はこのことに深く関わっている。

恥について早くから考察を深めてきた岡野憲一郎（1998）は，次のように述べている。「苦しい体験をしている時の私たちは，人に話して自分の苦しみをわかって欲しいという気持ちをしばしば持ちます。もちろんその苦しみを人に話す気が起きない場合もあります。しかしそのような場合も全く話す気がないかというとそうではなく，むしろその体験を恥に思って話したくても話せないというのが本当の気持ちであることが多いのです」（p.54）。そして患者さんが「『この人（治療者）にわかってもらっている』と思わない限り，本当の治療は始まらない」（p.55）とも言っている。恥の感情は，こんな自分を表に出すと切り捨てられ拒絶されるのではないかという恐れなどと結びつき，その人の中に触れられない領域を作り出す。さらに恥の働きはしばしばその人自身に対しても隠されていることがあるため，その領域は本人にも意識されないまま残されていることがある。

精神分析家 Neville Symington（1993/2007）は，ナルシシズムについて描写する中で，私たちの中にいる「話すことを許されない子ども」（p.100）について述べている。恥は必ずしもすべてナルシシズムに結びついているわけではないが，ナルシシズムにおいて特徴的な働きをなすものだ。私たちの奥底にありながら，隠れた恥の働きによって隔てられたこの子どもの部分が語る言葉をもつこと，そのためにまず治療者によってその存在が感知されることは，治療においてもっとも大切なことの一つであるように筆者には思われる。いわば私たち治療者はそのためにこそ患者さんの話に注意深く耳を傾け，その瞬間にむけて準備しているのだろう。

III　スーパービジョンと「恥」

スーパービジョンにおいて私たちは治療構造などとともに，症候学的診断や力動的な見立てなど，患者さんを一者心理学的に評価することを学ぶ。しかしそれ以上にスーパービジョンならではの学びといえるのが，みずから治療関係の中に身を置く体験から学ぶ方法である。これは治療者−患者間で展開される精神力動を，みずからその中に巻き込まれつつ観察し言葉にしようとすることであり，二者心理学的な学びである。

先ほど筆者は「精神療法にとってもっとも大切な局面の一つは，患者さんが他のどんな場においても触れられることのなかった心の奥底にある隠されたものが，治療者との間に展開する心の空間において触れられるようになる局面」だと述べた。スーパーバイザーとしてバイジーの方の治療経過を聞かせていただく中でも，こうした大切な局面が訪れていると感じるときがある。

語弊を恐れずに言うと，これはバイジーが治療者として，ある不自由さに巻き込まれ始めているといううっすらとした自覚をもち始めたときである。それは「この患者さんに限っては，何となくある種のことを話題にしにくい」「この患者さんに限っては，何となく治療者がある種の振る舞いしかしてはならないと直感的に感じてしまう」といった気づきである。もちろんどの患者さんにとってもすぐには話題にできないことや，治療者として明らかに不適切な振る舞いは当然ある。そうではなくて，なぜかその患者さんとの間でだけは生じてしまう不自由さである。

もちろんこのことを，そのまま患者さんにいわゆる「解釈」として投げてみたところでまず役に立たないし，そもそも乱暴すぎるだろう。その人にとってそのことがらがどのようにして触れられないものになるのか，その人の生活史や現在の悩みのあり方や面接室内での振る舞いや，そうしたもろもろの事物との有機的なつながりが治療者に十分想像できるようになることが，次の段階とし

て必要である。そうした患者さん像が治療者の中に結ぶようになったら，次にはご本人にどのような言葉でそれを伝えれば受け入れていただけそうなのかを吟味していく。治療者自身の中でその言葉がある程度充分に耕せたら，実際に患者さんと一緒にいる空間で適切と感じられるときに，それをその当該患者さんにお伝えしてみる。

前述したSymington（1983）も，治療者がある種の不自由さに気づくことを治療的変化の端緒として重んじ，「X現象」と呼んでいた。この論文で彼は冒頭に「これからどの分析家にもおなじみの現象について論じてゆきたいと思う」と書いているが，そうであるならこれは私たち治療者がしばしば出会っていてもおかしくない現象である。私が重要な局面だと感じるようになったこの「不自由な領域の自覚」ということも，彼が述べていることとどこかでつながっているのかもしれない。

さて，この現象の出発点に立つにはまず，バイジー自身が治療者として何となく感じていることがらに気づくこと，触れられることが必要である。患者さんが触れられないでいる領域を感じとるためには，まず治療者の側が，自分の中で触れにくく感じていることがらに気づくことが手がかりになる。人と人とが治療場面で出会うとき，二つの心の世界は影響し合い共鳴し合って，一つのシステムを形づくる。だから私たちがまず最初に探ることのできる自分自身の心の世界を，なるべく細やかに探ることが役に立つ。

スーパービジョンを受ける際には，たとえそれがネガティブな感情であったり治療者として不適切なのではないかと不安に感じる感情であっても，防衛的になりすぎずにまずは自分の中で気づけることが大切だと思う[注1]。その上でスーパーバイザーとそれを共有し，その感情の由来をとも

注1）もちろんそれを慎重な検討を経ることなくそのまま患者さんに伝えたり態度で示したりすることは，患者さんを無用に傷つけることであり，専門職として厳に慎まねばならない。

に探索することができれば素晴らしい。

　もちろんそれがいつも可能だとは限らない。海外の調査では，スーパーバイジーが重要な情報をバイザーに伝えずにいることが相当あると報告されている（McWilliams, 2021）。これには，バイザーが直接バイジーの資格取得に影響するような評価を行っているといった，構造的要因もからんでいるようだ。そうした構造の中では，スーパーバイザーに特定の情報を伏せておきたくなるのも無理はないかもしれない。けれども，もしも自分の組織内評価に直接影響しないようなバイザーをもてているなら，バイジーは自分の中に働く「恥」の働きを乗り越えて，みずからに生じてくる反応をバイザーと共有し探索できれば何よりだと思う。

　ただしこれはバイジー自身の個人的な秘密である必要はまったくなく，今スーパービジョンを受けている当該患者さんとの間でのことに限ってでよい。スーパービジョンには基本的に，バイジー自身に対するセラピーとスーパービジョンを分けないモデルと，両者を分けるモデルがある（Betcher & Zinberg, 1988）。あえてその違いを際立たせて言うなら，前者はスーパービジョン内で，バイジー自身のパーソナリティやそれに関連した生育史などにあえて立ち入り，それを取り扱ってゆく考え方である。一方で後者は，スーパービジョンにおいてはバイジーの個人的な面に立ち入らず，患者の病理についてのみ扱おうとする考え方である。実際にはバイジーが治療者としてもつ逆転移に着目することは一定必要だが，バイジーのプライバシーに留意することも大切であるため，現在ではこの中間の立場をとることが多い。たとえばGabbard（2010/2012, p.205）は，バイザーがバイジーの個人的領域に無理に立ち入ることはせず，バイジーの逆転移を「患者さんがセラピストの内面に引き起こした現象」として検討していくスタンスであるし，McWilliams（2021, p.38）もGabbard同様，バイザーからバイジーの個人的領域に進んで踏み込むようなことはしないが，バイジーがみずから自分自身の特徴などについて

スーパービジョン内で取り上げようとする場合には，それが当該治療にどのように影響しているかという観点で，スーパービジョン内で話し合うことはあり得ると述べている。つまり「スーパービジョンを受けている当該ケースに関する逆転移」を探索するのは，スーパービジョンで行われる通常の活動の範囲内と考えられているということである。

　スーパーバイジーが，患者さんとの間で感じている個人的かつ内的な体験をバイザーとの間で共有するのは，ときに「恥」の意識を伴う経験であるかもしれない。けれども，それが今受けているスーパービジョンの対象である当該患者さんとの間で生じる逆転移現象としてバイザーと共に探索されるのであれば，スーパービジョンならではの学びの体験はより豊かなものになるだろう。

Ⅳ　スーパーバイザーの役割

　さて，これまで述べてきたようなバイジーとバイザーの協働の探索が安全に行われるためには，スーパーバイザーの役割も極めて重要である。

　隠されていた自分の姿が顕わになる経験を恥（shame）と呼ぶなら，それを他者が無理に引きずり出し恥を植え付けることをシェイミング（shaming）と呼ぶ。スーパービジョンにおいてバイジーの自己開示が自発的なものとして行われず強要されたり，あるいは逆に自己開示したことが適切に受け止められず恥の体験となってしまうのであれば，それは問題であろう。バイザーはバイジーの内的経験に接する際に，それがシェイミングにならないような受け止め方に留意しなければならない。

　McWilliamsはスーパーバイザー側がバイジーからの自己開示を強要せず，もし行われたとしてもそれを批判なく受け止める必要や，安心して自己開示してもらえる環境をバイザー側が作る必要について述べている（McWilliams, 2021, p.80）。また，こちらはスーパービジョンではなく治療について述べたものであるが，「見るなの禁止」論

で恥じることや辱めることをめぐる精神力動を論じた北山修（1981）は，「患者の羞恥体験に対する治療者の〈受け取り方〉」と題する論文で，精神療法において患者さんが治療者に私的な体験を語る際の治療者側の「受け取り方」を問題にしている。「羞恥の体験は［…］相手の受け取り方に左右されるものとして取り上げることのできる側面」（p.178）があるという北山の指摘は，スーパービジョン内でのバイジーの自己開示に対するバイザーの態度に関しても言えることであろう。

スーパーバイザーは，バイジーの自己開示を強いるべきでない。ただバイジーが自ら自己開示したときにはそれに批判なく耳を傾け，丁寧に受け止める必要がある。

Ⅴ　受け渡しされるもの

さて，これまでスーパービジョンにおけるバイジーの自己開示と逆転移感情の探索について，恥の感情をキーワードとして見てきた。

実は筆者自身も，最初のスーパービジョンを受けていた頃，転移－逆転移関係の中で患者さんの情緒体験と自分の情緒体験が共鳴し，みずからの過去の記憶が強い感情を伴って賦活された体験をしたことがある。患者さんが治療者である筆者に対して強い情緒を伴った語りをしていたのと同じ時期に，筆者はスーパービジョンの中で初めて個人的な記憶とそれにともなう情緒をバイザーに語るという経験をした。当時のバイザーはバイジーの個人的な側面にはあえて立ち入らない方針をとっており，そのことをバイジーである筆者もよく承知していたが，この時にはいわゆるパラレル・プロセスの大きな力が働き，こうしたことが「生じた」という感じであった。こうした出来事はこの時のみであったが，このときバイザーがバイジーである筆者の自己開示を不適切なものとして退けるという態度を取らず，それとして自然に受け止める態度を示してくれたことは，筆者がのちに治療者として働いてゆく上で，非常に大きな意味をもつ体験となった。

成田（2003）は，治療において「贈り物」が果たすさまざまな役割について考察しているが，筆者はこの「贈り物」という視点の豊かさに，最近やっと気づくようになった。

語られる言葉は，物理的ないわゆる「モノ」ではない。しかし語ることを許されていなかった内なる内容物が，恥の障壁を越えてあえて語られるとき，そこでは比喩でなく，貴重な何かが受け渡しされている。物理的にモノを贈ることも言葉を贈ることも，そこで目には見えない心的行為（Symington, 1993/2007, p.130）が行われているからこそ，治療関係に意味をもってくると考えられるからだ。それは贈り手と受け手の間で適切に受け渡しされれば価値ある贈り物となるし，無理矢理奪われるのであれば奪取の体験となってしまう。また，贈り手の側が予期しない形でその内容物に奇異の目が注がれればそれは拒絶の体験となり，強烈な辱めの体験となるだろう。受け渡しのあり方に，贈り手と受け手の関係性は具現化される。「語り」の受け渡しにおいても同じで，恥の障壁を越えて差し出された語りは，貴重な贈り物として受け取られることが必要であるし，語りを奪取することは辱めとなる。このことは治療でもスーパービジョンでも，変わらない事実なのだろう。

▶文献

Benedict R (1946) Chrysanthemum and the Sword : Patterns of Japanese Culture. The Riverside Press.（長谷川松治 訳（1967）菊と刀―日本文化の型. 社会思想社［現代教養文庫］）

Betcher RW & Zinberg NE (1988) Supervision and privacy in psychotherapy training. The American Journal of Psychiatry 145 ; 796-803.

Gabbard GO (2010) Long-Term Psychodynamic Psychotherapy : A Basic Text. American Psychiatric Association Pubishing.（狩野力八郎 監訳，池田暁史 訳（2012）精神力動的精神療法―基本テキスト. 岩崎学術出版社）

北山修（1981）患者の羞恥体験に対する治療者の〈受け取り方〉. In：北山修（1981）定版 見るなの禁止―日本語臨床の深層. 岩崎学術出版社, pp.157-182.

Lansky MR (1994) Shame : Contemporary psychoanalytic perspectives. Journal of the American Academy of Psychoanalysis 22 ; 433-441.

McWilliams N (2021) Psychoanalytic Supervision. Guilford Press.

Morrison AP (2008) The analyst's shame. Contemporary Psychoanalysis 44 ; 65-82.

成田善弘 (2003) 贈り物の心理学. 名古屋大学出版会.

岡野憲一郎 (1998) 恥と自己愛の精神分析─対人恐怖から差別論まで. 岩崎学術出版社.

Saint-Exupéry A de (1943) Le petit prince. Reynal & Hitchcock.（内藤濯 訳 (1962) 星の王子さま. 岩波書店）

Steiner J (2011) Seeing and Being Seen : Emerging from a Psychic Retreat. Routledge.（衣笠隆幸 監訳, 浅田義孝 訳 (2013) 見ることと見られること. 岩崎学術出版社）

Symington N (1983) The analyst's act of freedom as agent of therapeutic change. International Review of Psychoanalysis 10 ; 283-291.

Symington N (1993) Narcissism : A New Theory. Karnac Books.（成田善弘 監訳, 北村婦美, 北村隆人 訳 (2007) 臨床におけるナルシシズム─新たな理論. 創元社）

Wurmser L (2015) Mortal wound, shame, and tragic search : Reflections on tragic experience and tragic conflicts in history, literature, and psychotherapy. Psychoanalytic Inquiry 35 ; 13-39.

🐛 [特集]「恥」は敵か？ 味方か？ ──生きづらさ・傷つきの根源

「恥ずべき自分」も抱きしめて

セルフ・コンパッション

有光興記 Kohki Arimitsu

関西学院大学

　対人援助職者には，他者を助けなければならない，被援助者の期待を裏切ってはならないという気持ちがある。しかし，どれほど才能があっても努力をしたとしても他者を助けることができず，期待を裏切ってしまうことがある。そうしたとき，自分の能力不足や根本的な資質の欠如を痛感し，自分を恥ずべき存在だと感じることがある。恥は，自分は欠点が多すぎて他者から愛され受け入れられないと考えるときに生じる感情と定義することができる。対人援助職の中でも心の専門家たるセラピスト（心理療法家）は，恥による心の傷を自分で何とかできて当然と自認し，または他者からも期待されている。

　本稿では，セラピストの恥について生物進化モデル（Gilbert, 2007）から考察し，恥の解毒剤としてのセルフ・コンパッションについて説明する。

I　恥と屈辱感

　恥（shame）は，自分に価値がない，自分は不十分で，無能だと考え，劣等感や小さくなった感じ，非難され，笑われる，嘲笑されるという感覚を伴う。原因帰属の観点からは，恥は否定的な出来事に対して，個人の能力のような自分の中でコントロールがしづらい原因に帰属するときに生じる。恥も他の感情と同様に，社会の中で生きていく生物としての機能を有している（Gilbert, 2007）。我々人間にとって，集団の中で自分の居場所を確保することは生存に関わる重要事項で，「他者から受け入れられ，よく思われたい」「他者から愛されたい」という欲求がある。そのため，我々は他者から貶められたり批判されることに敏感で，そうした脅威から自分を守ろうという動機づけから，自分に集団の中でやっていける能力があるのか，また他者からの否定的評価があるかどうかをモニタリングしている。いったん脅威を感じると，脅威システムが活性化し，防御や回避のために生理的覚醒が増大し，複雑な感情や反芻などを経験する。

　セラピストにとっても，自分が専門職としてうまくやれているかどうかは常にモニタリングの対象である。クライアントの反応が悪い，症状が悪くなる，来談しなくなる，クレームを言ってくるといったことがあると，「自分に悪いところがなかったか」と考えるのが常であり，もしクライアントの問題行動がひどく悪化し，セラピスト自身の職場などに明るみになるようなことがあれば強い恥を経験する。

　Gilbert は，恥と屈辱感（humiliation）を区別し，

前者を否定的に自己評価する内的な恥（internal shame），後者を他者からの否定的評価による外的な恥（external shame）と呼んでいる。

内的な恥は，自分のことを不十分であり，劣っており，愛されない，ダメな人間であると自己批判することで生じる。そして，あたかも恥ずべき自分が本当の自分であるかのように同一視し，自己嫌悪に陥り，その場からいなくなろう，自分を隠そうといった衝動につながる。過去の親子関係や現在の対人関係で虐げられた経験があると，「良く思われたい，愛されたい」ため，もう二度とそうした恐怖や孤独感を感じないよう，常に叱られないかモニタリングを続けたり，相手に合わせて自分の感情を表出せず従順に振る舞ったりする。最悪の事態を回避しようとするあまり，自分の意見や感情を表現できなくなるため，無力化や離人感を経験したり，気分が落ち込む結果となる。

私たちは，愛されようとする無邪気な努力が拒絶されると，愛されたいという普遍的な願いをほとんど忘れてしまう。そのため，自己批判ではなく自分自身に無条件の愛情であるコンパッションを向けて癒す必要がある。セラピストに限らず対人援助職は，クライエントとのやりとりや他職種との連携など自分の行動を省察（reflect）して自己改善を続けることや，足らない知識やスキルを学び続ける（＝生涯学習）ことが求められている。その際に，自分の至らないところばかりに注目すると，内的な恥を慢性的に経験することになり，気分が落ち込んでバーンアウトしたり，仕事に向いていないので辞めたくなるなど回避的な気持ちが強まることになる。セラピストに求められるのは，こうした自己批判による内的な恥ではなく，それを癒やすコンパッションである。

外的な恥は，他人から見て自分は不十分であり，劣っており，愛されない，ダメな人間であると考えることで生じ，自分に恥をかかせた相手に注意を向かわせる。他者に注意が向くと必ずしも自分の良くないところだけに注目しなくなり，自分が他人から嘲笑され，いじめられ，評価を下げられ

たのは，不公平で不当なことだと考え，屈辱感を経験する。そして，自分の地位を回復するために，自分を辱めた相手に攻撃的な反応を起こしたり，相手に屈辱を与えるために復讐をしたいという動機づけから，キレるなどの暴力や残虐行為につながることがある。

セラピストなら，クライエントの反応が悪いときにクライエントの特性のせいにして半ば相手を責めるような言葉を発したり，職場のサポートがないためと考えて同僚や部下などを責めたりすることがあるだろう。元々は「愛されたい」「認められたい」という純粋な思いがあったはずだが，いずれもクライエントや職場の同僚を傷つけ，自分自身も傷つける結果となる。セラピストとして最も避けたいことのひとつである。この場合も，自我脅威から生じる怒りや攻撃性をコンパッションに置き換える必要がある。

Ⅱ　コンパッション・マインド・トレーニング

それでは，どうすれば恥や屈辱感を生じさせる脅威システムから，コンパッションの感情システムに切り替えることができるのであろうか。Gilbert は，進化の過程で脅威システム以外に，他者の苦しみに気づき，それを和らげたり取り除こうとする，思いやり，人とのつながり，コンパッションにあふれた脳と身体のパターンがあることを指摘し，トレーニングによって自分や他者へのコンパッションを高められることを実証している（Gilbert, 2010）。

誰しも親しい人や大切な人が困っているのを見たら，助け出したい，何かしてあげたいと思うだろう。そのとき，他者の苦しみを感じながらも，同時に温かい気持ちを経験しているはずである。それが，コンパッションという無条件の愛情である。そこに，必要経費がいくらであるとか，自分の評価が高まるのかといった条件はなく，まして脅威や恐怖といったネガティブ感情もない。そこにあるのは，純粋な愛情や親しさ，つながりの感情である。コンパッションが高まると，中枢神経

系の迷走神経が刺激され，副交感神経が活性化される。

　以下に，Gilbert によるコンパッション・マインド・トレーニングのエクササイズの例を紹介する。一連のエクササイズを行うには，マインドフルネス瞑想や慈悲の瞑想の実践が必要とされ，指導するにはワークショップに参加するなど訓練を受ける必要もある。詳しくは，Gilbert（2010）を参照されたい。

　コンパッションは以下のエクササイズ１のように，リラックスした身体感覚に留まらず，自分を慰めたり，勇気づけたりする言葉かけも可能にする。そのために，コンパッションのある自分自身を体験する必要がある。ステップとしては，コンパッションのあるもの（温かく，強い存在）を自由にイメージし，それができたらコンパッションのある理想的な養育者をイメージして，さらにその資質を持っている自分自身をイメージすることになる。エクササイズ２からエクササイズ４はコンパッションのイメージを深めていくためのもので，エクササイズ５で自分にコンパッションを向けるのだが，本稿向けに恥ずべき自分に対するコンパッションのワークとしている。

1　エクササイズ１

　まっすぐ座って，でもリラックスした姿勢で，優しい表情を浮かべて呼吸をゆっくりしましょう。どんな感じがするでしょうか。エクササイズをする前との違いを探してみましょう。

2　エクササイズ２

　あなたが最も思いやりや無条件の愛情を感じられるものをイメージします。

・その視覚的なイメージはどのようなものでしょうか（若い／老いた人，男性／女性，色，動物，海や光？）。
・そのイメージに関する音はどのようなものでしょうか（声の調子？　鳥のさえずり？　海の音？）。

・そのイメージに関する感覚（色や触感など）があるでしょうか。

3　エクササイズ３

　「思いやりのある，無条件の愛情を持つ人物（養育者）」と聞いて，どんな人を想像しますか。

・五感をすべて使って，思いやりのある完璧な（理想的な）人物（養育者）をできるだけ詳細にイメージしてください。
・イメージした人の性別は？　何歳ぐらいでしょうか。どんなスタイルで，どんな色の服を着て，どんな髪の色でしょうか。
・その人の声やそれに関連した音を感じることができるでしょうか。
・その人がつけていたローションや香水，自然の中で一緒にいたときのにおいを感じられますか。お料理のにおいでも構いません。
・その人に触れたときの感触に気づくことができるでしょうか。
・その人が持つ思いやりや愛情の色が心臓の方へ流れ，胸や体に広がっていくイメージが浮かび，胸が温かく感じられるかもしれません。そうしたイメージに気づいて，じっくりと味わってください。イメージは次々に変化させてもらって構いません。
・人物を思い出すのが恐ろしく感じる人は，馬，犬，自然の光景，海，山，空などを思い出してもらっても良いです。その場合も，五感を使って感じてください。

4　エクササイズ４

　思いやりのある，無条件の愛情を持つ理想的な人物（養育者）が，あなたにゆっくりと，やさしい声で，話しかけてくるのをイメージしてください。その人物は，さまざまなことに精通しており，あなたのことを理解してくれます。強く，落ち着いていて，あなたの幸せについて深く考えてくれます。その人物の話を聞いていると，あなたは大切に思われていて，理解されていると感じます。あなたの弱点やコンプレックス，不安や怒りなどの感情を理解して，受け

入れてくれます。あなたが，人前で何かしたり，誰かに主張しなければならないときにも，そばにいてくれます。今現在，本当にそうした人がいるかどうかは，問題ではありません。イメージの中で，思いやりのある，無条件の愛情を持つ理想的な人物を作り出してください。

ここまでイメージができたら，次はその人物が，あなたの前にいるところをイメージしてください。その人物は，あなたの自己批判の経験の映像を観ています。その人物は，あなたの感情を理解し，あなたのことを励まし，深く考え，あなたの価値を認めてくれます。その人物は，自己批判で落ち込んでいるあなたを見て，どんな言葉や行動で，思いやり，やさしさをあなたに伝えるでしょうか。その人の大きな思いやりや愛情を感じてください。

5　エクササイズ5

これから恥の経験で傷ついた自分自身に思いやりや愛情を向けるワークを行います。楽な姿勢になり，目を閉じてください。まず鼻から出たり入ったりしている呼吸の感覚に気づきを向けます。

過去または現在の恥ずべき出来事の中で，今取り扱っても混乱しそうにないものを思い浮かべてください。例えば，最大を10とすると3ぐらいの出来事です。

例えば，セラピストなのにストレスに対処できずに自分は弱い人間だと感じている，クライアントに怒りを覚えることがある，家族のことで悩んでいる，職場にうまく適応できていないと感じる，といったことがあるかもしれません。もし恥の感情が3以上になるようでしたら，違う出来事を選ぶか，このワークを終えてください。

その出来事を思い出したとき，どのように感じますか。身体に何か反応があるでしょうか。もし恥の感情に気づけたら，「やっと気づいてあげられたよ。恥ずかしささん，そこにいてもいいよ」と言って，しばらくそっとやさしく心の部屋に置いてあげましょう。そして，呼吸の感覚に戻っていきます。

もしかすると，恥以外に怒りや悲しみも感じているかもしれません。1つひとつの感情にやさしく気づいて，呼吸のリズムに合わせて手放していきます。

身体全体に気づきを向けて，緊張や硬さを感じた

ら，「頑張ってくれているね。ゆっくりしていいよ」と優しい気持ちを向けて，緊張を緩めてあげましょう。自分の恥の感情，その身体反応のすべてをあるがままに受け入れていきます。

もしかすると，セラピストとしての恥の苦しみは，地球上のすべてのセラピストも同様に感じているかもしれません。恥は，他者から愛され，評価されたいという，誰しも持つ強い願いから起こります。恥で苦しんでいるのは決してあなただけではないのです。どのような言葉でも構いません。ご自身の恥につながる欲求に気づき，その気持ちが他の人たちと共有していることを思い出してみましょう。

思いやりのある，無条件の愛情を持つ理想的な人物と自分自身が同じ資質を持っていることをイメージしてみます。その慈しみを持った自分自身の慈愛に満ちた目が，恥の経験で苦しんでいる自分自身を見つめています。また，身体の緊張しているところに，そっと手を当ててあげたり，さすってあげたりしても良いでしょう。自分をギュッと抱きしめてあげても良いです。

同じ恥の経験で苦しんでいる親しい友人がいたとしたら，どのような言葉をかけますか。友人のことを理解したり，慰めたり励ましたりする，やさしい言葉を思い浮かべてみましょう。

それでは，同じ優しい言葉を慈しみを持った自分から，自分自身に言葉をかけてみましょう。自分自身と話すときは，温かい親しみを持った声のトーンでゆっくりと丁寧に1つひとつの言葉を伝えます。その言葉を受け取るたびに訪れる，感情や感覚の変化に気づいていきます。

必要なだけの優しさを受け取ることができたでしょうか。

ゆっくりと目を開けてください。

III　セラピストの恥に向けたコンパッション

コロナ禍で対人援助職の多くは不全感を経験し，恥に限らずさまざまな否定的感情で苦しんできた。それは，セラピストも同様である。5つのエクササイズで説明した通り，コンパッションのある人物を五感を使って明確にイメージしていくことで，最終的には自分のことを最も理解している慈しみを持った自分自身から，優しく触れても

らったり，慈しみにあふれた言葉をもらうことができるようになる。また，親しい人には簡単にコンパッションを向けられるため，まず親しい人に対してならどのような言葉をかけるのかイメージしてもらう。このステップがなければ，普段から自分に批判的な人は全く言葉が浮かばないどころか，「優しさなど甘えだ，こんなワークは時間の無駄だ」といった否定的な態度をとることもある。そのような自己批判的な自分自身も，慈しみを持った目でみれば，明らかに自分のためを思って頑張ってくれている人物の1人である。コンパッションのトレーニングでは，傷ついた自分自身だけでなく，批判的な自分自身の言いたいことも聞いてあげて，受け入れていく。自分自身には良い面もあれば，なくしたい部分もあるが，さまざまな自分の側面を優しく包み込み，「どんな私でも慈しみをもって受け入れられますように」という祈りを届けるのである。そうすると，恥ずべき自分自身でも，それを認めて立ち直っていくことがどれだけ強く美しいことか，自分の純粋な前向きな気持ちに気づくことができ，恥や怒りが優しさや愛情に転換される。

　こうしたコンパッションの力は，クライアントにとってもセラピストにとっても大切なものであろう。多くのセラピストが，コンパッションで満たされることを願ってやまない。

▶ 文献

Gilbert P (2007) The evolution of shame as a marker for relationship security. In : JL Tracy, RW Robins & JP Tangney (Eds) The Self-Conscious Emotions : Theory and Research. New York : Guilford Press, pp.283-309.

Gilbert P (2010) Compassion Focused Therapy [Distinctive Features]. Routledge/Taylor & Francis Group.（有光興記 監訳, 小寺康博 訳 (2023) コンパッション・フォーカスト・セラピー入門. 誠信書房）

［特集］「恥」は敵か？ 味方か？ ――生きづらさ・傷つきの根源

［コラム3］恥は恥だが役に立つ？

恥の個人史から考える恥の功罪

清田隆之 Takayuki Kiyota

文筆業／桃山商事・代表

I　想起するだけで動悸がしてくる記憶

　恥の多い生涯を送って来ました――なんて書けるほど人生が文学的だったわけでは全然ないが，ふとした瞬間に「あ――――――!!!!!」と叫びたくなる出来事はそれなりにあって，そういう記憶の蓋はできれば開けたくないなって正直思う。くだらない嘘，どうしようもない見栄，無邪気にしでかしてしまった差別。友達からハブられたこと，仕事仲間の面前で受けたパワハラ，カツアゲに遭ってタコ殴りにされたこと。Twitter で炎上したことも，片想いしていた女子に自作の小説を渡したことも，好きな作家の文体をまんまパクって雑誌にコラムを寄稿したことも，どれも恥の感覚に満ちた記憶だ。想起するだけで動悸がしてくるし，これを書いている今だって胸が詰まり気味で呼吸が浅い。

　私は「恋愛とジェンダー」を主なテーマにしている書き手で，とりわけ近年は自分と男性性の関わりについてエッセイを書く機会が多い。そこで素材になるのはおおむね「自分の話」で，体験談のようなエピソードだけでなく，何かを読んだり，誰かの話を聞いたりする中で感じたことなんかも含まれる。また私は，所属する恋バナ収集ユニッ

ト「桃山商事」で Podcast 配信もやっているのだが，メンバーは長い付き合いの友人ばかりで，自分の中で忘却の彼方に追いやっていたようなエピソードをふいに持ち出される瞬間も少なくない。

　嫌だなって思うし，とっさにごまかしたくもなるのだが，経験的には恥の成分が濃いエピソードのほうがおもしろさにつながることが多いと感じる。それは単に笑えるものになるというだけでなく，リアリティが宿ったり，考察が奥深くなったり，その人の本性が見えたり――有り体に言えば「本質」とか「真実」とか「普遍」みたいなものに近づけるような感覚がある。ここでは私自身の「恥の個人史」を振り返りながら，私たちにとって恥とはなんなのかについて考えていけたらと思う。

II　おもしろ体験記では足りない何か

　とはいえ，恥の記憶に触れるのは決して容易なことではない。過去を振り返るとき，私はいつも意識を当時に集中させ，「あのとき何があったっけ」「そのときどんな感じだったっけ」と出来事や気持ちをなるべくリアルに思い出そうと努めてみるのだが，ときおりそこに，白い靄がかかったような，あるいは進入禁止の看板が立てかけてあ

るような地帯が立ち現れたりする。「ここはタッチしたくないな」「この道は通りたくないな」と反射的に感じてしまうその地帯には，何かしら恥の感覚が絡んでいることが多い。無理して触れる必要はないし，毎回そうしているわけでもないのだが，「ここは避けて通れないかも……」と思わざるを得ない瞬間もままあって，そういうときは勇気を出して足を踏み入れてみる。それは例えばこのようなイメージだ。

拙著『さよなら，俺たち』（スタンド・ブックス［2020］）には，大学時代に初めて性風俗を体験したときのエピソードが収録されている。男友達と授業をサボって暇していたある日，ふいに「風俗に行ってみない……？」という話が持ち上がり，30分5,000円の割引券を握りしめて繁華街のファッションヘルスへ足を運んだ。待合室でやはり帰ろうかと迷うほど緊張したが，順番が来て小部屋に入って，「服を脱いで」「シャワーを浴びて」「そこに寝て」と指示されるがまま動き，「ピピピピピピピ！」とタイマーが鳴ってあっけなく終わりを迎えた。それはベルトコンベアーの流れ作業を思わせるもので，期待とのギャップが大きかったためか，店を出た我々は謎の虚無感に襲われたのだった。

これはまあ，正直なんてことのないエピソードだと思う。向かいのカラオケ店からスピッツの『さわって・変わって』という曲が流れてきて，「このタイミングで聴くとなんか意味深だな」と話した記憶があり，最初はそれをオチにした笑い話としてまとめてみたのだが，違和感や物足りなさが残った。その原稿は2020年4月に起きたナインティナイン・岡村隆史による炎上発言をフックに「性風俗とは男性にとってどういう場所なのか」を考察する内容で，自分の体験談を単なるおもしろエピソードとして書いたところで何も見えてこない感覚があり，そこで触れざるを得ないと思ったのが恥の記憶だった。

III　みみっちい自分を直視するしんどさ

そして私はこのようなエピソードをつけ加えた。とても恥ずかしいが引用してみる。

「大学3年生のあの日，池袋で風俗を初体験した私は，終わったあとに言いようのない虚しさを抱いた。確かに気持ちは良かったが，担当女性とまったく会話が弾まなかった。「大学生なんです」と言っても「そうなんですねー（棒）」みたいな薄いリアクションが返ってくるばかりで，こちらにまったく興味を持ってくれない。（中略）「大学生なんです」と言った私は，「どこの大学なんですか？」と聞かれ，「早稲田です」と答えて「すごーい！」と言われる展開を期待していた。思い出すだけで死にたくなる。褒められたい，認められたい，ひとりの男性として興味を持ってもらいたいなど，30分5,000円というサービスに射精以上のいろいろを期待し，それが叶わなかったことで発生した虚しさだったのではないかと，今は思う。厚かましい。実に厚かましいのだけど，それが当時の自分の偽らざる実態だ」

私は思春期の頃から"普通コンプレックス"とでも言うべきものをこじらせており，平凡で大衆的でなんの特長もない自分に自信を持てずにいた。そういう中にあって，浪人時代の努力が実り，念願だった早稲田大学に合格したことがちっぽけな自尊心を支える最後の砦だった。私は当時，初対面の人と会うたびに"早稲田匂わせ"のような発言をくり返し，自然と話題が学歴のほうへ向くよう誘導していた。自分から言うのではなく，あくまで「相手から聞かれて答える」というのが決定的に重要だった。今も書きながら赤面してくるくらいみみっちいし，浅ましいなとも思うけど，もしかしたら「男の性欲」と呼ばれるものの中核にはそういったみみっちさや浅ましさ——別の言い方をすれば「弱さ」や「怯え」みたいなものが関与しているかもしれず，それを直視することのしんどさも含めて恥の感覚が形成されていたのではないかと，改めて思う。

IV　「いつか嘘がバレる」という恐怖

もう少し恥の個人史を振り返ってみる。思い出されるのは中1のときについてしまった咄嗟の嘘だ。私は小2でサッカーを習い始め，中学でもサッカー部に入った。Jリーグが開幕したばかりの当時は空前のブームで，学年の半数が入部するという盛況ぶりだった。そんな中，経験者だった私は最初の部活でパス練習のお手本役に選ばれ，注目の的となった。そして練習後，クラスメイトでもあったN君から「うまいねキヨ！」「どこのチームでやってたの？」と聞かれた。そこで私は咄嗟に「ヴェルディのジュニアチームにちょっといたことがある」と答えてしまったのだ。

小学生のときに所属していたのは地元の少年団で，これはまったくの嘘だ。それどころか，ヴェルディのジュニアチームは少年サッカーの大会で対戦し，0-9という大差で負けたことのある相手だった。Jクラブの下部組織と言えばサッカー界のエリートコースで，素直なN君は目を輝かせながら私の“経歴詐称”を鵜呑みにし，その後いろんな人に「キヨってヴェルディにいたんだよ！」と宣伝していった。自業自得だが「いつか嘘がバレるんじゃないか」という感覚はとても嫌なもので，みんなで雑談してるときは話がそこに向かわないよう文脈を巧みにコントロールしていた。ちゃんと嘘を訂正したわけではないので，いまだにサッカー部のメンバーとは会いづらさがある。見栄や虚栄心，話を盛る癖，それらの後処理で冷や汗をかく傾向などは今の自分にも当てはまるもので，その原体験のように感じられるところが恥の記憶になっている所以かもしれない。

V　「差別はしない」と言いたいけれど

これらが「カーッと恥ずかしくなる記憶」だとしたら，なんと言うか，もう少し重たい気分になるようなものもある。例えばそれは小学生のときに幼馴染みとつるんで勤しんでいた悪戯にまつわる思い出で，ピンポンダッシュとか，友達の背中にシールを貼るとか，いかにも小学生という感じのものも少なくないが，通学路にある団地の庭にゴミを投げ込んだことと，他人の家の玄関の鍵穴に雑草を詰めたことは，思い出すだけで脂汗が出てくる一件だ。なぜならそれは地域で不当に低い扱いを受けていた人たちの家で，私はそのことを明確にわかった上でやっていた。当時は無邪気だったかもしれないが，今思うとあれは悪戯などではなく，どう考えても“差別”であり“いじめ”だった。

我々は商店街の子どもで，バブル景気の余波もあってそれなりに恵まれた暮らしをさせてもらっていた。それで選民意識のようなものを持ち，あのような差別行為に及んでしまったのだと今は理解している。もちろんそこには大人たちや地域社会から知らぬ間に受けていた影響も色濃くにじんでいるはずで，すべて子どもの自己責任にするのは酷な話かもしれない。でも，当時の自分が抱いていた無知や勘違い由来のイキったマインドを思うと，情けなくて恥ずかしくてとてもつらい。すぐにバレたし，幼馴染みと謝りに行かされ，鍵穴は電器屋を営んでいた父が修理することにもなったが，自分がしでかしたことの意味を理解した上で反省なり謝罪なりをできたわけでは全然なかった。

VI　「恥をかかされた」ふたつの出来事

これまで紹介したエピソードはどちらかと言うと「やらかした側」としての話だったが，自分が被害者になった出来事にも恥の感覚が埋め込まれているものがいくつかある。

例えば私は19歳の冬に駅のホームで4人組の男からカツアゲに遭い，そのまま殴る蹴るの暴行を受けて鼻の骨を折るなどの大けがを負った。また29歳のときには，同じプロジェクトに関わっていたベテランライターの男性からパワハラを受けたことがあった。どちらも長年“被害”とは認識しておらず，前者は「5,000円を出し渋ったら殴られて救急車で運ばれ，結果的に病院で治療費25,000円を払うハメになった（笑）」という自虐

的な笑い話にしていたし，後者は自分の無能ぶり
を痛感した出来事として記憶されていた。

　しかしそれは，ひと皮むくと生傷が疼いている
ようなものでもあった。暴行を受けて救急車で運
ばれたことはネタにできても，「弱そうなヤツ」
と目を付けられた結果であろうこと，周りにいた
人が誰も助けてくれなかったこと，「浪人生なの
に夜に出歩いてたお前も悪い」と親から言われた
ことなどは，直視不能な"触れづらい地帯"のま
まになっていた。またベテランライターとの一件
にしても，ハラスメントの構造とか，弱さを認め
られない「男らしさの呪縛」とか，そういうこと
を知識として学べたおかげで被害と認識すること
ができたが，それがなかったら今でもどうだった
か……。さらに，同じチームには自分と近しい
年齢の女性ライターが 2 人いたのだが，連日のよ
うにベテランライターから出版社の会議室に呼び
出され，明け方まで彼女たちがいる前で「こんな
キャッチコピーしか書けないの？」「それでよく
今までやってこれたね？」「清田くんのせいでこ
いつらも家に帰れないじゃん（笑）」とイビられ
続けたことは，いまだにトラウマティックな出来
事だ。公衆の面前で暴力行為を働くことの興奮，
若い女性たちに己の権力性を見せつけることの快
楽――。その道具として利用された屈辱は，「恥
をかかされた」という表現がとてもしっくりくる。

VII　我を失わないための抵抗運動

　さてここまで，少し駆け足にはなってしまった
が恥の個人史をいくつか振り返ってきた。こうし
て文章にすると「なんだか流暢に語っちゃったか
もな……」と感じるところもなくはないが，急に
動悸がしてきたり，息が浅くなったり，思わず目
をつぶってしまったりする瞬間が多々あった。身
が固くなり，思考が止まり，頭が言語化を拒んで
いるような感覚が生じる地帯に埋め込まれた恥の
感覚とは，私にとって一体どういうものなのだろ
うか。

　やはり，基本的にはネガティブなものだと思わ

ざるを得ない。恥の感覚に包まれると，自分に
自信が持てなくなり，存在の基盤が揺らいでし
まうような感覚がある。今回は詳しく触れられな
かったが，例えば私は過去に Twitter で 3 回ほ
ど炎上した経験があって，そのときは社会から
失望され，見離されたような心地になった。自
分の発言にも非があったことは確かだが，なか
には原文を読まないままイメージだけで非難し
てくる人や，明らかな嘘や事実誤認を広めてい
る人もいた。脅迫のような内容の DM すら届い
たことがあるというのに，自分を責める気持ち
が止まらず，「清田がまたなんかやらかしたらし
い」「化けの皮が剝がれたな www」という幻聴
が響き，脳内でどれだけ釈明や反論を重ねても永
遠に許してもらえない。それまで友好的なやりと
りをしていたような人たちに対してさえ，離れた
ところからクスクス笑われ，そちらを向けばパッ
と目を背けられるような感覚に陥った。それらは
もちろん単に自意識や超自我みたいなもの（＝自
分を監視する自分）が生み出した現象なわけだ
が，その判断がにわかにつかなくなってくるほど
恥の感覚は鮮烈にして強烈だ。思い出したときに
「あーーーーーーー‼」と叫びたくなるのは，
我を失わないため，自らを保つために取る，咄嗟
の抵抗運動なのかもしれない。

VIII　恥のおかげで直視せずに済んだこと

　その一方で，恥にはポジティブな側面も確かに
存在する。冒頭に挙げた「白い靄」や「進入禁止
の看板」はある意味"かさぶた"のような役割を
果たしているとも言える。その向こうには生傷の
ようなものがあって，それはいまだ手当てがなさ
れていない。いつか目を向けるべき瞬間が訪れる
かもしれないけど，今はそのタイミングではない
し，その余裕もない。そういう記憶に「触れるな
危険」とシールを貼り，心の奥底でひっそり保管
しておいてくれるのが恥の持つひとつの効能では
ないか。

　ラブレター代わりに自作の小説を渡したこと

や，好きな作家（ちなみに町田康さんです……）の文体を丸パクりしていたことが恥の記憶となっているのは，私が大学生のときから抱き続けている，文学に対する強烈な憧れとコンプレックスがおそらく関係している。それが剥き出しの形で表れているからこそ思い出したくない記憶になっているのだと考えられるが，恥のおかげで直視せずに済み，文学への憧れやコンプレックスとゆっくり折り合いをつける時間を得られたと言えなくもない（こうしてエッセイのような形で自分の中の問題を扱えるようになったのはそのひとつの成果だと感じる）。大事な問題と向き合うためにはどうしたって時間が必要になる。複雑な背景やメカニズムを理解しないことには語れるものになってくれない。

　今回は「恥の個人史」と銘打ってさまざまな記憶を掘り起こしてみたが，ここで紹介したのは「恥ずかしいけど今なら言語化できるかも」とかろう

じて思えたものだけであって，まだまだ触れられそうにない記憶も多々あった。"語りやすいエピソード"に落とし込んでしまおうという気持ちも湧いたが，それはなんだか危ういなと感じた。恥部を上手に削り，受け入れられやすい話，褒められやすい話に編集することもできるかもしれないが，それをやってしまうと結局は「誰かに見透かされるのではないか」という不安に苛まれることになる（それこそ『人間失格』の主人公が級友から「ワザ。ワザ」とささやかれて震撼したように……）。

　恥は恥だが役に立つ。それは心の生傷を守る絆創膏であり，そこに何か大事なものが潜んでいることを知らせる目印でもある。まだ書くことができなかったあの記憶やこの記憶は，恥の貯蔵庫で熟成を待ちつつ，いつかそのときが来たらじっくり向き合って言葉にしてみたいと思う。

［特集］「恥」は敵か？ 味方か？ ──生きづらさ・傷つきの根源

［コラム4］恥じらいの病としての対人恐怖症

黒木俊秀 Toshihide Kuroki

九州大学大学院人間環境学研究院

1980年に公表されたDSM-III（アメリカ精神医学会［APA］，1980）に「他人の注目を浴びるかもしれない状況に対する持続的で不合理な恐怖，およびその状況を回避しようとする強い欲求」を特徴とする社会恐怖（social phobia）の診断基準が収載されると，わが国の精神医学者の間では，伝統的な疾患概念である対人恐怖症との異同が話題になった。というのも，対人恐怖症は長くわが国特有の精神疾患と考えられてきたからである。事実，後に対人恐怖症は，"Taijin-Kyofusho" としてDSM-IV（APA, 1994）の文化結合症候群の項目に掲載された。

一方，社会恐怖は，1960年代に英国の行動療法家であるIsaac Marksによって他の恐怖症からは独立した疾患概念として提唱された。当初は，欧米では稀な疾患とみなされていたが，大規模な疫学調査が行われた結果，実は有病率がかなり高く，それまでネグレクトされてきた不安障害であったことが判明した。DSM-IV以降は，より包括的な概念として社交不安症（social anxiety disorder）と呼ばれるようになり，認知行動療法とともに選択的セロトニン再取り込み阻害薬（SSRI）の適応疾患として広く知られるに至った。

Marks（1987）は，天敵を威嚇してわが身を守るために，昆虫から鳥類，哺乳類に至るまで眼状紋（目玉模様）がしばしば用いられていることに注目し，中近東・地中海地方を中心に世界中に流布する民間伝承である邪視信仰（evil eye）の文化と併せて，他者の眼差しが捕食行動，すなわち攻撃と脅威を原初的に表象するものであると進化論的に考察した。人はその動物的本能ゆえに他人の視線を浴びる状況を本質的に恐れることを，社会恐怖の精神病理の根底にとらえたのである。

これに対してわが国の対人恐怖症では，相対する他人に対して自己の眼差しが有害性を発揮することを当事者自身が恥じ入るという特徴が強調されてきた。例えば，大正・昭和初期にもっとも早く対人恐怖症の事例を報告した森田正馬（1932/1974）は，代表的な対人恐怖症である赤面恐怖について「恥ずかしがることをもって，自らふがいないことと考え，恥ずかしがらないようにと苦心する『負けおしみ』の意地張り根性である。……自ら人前で恥ずかしがることを苦悩する症状であって，羞恥恐怖という」べきと述べている。また，しばしば思春期青年期にみられる対人恐怖症の病態を「確信型対人恐怖」として集約した山下格（1977）も，その特徴のひとつに「自分には周りの人たちに嫌悪感を与える欠点がある」と強

く確信し，苦悩することを挙げた。このようにわが国の対人文化を背景にして自己の加害性を意識し，それを強く羞恥する点こそが，対人恐怖症を社会恐怖より分かつ特徴と考えられる。実際，森田療法に代表されるわが国の対人恐怖症の治療文化は，当事者が煩悶する自己の加害性を許容し，それを恥じることを否定しなかった。それどころか，おのれを恥じらい畏まる内向的な性格こそ，当事者の美徳として伝統的な森田療法家は大いに評価したのであった。この点は，欧米の研究者が"shame"を社交不安における歪んだ自己否定的な中核信念として認知理論に定式化したことと大きく異なっているのではないだろうか。

そもそも，shame という英単語は「不名誉」とか「残念」という意味合いで使用されるのであり，自己の加害性に意識が向く対人恐怖症当事者の恥じらいとは違うような気がする。その他の社交不安の構成概念である"embarrassment"や"shyness"のほうが対人恐怖症の恥に近いかもしれない。しかし，embarrassment も語源的には「中に棒を置いて邪魔して困らせる（困惑させる）」という意味であるし，shyness に至っては「子どもっぽい性向」と受け止められかねない。このように恥の概念をめぐって対人恐怖症と社交不安症は微妙に重ならないのであった。病の表現における対人文化的影響の相違をまざまざと感じたものである。

以上は，今から30年ばかり前の対人恐怖症をめぐる比較文化精神医学の論考である。21世紀に入ると，SSRIや認知行動療法の普及とともに対人恐怖症という病名はいつの間にか社交不安症に置き換わっていった（リーボヴィッツ社交不安尺度の「パーティーを開く」という項目には今も違和感が残るが）。今日，対人恐怖症に取って代わったわが国の文化結合症候群は，DSM-5-TR（APA, 2022）に掲載された「ひきこもり（hikikomori）」であろう。いずれにせよ，臨床の現場で「自己の加害性に対する羞恥」に注目することは稀になった。グローバル化の潮流の中で，もはや社交不安症の当事者はおのれの羞恥に意識を向けなくなったのであろうか。いや，恥じらいを失くしたのは，むしろ私たち治療者の側ではなかっただろうか。

▶文献

American Psychiatric Association (1980) Diagnostic and Statistical Manual of Mental Disorders, 3rd Ed (DSM-III). Washington DC : APA Press.

American Psychiatric Association (1994) Diagnostic and Statistical Manual of Mental Disorders, 4th Ed (DSM-IV). Washington DC : APA Press.

American Psychiatric Association (2022) Diagnostic and Statistical Manual of Mental Disorders, 5th Edition Text Revision (DSM-5-TR). Washington DC : American Psychiatric Publishing.

Marks IM (1987) Fears, Phobias and Rituals : Panic, Anxiety, and Their Disorders. New York : Oxford University Press.

森田正馬（1932/1974）赤面恐怖症（又は對人恐怖）と其療法. In：高良武久ほか編：森田正馬全集 第3巻. 白揚社, pp.164-174.

山下格（1977）対人恐怖. 金原出版.

バックナンバー！

臨床心理学

Vol.23 No.3（通巻135号）［特集］ これからの時代を生きる高校生・大学生の処方箋

ISSN 1345-0171

臨床心理学 135 第23巻第3号

Japanese Journal of Clinical Psychology

石垣琢麿［編］

これからの時代を生きる高校生・大学生の処方箋

1 これからの時代を生きる高校生・大学生へ
序——なぜ高校生・大学生なのか，なぜ愛・性・依存なのか？／石垣琢麿
高校生の現在地と展望——高校教員の立場から／平澤千秋
大学生の現在地と展望——学生相談の立場から／高野明
不安定な社会で若者が生きていくために／阿比留久美

2 知っておきたい恋愛と友情のこと
「あなた」と「わたし」の境界——恋愛とデートDV／松並知子
「ちょうどいい距離感」をいっしょに探る——自立という名の孤立，ストーキング，そしてパートナーシップ／山崎孝明
問題は"彼"ではない——男性の性暴力被害とジェンダー規範／宮崎浩一

3 変わりゆくジェンダー／セクシュアリティ
「大切な仲間」と「あなたの居場所」——カモフラージュ／川上ちひろ
男子集団の社会病理を把握する——暴力，失語，ホモソーシャル／西井開
自分らしく生きてゆく——LGBTQ大学生／橋本和幸

4 「やめられない気持ち」の処方箋
「とまらない気持ち」をみつめよう——インターネット・ゲーム依存／関正樹
楽になりたい，でも立ち止まりたい——処方薬・市販薬依存／AKM
「あなたはひとりじゃない」から「あなたはひとりでいい」への転換——SNS・関係性依存／野坂祐子
心と体をいたわろう——リストカット・オーバードーズ・セルフネグレクト／勝又陽太郎

金剛出版

---

1 これからの時代を生きる高校生・大学生へ
序——なぜ高校生・大学生なのか，なぜ愛・性・依存なのか？ ……… 石垣琢麿
高校生の現在地と展望——高校教員の立場から ……… 平澤千秋
大学生の現在地と展望——学生相談の立場から ……… 高野 明
不安定な社会で若者が生きていくために ……… 阿比留久美

2 知っておきたい恋愛と友情のこと
「あなた」と「わたし」の境界——恋愛とデートDV ……… 松並知子
「ちょうどいい距離感」をいっしょに探る
　　——自立という名の孤立，ストーキング，そしてパートナーシップ ……… 山崎孝明
問題は"彼"ではない——男性の性暴力被害とジェンダー規範 ……… 宮崎浩一

3 変わりゆくジェンダー／セクシュアリティ
「大切な仲間」と「あなたの居場所」——カモフラージュ ……… 川上ちひろ
男子集団の社会病理を把握する——暴力，失語，ホモソーシャル ……… 西井 開
自分らしく生きてゆく——LGBTQ大学生 ……… 橋本和幸

4 「やめられない気持ち」の処方箋
「とまらない気持ち」をみつめよう——インターネット・ゲーム依存 ……… 関 正樹
楽になりたい，でも立ち止まりたい——処方薬・市販薬依存 ……… AKM
「あなたはひとりじゃない」から「あなたはひとりでいい」への転換
　　——SNS・関係性依存 ……… 野坂祐子
心と体をいたわろう
　　——リストカット・オーバードーズ・セルフネグレクト ……… 勝又陽太郎

★ 好評発売中 ★

✳ 欠号および各号の内容につきましては，弊社のホームページ（https://www.kongoshuppan.co.jp/）に詳細が載っております。ぜひご覧下さい。

◉ B5判・平均150頁　◉ 隔月刊（奇数月10日発売）　◉ 本誌1,760円・増刊2,640円／年間定期購読料13,200円（10%税込）※年間定期購読のお申し込みに限り送料弊社負担

◉ お申し込み方法　書店注文カウンターにてお申し込み下さい。ご注文の際には係員に「2001年創刊」と「書籍扱い」である旨，お申し伝え下さい。直送をご希望の方は，弊社営業部までご連絡下さい。

◉ 「富士山マガジンサービス」（雑誌のオンライン書店）にて新たに雑誌の月額払いサービスを開始いたしました。月額払いサービスは，雑誌を定期的にお届けし，配送した冊数分をその月ごとに請求するサービスです。月々のご精算のため支払負担が軽く，いつでも解約可能です。

Ψ 金剛出版　〒112-0005　東京都文京区水道1-5-16　URL https://www.kongoshuppan.co.jp/
Tel. 03-3815-6661　Fax. 03-3818-6848　e-mail　eigyo@kongoshuppan.co.jp

原著論文

過去の感情的傷つきに対する
エモーション・フォーカスト・セラピーの効果

野田亜由美 [1]，岩壁 茂 [2]，中村香理 [3]

1）お茶の水女子大学大学院人間文化創成科学研究科
2）立命館大学総合心理学部
3）お茶の水女子大学基幹研究院

　感情を重視した統合的心理療法であるエモーション・フォーカスト・セラピー（Emotion-Focused Therapy：以下，EFT）で扱う心理的問題の多くは，過去の感情的傷つきとして捉えられる。感情的傷つきとは，本人の主観からみた心の怪我であり，痛み・苦痛を伴う。挫折や失敗を機に生じることが多く，心理的苦痛が長引き，現在の心理機能にも影響を与える。本研究では，過去の感情的傷つきに現在も悩む成人 17 名に対して，EFT の専門訓練を受けた臨床心理士が 16 回の EFT による介入を実施し，その効果を検討した。効果の指標には，感情的傷つきの主観的評価，精神症状，感情調整機能，ポジティブ心理機能，対人関係や認知など関連機能，などに関する 10 種類の尺度を採用した。分析の結果，9 尺度で効果量 d の値が 0.80 を上回った。また，クライエントの半数が臨床的に有意な変化（Clinically Significant change）を達成した。以上から，過去の感情的傷つきの問題に対して EFT が効果的な介入であることが示された。

キーワード：エモーション・フォーカスト・セラピー，効果研究，感情的傷つき，感情，心理療法統合

臨床へのポイント ・・

- クライエントの感情体験の促進と変容を中心的な作業とするエモーション・フォーカスト・セラピー（以下，EFT）の 16 回の個人療法は，挫折や失敗を機に生じた感情的傷つきの改善に対し大きな効果がある（Cohen's $d>1.0$）。

- クライエントは，EFT の介入を通じて，精神症状や感情調整機能の改善，さらに認知や対人関係の問題改善，セルフコンパッションやウェルビーイングの向上など，幅広い機能改善をみせた。

- これまで欧米において EFT の効果が実証されてきたが，日本においても感情に働きかける介入が効果的であることが示された。

・・・

Japanese Journal of Clinical Psychology, 2023, Vol.23 No.4 ; 459-467
受理日——2022 年 10 月 14 日

I　問題と目的

　精神病理学の研究から，不安障害や気分障害などの精神障害の症状は併存する確率が高いことがわかっている。そこで，特定の診断カテゴリーを超えて共通する診断横断的（transdiagnostic）なプロセスや要因を特定しようとする研究の潮流が生まれている（e. g., Kring & Sloan, 2009）。これに呼応して，複数の疾患に共通する問題をターゲットとした診断横断的アプローチが開発され（e. g., Barlow, Farchione, Fairholme, Ellard, Boisseau, Allen, & May, 2010），不安障害や気分障害などに共通する問題のメカニズムとしての感情調整（emotion regulation）の問題を扱うアプローチの効果が示されてきた（Sakiris & Berle, 2019）。

　EFT は，心理面接における感情体験とその変容を

重視した統合的心理療法であり，ヒューマニスティックアプローチの人間観に基づき，感情心理学や認知科学，情動神経科学の知見を取り入れている（Greenberg, 2002）。EFT は特定の精神障害に向けて開発されたアプローチではないが，これまでに大うつ病性障害（Watson, Gordon, Stermac, Kalogerakos, & Steckley, 2003），複雑性トラウマ（Paivio & Nieuwenhuis, 2001），全般性不安障害（Timulak, Keogh, Chigwedere, Wilson, Ward, Hevey,… Mahon, 2022），社交不安障害（Shahar, Bar-Kalifa, & Alon, 2017）などに対する効果が実証されている。34 件の EFT に関する効果研究を対象としたメタ分析の結果からは，EFT が上記の精神障害に加え，対人関係における未解決の傷つきという共通する感情の問題に効果があることが示された（Timulak, Iwakabe & Elliott, 2019）。

　EFT では，感情心理学の知見に基づき，人間の機能において感情が中心的役割を担っていると捉える（Frijda, 1986）。感情は本来，生存と適応に向けて状況に適した行動へと個人を導くが，このような感情を EFT では適応感情と呼ぶ。もう一方で，虐待などのトラウマや失敗・挫折などの感情的な傷つきによって，感情が適応的な機能を失うことがある。このような感情を EFT では不適応感情と呼ぶ（Greenberg, 2010）。EFT のセラピスト（以下，Th）は，共感的で思いやりに満ちた関係性の中で，クライエント（以下，Cl）の心理的苦痛を引き起こす不適応感情を扱い，変容する手助けをする。そして，Th は Cl が面接を通じて自身の感情を知覚する力，感情を活用する力，感情を理解する力，感情調整力を高めるよう促進する（Greenberg, 2002）。

　EFT の介入で扱われる感情の問題は，過去の感情的傷つき（emotional injury）と捉えることができる。感情的傷つきとは，さまざまなライフイベントや他者との関係から生じる感情的衝撃を契機として，心理的苦痛や恐怖，恥，怒り，嫌悪，などの陰性感情が解消されないまま持続的・反復的に経験される状態のことである。感情的傷つきを持つ人の行動面の特徴として，契機となった出来事に類似した状況に置かれると心理的苦痛や陰性感情を喚起されやすいため，そうした状況を回避する傾向がある。精神障害の視点や理論から導かれた専門用語ではなく，「傷つき」という広い表現を用いるのは，本人の体験レベルで捉え，本人と臨床家が「体験の感覚と意味」を共有しやすいようにするためである。また，このような感情的傷つきは，大うつ病性障害や不安障害などの発症と関連していると考えられるが，必ずしも臨床群とされる人だけでなく，広く一般の人も体験していると言える。

　感情的傷つきは，心理療法を求める多くの Cl に共通する問題でもあり，それを効果的に扱う介入を示すことは臨床的にも意義が高い。先に述べたように，昨今感情調整を扱う認知行動療法に基づく診断横断的アプローチの効果が認められている。しかし，すべての Cl に認知行動療法が適しているわけではない。そこで，異なる手法や理論に基づいたアプローチがあることで，Cl の選択肢が増えることは心理療法全体でみれば望ましいことである。加えて，EFT の介入を通じて精神障害との関連が推測される感情的傷つきの問題の改善を検証することは，EFT を診断横断的アプローチとして捉えることも視野に入れることができる。また，障害や病理の視点を取らないことによって，感情的傷つきおよびそこから生じる心理的苦痛に対するスティグマを軽減することも副次的に目指している（岩壁，2019）。

　本研究では，過去の挫折や失敗などに起因する感情的傷つきに関する問題をもった成人に対する EFT の効果を検討した。メタ分析および効果研究の第一人者である Cuijpers（2019）は，心理療法の効果測定は，症状の改善に限定されるべきではなく，変容のメカニズム，主観的な目標に対する成果，QOL などポジティブな心理機能，治療的失敗または悪化，費用対効果などの側面からもより包括的に行われるべきだと論じている。そこで，本研究では，過去の感情的傷つきが解決したのかという Cl の主観的な視点からの評価に加え，精神症状，EFT の変容のメカニズムと関わる感情調整機能，自尊心やウェルビーイングなどポジティブな心理機能，認知や対人関係などより広い二次的な機能に関する 10 種類の尺度を用いて変化を包括的に検討した。さらに，これらの変化を介入前と終結後で比較する上で，効果量および臨床的に有意な変化に関する主要な指標を算出し，厳密に検討した。なお，本研究では対照群を設けず，Cl が条件を満たしていれば受け入れた。これは，効果研究は Cl が集まりにくい傾向があり，介入待ちの群を設定して Cl 数が半減するよりも，可能な限りサンプルを大きくすることがより重要であると考えたためである。また，これに伴い対照群がないことを補う統計手法を用いた。

II　方法

1　研究協力者

1．クライエント

　Cl は 17 名の成人であり（男性 2 名，女性 15 名），年齢は 20 ～ 40 代（平均 34.06 歳，SD は 9.74），属性は会社員 9 名，大学生・大学院生 7 名，主婦 1 名であった。Cl は本研究プロジェクトのホームページの告知文で本研究について知ったか，知人からの紹介によって自ら研究参加を申し出た。ホームページには，研究目的，対象者，面接の料金，協力していただく内容（各種質問票への回答，16 回の面接，インタビュー），および倫理に関する規定について明記されている。参加条件は，過去の悔やまれる体験（失敗や挫折）があり，そのことを思い出すと現在でも嫌な気持ちになったり，すっきりしない感覚が起こる成人で，16 回の面接の実施，ウェブ上で実施される各種質問票への回答が可能である者とした。除外条件としては，現在精神科に通院中であること，思考障害，衝動性の問題が過去にあること，他の心理療法が継続していること，とした。17 名全員がセッションを完了し，ドロップアウトはなかった。なお，本研究の分析対象とした 17 名以外に，3 名の申し込みがあったが，2 名は申し込み後に連絡が取れなくなったため，質問紙への回答前に離脱した。1 名は，初回面接後，身体疾患の治療との両立の困難から研究不参加を表明した。

2．セラピスト

　合計 8 名（男性 4 名，女性 4 名）の臨床心理士が本研究の Th として面接を担当した。研究参加の条件として，EFT の国際規格レベル 2 の専門訓練（64 時間）を修了していることとした。Th の年齢は 30 ～ 50 代（平均 38.38 歳，SD は 6.61），臨床経験年数は 2 ～ 21 年で平均 7.62 年（SD は 6.37）であった。臨床現場としては，医療，教育，個人開業などを掛け持ちしている Th が 7 名，大学教員が 1 名であった。大学教員は EFT に精通しており，本研究では他の Th のスーパーバイザーも務めた。

2　介入

　EFT の介入は，岩壁（2014）による，挫折による感情的傷つきの解決のための介入手引きに基づいて行われた。この手引きは，基本的に一般的な EFT の介入を踏襲している（Greenberg, 2002）。本研究では，Th が共感を基礎とした安全な治療関係を確立した上で，6 つの感情変容の原則を意識して介入するように求めた。それらは，①感情の気づきの促進，②感情表出の促進，③感情調整力の改善，④感情体験の内省と新たな語りの生成による体験の統合，⑤適応感情の喚起による感情変容，⑥ Th との修正感情体験の促進，である。

　本介入では，失敗や挫折についてより効果的に扱うために 2 点を追加した。1 つは，Th の共感的肯定の反応の重要性を強調している点である。挫折とかかわる恥の感情を打ち消すために，Th がより積極的に，Cl の肯定的な力を見いだし，それを伝えることが介入初期の主眼の 1 つとなっている。次に，ポジティブ感情への焦点付けである。Cl が面接においてポジティブ感情を表した場合，それを単に面接での問題解決による達成感や安堵感など課題の完了を示すサインとして受け取るだけでなく，その体験を促進し，探索することも介入の一部とした。追加した 2 点は，加速化体験力動療法（AEDP：Fosha, 2000）から導かれたものである。AEDP は，短期精神力動療法を基礎として愛着理論や感情理論，ポジティブ心理学などを統合した心理療法である。EFT と同様に感情を重要視しているが，Cl のポジティブ感情に焦点を当てるという点において特徴的であり，感情的傷つきの解決に付加的に働くと考えられた。また，介入の質を確保するために，定期的にグループスーパービジョンが実施され，Th が介入方針などについて相談する機会が設けられた。

3　尺度

　Cl は，心理療法の効果を測定する 10 種のアウトカム尺度に，EFT による介入開始前と 16 回の介入終了後に回答した。なお，尺度はすでに日本語版が作成されている 5 つの尺度を除き，第二著者らによって日本語に翻訳された。本研究における各尺度の信頼性は内的一貫性（a）によって確認された。a 係数の値を表 1 に示す。各尺度の a 係数は.80 ～.97 といずれも高かった。採用した 10 種の尺度は以下の通りである。

（1）Target Complains（TC ; Battle, Imber, Hoehn-Saric, Stone, Nash, & Frank, 1966）
　Cl がカウンセリングを通じて改善したい 3 つの問

題を自由記述し，現在それらの問題にどの程度悩まされているかを 15 件法で評価する尺度である。本研究では，感情的傷つきの主観的な解決度を捉える指標として用いた。Cl が挙げた 3 つの問題には，対人関係の課題や，受験の失敗など特定の出来事に関する課題，心理的要因が関わる身体症状や精神症状，孤独や恐怖など感情に関する課題などが含まれた。なお，17 名のうち 2 名（11.8％）が介入前と終結後で 3 つの問題が一致しなかったあるいは無回答だったため，分析から除外した。また，1 つの問題の中に複数の課題を記述する Cl もいたため，今回の分析では 3 つの問題の合計得点を用いた。

（2）Experience of Shame Scale（ESS；Andrews, Qian, & Valentine, 2002）

特性，行動，身体に関する恥を測定する 25 項目からなる尺度であり，4 件法で評定される。恥は感情的傷つきと関連しやすいため加えられた。

（3）Meta-Emotion Scale（MES；Mitmansgruber, Beck, Höfer, & Schüßler, 2009）

自分自身の感情に対してどのように反応するかを測定する 28 項目，6 件法の尺度である。下位尺度は，怒り，軽蔑／恥，厳格なコントロール，抑圧を合わせた計 16 項目のネガティブなメタ感情と，思いやりのあるケアと関心を合わせた計 12 項目のポジティブなメタ感情から構成されている。

（4）Self-Compassion Scale（SCS；Neff, 2003；石村・羽鳥・浅野・山口・野村・鋤柄・岩壁，2014）

Cl のセルフ・コンパッションの程度を測定する 26 項目から成り，5 件法で評価される尺度である。下位尺度には，自分への優しさ，自己批判，人としての普遍的体験，孤立，マインドフルネス，過剰なとらわれ，の 6 つが含まれている。

（5）Shorter Psychotherapy and Counselling Evaluation（sPaCE；Halstead, Leach, & Rust, 2007）

心理的苦痛の程度を測定する尺度として開発されたもので，認知機能，自傷性抑うつ，全般性不安，全般性抑うつ，恐怖症性不安，アパシーの心理的症状に関する計 19 項目からなる。面接前の直近 1 週間に悩んだ程度を 5 件法で評価する。

（6）Center for Epidemiologic Studies-Depression scale（CES-D；Radloff, 1977；島・鹿野・北村・浅井，1985）

CES-D は 20 項目から構成され，抑うつの症状について過去 1 週間に経験した頻度を 4 件法で評価する尺度である。

（7）Inventory of Interpersonal Problems-64（IIP-64；Horowitz, Alden, Wiggins, & Pincus, 2000；鈴木・藤山，2011）

対人的な問題を測定する 64 項目からなる尺度であり，5 件法で評価される。

（8）Automatic Thoughts Questionnaire（ATQ；Hollon & Kendall, 1980）

自分自身に対するネガティブな自動思考を測定する尺度である。30 項目からなり，5 件法で評価される。士気の低下，自己批判，考え込み，動機付けの欠如，対人的失望の 5 つの下位尺度によって構成されている。

（9）Rosenberg Self-Esteem Scale（SES；Rosenberg, 1965；山本・松井・山成，1982）

自尊感情を測定する 10 項目からなる尺度であり，5 件法で評価される。

（10）Mental Health Continuum Short Form（MHC-SF；Keyes, 2005；Sakano, Langeland, Sasahara, Yamazaki, Yajima, & Oi, 2013）

感情面，社会面，心理面でのウェルビーイングを測定する尺度である。14 項目からなり，各項目について過去 2 週間に経験した頻度が 6 件法で評価される。

4 手続き

Cl は研究プロジェクトに自ら申し込んだ後，第二著者である研究代表者から研究についての説明を受け，研究参加の意志が確認された。続いて，アウトカム尺度への回答をオンラインで行った。Cl の感情的傷つきの内容が反映される TC に記述された 3 つの問題に悩まされている程度は，低かった 1 名（$M = 3.3$）を除く 16 名の平均が 15 点満点中 12.53（$SD = 2.76$）であった。このことから，1 名を除き，過去の感情的傷つき体験の心理的苦痛度が中程度以上あることが確認された。なお，TC の平均値が低かった 1 名は，研究代表者から事前に電話にて研究の説明を受けた際に心理的苦痛を訴えた。加えて，アウトカム尺度のうち対人関係の課題の指標となる IIP-64 の複数の下位尺度において，悩まされている程度が臨床的に大きいことが示されたため，研究への参加を認めた。なお，Cl が自ら研究に申し込んだことや，心理的苦痛度の観点から，17 名の Cl は一般的に心理療法を求める人たち

を表していると考えられる。次に，スケジュールが合う Th を募り担当する Th を決定した。初回面接の際に Th から Cl に対し，研究について再度説明をした後，書面でのインフォームドコンセントを取り交わした。なお，対面での面接は心理療法に最適な環境を確保するために個人開業の面接室を借用し，Cl は面接室使用料として毎回 3,000 円を支払った。また質問紙回答およびインタビュー協力に対する少額の謝礼が Cl に支払われた。

　Cl には，介入の開始前と終結後，終結後 6 カ月が経過した後の計 3 回，アウトカム尺度への回答が求められた。加えて，毎回の面接の前後に，回答に 5 分ほど要する作業同盟や面接の印象，心理的適応に関するプロセス尺度が実施された。なお本研究では，プロセス尺度および 6 カ月後のアウトカム尺度の結果は分析対象としていない。

　本研究の進行中に新型コロナウィルス感染症が拡大したことにより，1 名は対面で開始したが途中でオンラインへ変更，3 名はオンラインのみの面接となった。また，17 名のうち 2 名は，それぞれ 5 回の面接を追加した。理由として，1 名は，生活状況からストレスが高く，安定するまで面接を続けることが望ましいと判断され，もう 1 名は，問題の解決度から数回の追加面接が望ましいと担当 Th および研究代表者が判断した経緯がある。この 2 名のアウトカム尺度は，追加面接の終了後に回答された。また，2 名はセッション回数のカウントに誤りがあり，合意の下で 15 回にて終結した。

5　倫理的配慮

　本研究は，研究代表者が所属する機関の倫理委員会による承認を受け，Th と Cl から書面のインフォームドコンセントを得て行われた。Cl または Th から，研究参加によって何らかの悪影響を受けたという訴えはなかった。

6　分析方法

　介入前と終結後の統計的有意差は，臨床的に有意な差とは異なる。そこで，本研究では，介入による効果を複数の指標で示した。まず，介入前と終結後の尺度平均値の差の検定に続いて，効果量を算出した。次に，Jacobson, Roberts, Berns, & McGlinchey（1999）の Reliable Change Index（RCI）を算出し，その基準に

達した Cl の割合を示した。RCI は，個人のスコアの変化（例えばある心理療法介入前後のスコアの差分）が，ランダムな測定の誤差によって生じる差よりも統計的に有意に大きいかどうかを評価するために使用される指標である。RCI が 1.96 以上である時に，その差は統計的に意味のある変化の大きさに達していると考えられる。

　また，改善の程度をより具体的に示すために，終結後の得点が一般平均水準（健常群の平均値 ±2SD 以内）に位置するかを示す指標（MIFD：Movement into a Functional Distribution），RCI と MIFD の両方に該当する臨床的に有意な変化を示す指標（CSC：Clinically Significant Change），有意な悪化を意味する機能の悪化を示す指標（DIF：Deterioration in Functioning）に該当する Cl の割合もそれぞれ示した。分析には統計解析ソフトの R を用いた。

III　結果

　表 1 に，全ての Cl から得られた尺度ごとの介入前および終結後の平均値と標準偏差，信頼係数（a），さらに介入前と終結後の t 検定による t 値，p 値，効果量（Cohen's d）を示した。また，健常群から得られた尺度ごとの平均値と標準偏差も表 1 内に提示した。これらの値を示すことによって，本研究に参加した Cl の介入前のベースラインや終結後の状態の理解が深まると考えた。t 検定の結果，10 種全ての尺度において $p < .05$ となり，介入前と終結後の得点間に有意な差がみられた。効果量は，9 つの尺度で d の値が 0.80 を上回り大きな効果が得られたが，ESS のみ $d = 0.46$ と中程度の効果量であった。

　次に，RCI に達した Cl の割合，MIFD に達した Cl の割合，CSC に達した Cl の割合，DIF となった Cl の割合を表 2 に提示した。なお，TC と MHC-SF に関しては，健常群の平均値がないため算出はできなかった。分析の結果，ESS と SES 以外の尺度で半数の Cl が RCI に達していた。また，CES-D を除いたすべての尺度において 9 割以上の Cl が MIFD に達したことから，EFT の介入によって，ほとんどの Cl が健常群の心理機能水準まで改善したか，その水準を維持していた。CSC を満たした Cl，つまり RCI と MIFD の両方に該当する Cl の割合は，ほぼ RCI の割合と同じであった。一方，臨床的にみて有意な悪化が見られた Cl は，半数の尺度において一人ずつであった。し

表1　尺度ごとの健常群の平均値と標準偏差，および全 CI の介入前と終結後の平均値と標準偏差，α係数, *t* 値, *p* 値, 効果量 (*d*)

| 尺度 | 健常群 | | 介入前 | | | | 終結後 | | | 介入前と終結後 | | |
| | | | | | | | | | | *t* 検定 | | |
	M	*SD*	*N*	*M*	*SD*	*α*	*M*	*SD*	*α*	*t*	*p*	効果量(*d*)
TC 合計			15	37.60	8.58		22.53	12.55		5.20	.000	1.36
ESS	55.58	13.95	17	61.82	18.68	.96	53.65	16.49	.97	2.54	.022	0.46
MES ネガティブ感情	3.00	0.88	17	3.80	0.75	.88	2.86	0.62	.82	4.90	.000	1.36
MES ポジティブ感情	3.93	0.78	17	3.58	0.81	.86	4.54	0.77	.86	− 4.33	.001	− 1.21
SCS	17.53	2.87	17	15.36	3.60	.90	19.67	3.62	.90	− 4.25	.001	− 1.19
sPaCE	9.23	9.90	17	21.12	12.44	.90	9.71	8.59	.93	4.06	.001	1.04
CES-D	8.90	7.10	17	22.71	11.07	.86	11.41	9.03	.90	3.25	.005	1.12
IIP-64	51.50	34.30	17	95.00	39.44	.95	62.18	32.05	.95	3.61	.002	0.91
ATQ	48.57	10.89	17	66.35	16.17	.91	45.88	11.74	.92	4.53	.000	1.44
SES	29.46	7.11	17	32.94	6.09	.72	39.41	5.69	.80	− 5.40	.000	− 1.10
MHC-SF			17	34.76	11.72	.88	44.47	11.97	.91	− 2.64	.018	− 0.82

注)TC = Target Complaints；ESS = Experience of Shame Scale；MES = Meta-Emotion Scale；SCS = Self-Compassion Scale；sPaCE = Shorter Psychotherapy and Counselling Evaluation；CES-D = Center for Epidemiologic Studies-Depression scale；IIP-64 = Inventory Interpersonal Problems-64；ATQ = = utomatic Thoughts Questionnaire；SES = Rosenberg Self-Esteem Scale；MHC-SF = Mental Health Continuum Short Form.

表2　尺度ごとの RC, MIFD, CSC, DIF に到達したケースの割合 （*N*=17）

尺度	RC	MIFD	CSC	DIF
ESS	29.4%	94.1%	29.4%	0.0%
MES ネガティブ感情	52.9%	100.0%	52.9%	0.0%
MES ポジティブ感情	52.9%	100.0%	52.9%	5.9%
SCS	52.9%	100.0%	52.9%	0.0%
sPaCE	64.7%	100.0%	64.7%	5.9%
CES-D	64.7%	70.6%	58.8%	5.9%
IIP-64	58.8%	94.1%	58.8%	5.9%
ATQ	82.4%	94.1%	82.4%	5.9%
SES	41.2%	100.0%	41.2%	0.0%

注)RC = Reliable Change；MIFD = Movement into a Functional Distribution；CSC = Clinically Significant Change；DIF = Deteriorated in Functioning；ESS = Experience of Shame Scale；MES = Meta-Emotion Scale；SCS = Self-Compassion Scale；sPaCE = Shorter Psychotherapy and Counselling Evaluation；CES-D = Center for Epidemiologic Studies-Depression scale；IIP-64 = Inventory Interpersonal Problems-64；ATQ = Automatic Thoughts Questionnaire；SES = Rosenberg Self-Esteem Scale.

たがって，EFT の介入によって起こる問題の悪化は少なかった。

Ⅳ　考察

　過去の感情的傷つきに悩む 17 名に対して 16 回のEFT を実施した結果，ESS を除く 9 種類の尺度において，効果量 *d* は 0.80 を上回り，RCI の基準に達した CI の割合は 41.2％から 82.4％であった。効果量 *d* ＞0.80 は心理療法研究において一般的に大きな効果とされている（Sullivan & Feinn, 2012）。以上の結果から，EFT は過去の感情的傷つきに対し効果的な介入であ

ることが示された。加えて，精神症状や感情調整機能，ポジティブな心理機能，認知や対人関係など副次的な機能に対しても介入効果があると考えられた。

　まず，今回の EFT による介入の主たる目的である，過去の感情的傷つきに対する主観的な変化について，CI の傷つきの中心的な内容が反映されている TC の合計値の効果量が *d* ＝1.36 と大きかったことから，EFT の介入が感情的傷つきの主観的な苦痛改善に効果があったと考えられる。

　次に，精神症状の指標である sPaCE と CES-D については，共に効果量 *d* の値が 1.0 を超えており，RCI

に達した Cl も 60％を超えていた。このことから，EFT の介入は，抑うつや不安などの症状への効果も高いことが示された。本研究の結果は，欧米で行われた先行研究の結果とも一致している（e. g., Greenberg & Watson, 1998）。

続いて，MES の結果から感情調整機能にも肯定的な変化が生じることが支持された。興味深い点として，MES の下位尺度において感情的傷つきと関連するネガティブ感情だけでなく，ポジティブ感情に対する捉え方も変化していたことが示唆された。前述の通り，EFT では介入を通じて，クライエントが感情調整力を向上させることを目指す。本研究で用いた介入手引きでは，Th が積極的に Cl を肯定することが明記され，さらにポジティブな感情体験を促進，探索することも重視されていた。今後，ポジティブ感情がどのように変容と関わっているのか，そのプロセスを検討することが望まれる。

ポジティブな心理機能の指標である SCS，SES と MHC-SF の 3 尺度の効果量はいずれも大きく，介入を通じて肯定的側面の心理機能が高まったと推察される。また，これらの改善は，EFT の理論とも合致している。EFT では，過去の失敗を悔やみ自己を責める状態から，関連する不適応感情を扱い，新たな適応感情を体験することによって，自らの失敗を受け入れ，自分自身に思いやりの気持ちを向けられるようになると想定されている（Greenberg, 2002）。また，新たに体験される適応感情は，自己受容の感覚や主体性の感覚を促進するとされる。面接内で Cl がこれらのプロセスを体験したことによって，自己への思いやりや自尊感情，ウェルビーイングが高まった可能性がある。さらに，ポジティブ感情の体験を促進する AEDP の介入を加えたことによる効果も考えられる。今後面接プロセスを詳しく検討する必要がある。

EFT は，感情に焦点を当て，認知的変容は直接的な目的としていない。しかし，自動思考を測定する ATQ は，効果量が $d = 1.44$，RCI に達した Cl は 80％以上と 10 尺度でもっとも大きな改善が見られた。また，対人関係の問題を測定する IIP-64 も効果量が $d = 0.91$，RCI に達した Cl は 50％以上と改善が確認された。これらの結果から，EFT による介入が，認知的変化や対人関係の改善にも結びつくことが示された。前述の通り，EFT では Th との共感的で思いやりのある関係性を基礎として，不適応感情を扱い変容し，修正感情体験を促進することが目指される。このような Th との関係性によって，対人関係の課題が改善された可能性が考えられる。また，今回感情的傷つきの内容が対人関係の課題であった Cl も多かった。そのため，感情的傷つきの解消に伴い，対人関係の課題感も低減したと考えられる。さらに，面接内で感情的傷つきの作業を進める中で，Cl が自己受容的になり，過去の失敗に対し自責的でなくなったことも，自動思考の改善に寄与したと考えられる。大うつ病性障害に対する EFT と CBT の効果を比較した先行研究では，EFT は CBT と同等の認知機能の改善が報告され，さらに対人関係の指標は EFT が有意に高く改善していた（Watson et al., 2003）。感情変容が起こる場合，その変化はさまざまな関連機能の改善も伴うことから，包括的な変化を喚起することが推測される。

一方で，傷つきと関わると考えられる恥の指標 ESS は，10 種の尺度で唯一効果量が中程度であった。介入前の ESS の平均値が，健常群の平均値の 1 標準偏差以内にあり，介入前の標準偏差が大きかったことも関連していると考えられる。今後の研究において，事例ごとに恥と感情的傷つきの関連についてさらなる検討が求められる。

V　本研究の限界と今後の課題

本研究は，サンプル数が 17 と少ないため，今後もデータを増やしていく必要がある。また，短期療法は，エビデンスベーストアプローチと認定される心理療法でさえ，抑うつや不安障害などの再燃，再発が多いことが知られている（Westen, Novotny, & Thompson-Brenner, 2004）。そこで，今回 EFT の介入を受けた Cl の変化が，終結後も維持されているのか検討することが望まれる。さらに，面接において実際に感情がどのようなプロセスで生起していたのかを詳細に検討することによって，変容メカニズムを明らかにすることが必要である。また，本研究で用いた複数の尺度は第二著者によって訳されたもので，妥当性は確認されていない。したがって，より厳密な妥当性の検証は今後の課題である。このような限界がありながらも，診断横断的アプローチの観点から EFT の効果を厳密な方法で示したことに本研究の意義が認められる。

▶付記
本研究は JSPS 科研費 JP16K04347, JP19K03310 の助成

を受けたものです。

　本研究にご参加くださいました，クライエントの皆様，セラピストの皆様に心より感謝を申し上げます。また，本研究に関わり，サポートをしてくださった皆様に深くお礼を申し上げます。

▶ 文献

Andrews, B., Qian, M., & Valentine, J. D. (2002). Predicting depressive symptoms with a new measure of shame : The Experience of Shame Scale. *British Journal of Clinical Psychology*, **41**, 29-42.

Barlow, D. H., Farchione, T. J., Fairholme, C. P., Ellard, K. K., Boisseau, C. L., Allen, L. B., & May, J. T. E. (2010). *Unified Protocol for Transdiagnostic Treatment of Emotional Disorders : Therapists Guide*. New York : Oxford University Press.

Battle, C. C., Imber, S. D., Hoehn-Saric, R., Stone, A. R., Nash, E. R., & Frank, J. D. (1966). Target complaints as criteria of improvement. *American Journal of Psychotherapy*, **20**, 184-192.

Cuijpers, P. (2019). Targets and outcomes of psychotherapies for mental disorders : An overview. *World Psychiatry*, **18**, 276-285.

Fosha, D. (2000). *The Transforming Power of Affect : A Model of Accelerated Change*. New York : Basic Books.

Frijda, N. H. (1986). *The Emotions*. New York : Cambridge University Press.

Greenberg, L. S. (2002). *Emotion-focused Therapy : Coaching Clients to Work through Their Feelings*. Washington DC : American Psychological Association.

Greenberg, L. S. (2010). *Emotion-Focused Therapy : Theory and Practice*. Washington DC : American Psychological Association.

Greenberg, L. S., & Watson, J. (1998). Experiential therapy of depression : Differential effects of client-centered relationship conditions and process experiential interventions. *Psychotherapy Research*, **8**, 210-224.

Halstead, J. E., Leach, C., & Rust, J. (2007). The development of a brief measure for the evaluation of psychotherapy and counseling (sPaCE). *Psychotherapy Research*, **17**, 656-672.

Hollon, S. D., Kendall, P. C. (1980). Cognitive self-statements in depression : Development of an automatic thoughts questionnaire. *Cognitive Therapy and Research*, **4**, 383-395.

Horowitz, L. M., Alden, L. E., Wiggins, J. S., & Pincus, A. L. (2000). *IIP Inventory of Interpersonal Problems MANUAL*. San Antonio : Psychological Corporation, a Harcourt Assessment Company.

石村郁夫・羽鳥健司・浅野憲一・山口正寛・野村俊明・鋤

柄のぞみ・岩壁茂 (2014). 日本語版セルフ・コンパッション尺度の作成および信頼性と妥当性の検討. 東京成徳大学大学院心理学研究科臨床心理学研究, **14**, 141-153.

岩壁茂 (2014). 感情の傷つき・挫折を変容する介入マニュアル. 未刊行.

岩壁茂 (2019). 傷―抱きしめること (embrace)・手放すこと (let go). 臨床心理学, **19**, 1-6.

Jacobson, N. S., Roberts, L. J., Berns, S. B., & McGlinchey, J. B. (1999). Methods for determining the clinical significance of treatment effects : Description, application and alternatives. *Journal of Consulting and Clinical Psychology*, **67**, 300-307.

Keyes, C. L. M. (2005). Mental illness and/or mental health? Investigating axioms of the complete state model of health. *Journal of Consulting and Clinical Psychology*, **73**, 539-548.

Kring, A. M., & Sloan, D. M.(Eds.)(2009). *Emotion Regulation and Psychopathology : A Transdiagnostic Approach to Etiology and Treatment*. New York : Guilford Press.

Mitmansgruber, H., Beck, T. N., Höfer, S., & Schüßler, G. (2009). When you don't like what you feel : Experiential avoidance, mindfulness and meta-emotion in emotion regulation. *Personality and Individual Differences*, **46**(4), 448-453.

Neff, K. D. (2003). The development and validation of a scale to measure self-compassion. *Self and identity*, **2**(3), 223-250.

Paivio, S. C., & Nieuwenhuis, J. A. (2001). Efficacy of emotion focused therapy for adult survivors of child abuse : Apreliminary study. *Journal of Traumatic Stress*, **14**, 115-133.

Radloff, L. S. (1977). The CES-D scale : Aself-report depression scale for research in the general population. *Applied Psychological Measurement*, **1**(3), 385-401.

Rosenberg, M. (1965). Rosenberg self-esteem scale (RSE). Acceptance and commitment therapy. *Measures Package*, **61**(52), 18.

Sakano, J., Langeland, E., Sasahara, S., Yamazaki, Y., Yajima, Y., & Oi, Y. (2013). Validity and reliability of the Japanese mental health continuum-short form (MHC-SF). Poster session at the 20th Annual Conference of the International Society for Quality of Life Research (Dordrecht, Netherlands), 22, 127. Springer.

Sakiris, N., & Berle, D. (2019). Asystematic review and meta-analysis of the unified protocol as a transdiagnostic emotion regulation based intervention. *Clinical Psychology Review*, **72**, 101751.

Shahar, B., Bar-Kalifa, E., & Alon, E. (2017). Emotion-focused therapy for social anxiety disorder : Results from a multiple-baseline study. *Journal of Consulting and Clinical Psychology*, 85(3), 238.

島悟・鹿野達男・北村俊則・浅井昌弘（1985）．新しい抑うつ性自己評価尺度について．精神医学, 27, 717-723.

Sullivan, G. M., & Feinn, R. (2012). Using effect size-or why the p value is not enough. *Journal of Graduate Medical Education*, 4(3), 279-282.

鈴木菜実子・藤山直樹（2011）．IIP-64（対人関係診断目録）日本語版における信頼性と妥当性の検討．上智大学心理学年報, 35, 61-69.

Timulak, L., Iwakabe, S., & Elliott, R. (2019). Clinical implications of research on emotion-focused therapy. In L. S. Greenberg & R. N. Goldman(Eds.), *Clinical Handbook of Emotion-Focused Therapy* (pp.93-109). Washington DC : American Psychological Association.

Timulak, L., Keogh, D., Chigwedere, C., Wilson, C., Ward, F., Hevey, D.,… & Mahon, S. (2022). Acomparison of emotion-focused therapy and cognitive-behavioral therapy in the treatment of generalized anxiety disorder : Results of a feasibility randomized controlled trial. *Psychotherapy*, 59(1), 84-95.

Watson, J. C., Gordon, L. B., Stermac, L., Kalogerakos, F., & Steckley, P. (2003). Comparing the effectiveness of process-experiential with cognitive-behavioral psychotherapy in the treatment of depression. *Journal of Consulting and Clinical Psychology*, 71, 773-781.

Westen, D., Novotny, C. M., & Thompson-Brenner, H. (2004). The empirical status of empirically supported psychotherapies : Assumptions, findings, and reporting in controlled clinical trials. *Psychological Bulletin*, 130(4), 631-663.

山本眞理子・松井豊・山成由紀子（1982）．認知された自己の諸側面の構造．教育心理学研究, 30, 64-68.

An Outcome Study of Emotion-Focused Therapy for Emotional Injuries

Ayumi Noda [1], Shigeru Iwakabe [2], Kaori Nakamura [3]

1) Graduate School of Humanities and Sciences, Ochanomizu University
2) Department of Psychology, Ritsumeikan University
3) Faculty of Core Research, Ochanomizu University

Many of psychological issues targeted in Emotion-Focused Therapy (EFT) are characterized as a form of emotional injuries. Emotional injuries are caused by psychological mishaps often associated with personal failures. If unresolved, they create lingering emotional distress compromising the current psychological functioning. This study examined the effects of a 16-session EFT intervention on 17 adults with unhealed emotional injuries. Therapists are clinical psychologists trained specifically in EFT. Ten outcome measures were used to comprehensively examine the treatment effect including psychological distress and psychiatric symptoms, emotion regulation, positive psychological function, and interpersonal relationships, cognition, and other related functions, in addition to a subjective distress of emotional injuries. The results showed a large pre-to post treatment effect size of $d \geq 0.80$ for 9 outcome measures. Clinically significant changes were observed in half of the clients. The study demonstrated that EFT is an effective intervention for help resolving past emotional injuries and its psychological effects.

Keywords : emotion-focused therapy, outcome study, emotional injuries, emotion, psychotherapy integration

原著論文

新型コロナウイルス（COVID-19）感染対策下の生活における親子のメンタルヘルス
特別支援ニーズがある子どもに注目して

髙橋佳代[1]，今村智佳子[2]，平田祐太朗[3]

1）鹿児島大学大学院臨床心理学研究科
2）鹿児島大学障害学生支援センター
3）鹿児島大学法文学部人文学科

本研究はCOVID-19対策下の生活における親子のメンタルヘルスの様相について，2020年と2021年の比較および特別支援サービスの有無による比較から明らかにすること，さらに親子のメンタルヘルスの関連を検討することを目的とした。調査は4歳から12歳までの特別支援サービスを受ける子どもと対照群の子どもの保護者を対象にオンラインで行われた。子どもの強さと困難さアンケート（SDQ）と日本語版自己記入式簡易抑うつ尺度（QIDS-SR-J）が行われ，2020年調査では105名，2021年には84名の回答が得られた。分析の結果，「仲間関係の問題」において特別支援サービスを受ける子どもの方が困難が強く，かつ2020年よりも2021年の方が困難が強かった。また，特別支援ニーズがある子どもの保護者に強い負担やストレスが見られた。加えて，保護者のストレスと子どもの情緒や行動上の問題は関連することが示された。

キーワード：COVID-19，特別支援ニーズ，メンタルヘルス

臨床へのポイント ・・

- COVID-19対策下の生活で，仲間関係の困難が特別支援サービスを受ける子どもに強く見られた。子どもの対人関係に注目した支援が求められる。

- COVID-19対策下の生活で，保護者の3割程度に軽度以上の抑うつが確認され，特別支援サービスを受ける子どもの保護者にはそれ以外の保護者より強く自責感などが認められた。保護者支援を強化する必要がある。

- COVID-19対策下の生活で，子どものメンタルヘルス上の問題と保護者のストレスは相互に関連することが示された。子どもへの心理教育に加え，家族にアクセスする取り組みの強化が重要である。

・・

Japanese Journal of Clinical Psychology, 2023, Vol.23 No.4 ; 468-477
受理日――2023年1月23日

Ⅰ　問題と目的

2020年1月に我が国でも初めて確認された新型コロナウイルス（以下，「COVID-19」）の流行は悪化と収束の波を繰り返しながら，学校の臨時休業や外出の制限等により親子の生活全般に長期的に影響を与えている。感染の流行が子どものメンタルヘルスに与えた影響についてはその地域の状況により異なる

が，不安症状の高さ（Chen, Zheng, Liu, Gong, Guan, & Lou, 2020）や隔離生活による孤独感や抑うつの経験（Abdulah, Abdulla, & Liamputtong, 2021）などが示されている。国内でも，感染症対策下の生活で子どもにも保護者にも抑うつ症状が見られること（国立成育医療研究センター，2022），学校の臨時休業中には子どもに生活習慣の乱れがあったこと（ベネッセ教育総合研究所，2020），長期休業によって生活習慣が変

化し無気力が生じたこと（髙坂, 2021）の指摘がある。

　田中（2021）は，感染の流行が特別支援を要する子どもなどに，より困難を生じさせる可能性について言及した。特別支援ニーズがある子どもと親はステイホームにより喪失感等気分や行動の変化があったこと（Asbury, Fox, Deniz, Code, & Toseeb, 2021），自閉スペクトラム症青年の家族の多くが困難を経験したこと（Colizzi, Sironi, Antonini, Ciceri, Bovo, & Zoccante, 2020）などが示されている。国内では，日本自閉症協会（2021）の調査によると，対象となった自閉症児者の34.0%がCOVID-19流行以前に比べ状態は「やや悪くなっている」，5.7%が「非常に悪くなっている」としたことを示した一方，51.3%が「変わらない」と回答した。本田（2020）は臨床的な見地から一斉休校による子どもへの影響はそれ以前の状態と関連すると指摘し，学校の臨時休業により情緒的な乱れが生じた事例があった一方で短縮授業等で平時よりも落ち着いて過ごせる事例もあったことを報告している。このように神経発達症など，特別支援ニーズを持つ子どもへの感染流行の影響は子どもの状況により多様であることがわかる。感染症対策下の生活とその長期化により何が経験されたのか，知見を積み重ねながら理解と対応をしていく必要がある。

　ところで，子どものメンタルヘルスと関連する要因として保護者のストレスが挙げられる。保護者のストレスは育児行動にネガティブな影響を与え，それが子どもの発達に影響を与えることが示されており（Deater-Deckard, 1998 ; Anthony, Anthony, Glanville, Naiman, Waanders, & Shaffer, 2005 など），特別支援ニーズをもつ子どもに関しても，子どもの問題と保護者のストレスの相関が示されている（Baxter, Cummins, & Yiolitis, 2000 ; Hodapp, Fidler, & Smith, 1998 など）。COVID-19影響下の調査においても，保護者のストレスと子どもの心理的問題が有意に関連する指摘がある（Morelli, Cattelino, Baiocco, Trumello, Babore, Candelori, & Chirumbolo, 2020）。感染症対策下の生活では，家族の時間の増加など肯定的な側面もあるだろうが，保護者は子どもの世話を担う一方で，自分たちの日々の生活や仕事もしなければならず，それが保護者のストレスリスクを高め，子どものメンタルヘルスに連鎖的に影響を及ぼす可能性がある。また他方，子どもの行動上の問題が親のメンタルヘルスに影響するということもあるだろう。特に特別支援ニー

ズを持つ親子は，これまで体験したことのない新しい生活様式を求められる中でより強く困難を抱えていることも想定される。今後の支援を検討する上では親子が抱える困難とストレスについて理解することが重要であろう。また長引く対策下での生活による親子のメンタルヘルスの変化を捉える必要もある。しかしながら，国内でCOVID-19の影響下における親子のメンタルヘルスの関連性を示したもの，さらに特別支援ニーズがある親子のメンタルヘルスの様相を実証的に示したものははまだ見当たらない。

　以上より，本研究では，COVID-19対策下の生活における子どもと保護者のメンタルヘルスの様相を，特別支援ニーズの有無および2020年と2021年の比較により探索的に捉えることを第一の目的とする。その際，ベネッセ教育総合研究所（2020）の調査でも幼児と小学生では表出行動に異なる点が見られるため，子どもの年齢群による差異についても検討を行う。加えて，保護者のストレス状況と子どものメンタルヘルスが関連すると想定し，保護者のストレスの諸側面と子どもの行動上の問題の関連性を検討することを第二の目的とする。

II　方法

1　調査時期および調査方法

　調査時期は家庭生活の時間が増す夏休み期間とし，第1回目調査は2020年8月であった。この時期はどの地域にも緊急事態宣言等は出されていなかったが，いわゆる第2波のピーク時であり全国的にステイホームが呼びかけられていた。第2回目の調査は2021年8月であり，デルタ株を中心としたいわゆる第5波が到来，大都市圏には緊急事態宣言が発令され，調査を行ったA県でもまん延防止等重点措置が発令された。

　調査方法としては，調査内容をGoogle Formで作成し，そのURLならびにQRコードを掲載した調査案内文をA県内の保健センター等子育て支援施設およそ15箇所に掲示を依頼した。回答時間はおよそ10分程度だった。なお，A県は地方都市であり，COVID-19新規感染者数の動向は国のそれとおおむね同様の傾向を示し，100万人あたりの新規感染者数の自治体別順位ではどちらの調査時も20〜30位であった。

表1 調査対象者の性別・年齢学年・特別支援サービスの有無

			男子	女子	合計
第1回調査 （2020年8月）	特別支援 サービス あり	未就学	9	1	10
		小1〜2	1	1	2
		小3〜4	2	0	2
		小5〜6	8	2	10
	特別支援 サービス なし	未就学	18	12	30
		小1〜2	6	9	15
		小3〜4	3	7	10
		小5〜6	13	13	26
小計			60	45	105
第2回調査 （2021年8月）	特別支援 サービス あり	未就学	10	4	14
		小1〜2	9	2	11
		小3〜4	8	6	14
		小5〜6	9	5	14
	特別支援 サービス なし	未就学	5	5	10
		小1〜2	5	5	10
		小3〜4	1	1	2
		小5〜6	7	2	9
小計			54	30	84

表2 対象者が利用する特別支援サービスの種類（複数回答あり）

	第1回調査 （2020年8月）	第2回調査 （2021年8月）
放課後等デイサービス （障害児通所支援）	11	38
	(45.8)	(71.7)
児童発達支援（障害児通所支援）	10	25
	(41.7)	(47.2)
特別支援学校	5	6
	(20.8)	(11.3)
特別支援学級・通級指導教室	5	26
	(20.8)	(49.1)
医療機関等によるリハビリ	3	2
	(12.5)	(3.8)
その他（発達相談など）	4	4
	(16.7)	(7.5)
合計	24	53

注）上段の数字は該当する人数を示し，下段の（ ）はそれぞれの調査時期の特別支援サービスを利用する対象者に対する人数比率を示す。

2 調査対象者

4歳（年少児）から12歳（小6）までの子どもを持つ保護者を対象とした。子どもの年齢群，性別，特別支援サービスの利用有無等については表1に，対象者が利用する特別支援サービスの種類は表2に示した。特別支援サービスについては児童発達支援等福祉サービスの利用および特別支援教室などの特別支援教育の利用の有無等について選択式および自由記述で尋ねた。なお，第1回調査と第2回調査への参加の呼びかけは同様の方法で行ったが，第2回調査時に調査協力依頼の掲示を行っていた機関で特別支援の研修会が開催されていたことにより，第2回調査に特別支援サービスを受ける者が多く調査に参加した。また，両方の調査に参加した対象者は3名であった。

3 調査内容

子どもの性別，年齢，特別支援サービスの利用有無，保護者の性別の他に以下の質問への回答を求めた。回答は全て無記名で行われた。

4 子どものメンタルヘルスの問題

子どものメンタルヘルスを測定するため，子どもの強さと困難さアンケート（Strength and Difficulties Questionnaire：以下SDQ）親記入用を使用した。

SDQは子どもの日常行動を評価し，情緒や行動を測定する質問紙（Goodman, 1997）である。日本語版は，「情緒の問題」「行為の問題」「多動／不注意」「仲間関係の問題」という4つの困難に関する下位尺度と「向社会的な行動」という強みに関する1つの下位尺度，各5項目，計25項目から構成されており，4〜12歳を対象とした保護者評価により妥当性と信頼性が確認されている（Matsuishi, Nagano, Araki, Tanaka, Iwasaki, Yamashita,… Kakuma, 2008）。「あてはまらない」0点，「まああてはまる」1点，「あてはまる」2点と評定した。

5 保護者のストレス

保護者のストレスを測定するため，日本語版自己記入式簡易抑うつ尺度（The Quick Inventory of Depressive Symptomatology-Self Report：以下QIDS-SR-J）を使用した。QIDS-SRは米国で開発された16問の自己記入式うつ病評定尺度である。QIDS-SR-Jは藤澤・中川・田島・佐渡・菊地・射場…大野（2010）によって作成され信頼性・妥当性が確認されている。過去1週間の状態について，（1）抑うつ気分（2）集中困難（3）自責感（自己無価値感）（4）自殺念慮（5）興味と喜びの消失（6）エネルギーの低下／易疲労感（7）睡眠障害（8）食欲／体重の増加または減少（9）精神

運動性興奮または緩慢について9種類16問に回答を求めるものである。各項目は0～3点で評価された。得点が高い方が重症度が高い。また，9の下位尺度合計点が重症度を示し，うつ病の可能性を示すカットオフ値は6／7点とされる。

6　倫理的配慮事項

　本調査が学術研究のためのアンケートであり，得られたデータは個人が特定されない形で統計的に処理され研究にのみ用いられることをWebフォームのトップ画面で示した。調査への回答は対象者の自由意志であり，回答をしなかったり，途中でやめたりしたことによる不利益は一切生じないことも事前に同意された。なお，著者らが所属する機関の研究倫理審査委員会で審査，承認を受けた上で調査を実施した。本論文に関して開示すべき利益相反関連事項はない。

7　統計解析

　本研究の分析にはIBM SPSS Statistics 26を使用した。

III　結果

1　各変数の整理と記述統計量

　まず，SDQについて元の尺度をもとに，下位尺度の合計点をそれぞれの下位尺度得点とし，困難さを示す「情緒の問題」「行為の問題」「多動／不注意」「仲間関係の問題」得点の合計点を「総合困難さ」得点とした。困難さを示す下位尺度得点，および「総合困難さ」得点は得点が高いほど困難であると評価し，強みを示す「向社会的な行動」得点は得点が高いほど肯定的であると評価した。次に，QIDS-SR-Jに関しては，藤澤他（2010）に準じて得点化し，9種類の得点をそれぞれの下位尺度得点とし，得点が高いとストレスが強いと評価した。各変数の記述統計量を表3に示す。

　本研究で使用した変数について，子の性別，保護者の性別によりt検定を行なった。その結果，SDQ得点においては，第1回調査時（2020年）の「多動／不注意」得点において性別で有意差が見られ，女子よりも男子の方が得点が高かった（$t(103)=2.40, p<.05$）。保護者の性別に関しては，有意差が認められなかった。

　QIDS-SR-J得点に関しては，「自殺念慮」得点において第1回調査時（2020年）（$t(103)=2.50, p<.01$）

表3　各変数の記述統計量

		Mean	SD
SDQ	情緒の問題	2.35	2.16
SDQ	行為の問題	2.25	1.57
SDQ	多動／不注意	4.02	2.51
SDQ	仲間関係の問題	2.89	2.05
SDQ	向社会的な行動	5.26	2.43
SDQ	総合困難さ	11.51	6.13
QIDS-SR-J	抑うつ気分	.33	.54
QIDS-SR-J	集中困難	.40	.61
QIDS-SR-J	自責感（自己無価値感）	.57	.80
QIDS-SR-J	自殺念慮	.16	.44
QIDS-SR-J	興味と喜びの消失	.32	.55
QIDS-SR-J	エネルギーの低下／易疲労感	.57	.60
QIDS-SR-J	睡眠障害	1.49	1.05
QIDS-SR-J	食欲／体重増加または減少	.77	.92
QIDS-SR-J	精神運動性興奮または緩慢	.33	.58

$N=189$

および第2回調査時（2021年）（$t(82)=4.08, p<.01$）のいずれも保護者の性別の有意差が見られ，女性の方が男性よりも得点が高かった。

2　子どものメンタルヘルスの問題に関する調査時期・年齢・特別支援サービスの有無における比較

　子どものメンタルヘルス上の問題に関する調査時期，年齢群，特別支援サービスの有無による比較を行うため，SDQの下位尺度得点および総合困難さ得点を従属変数とし，年齢群（未就学児，小学生）と調査時期，特別支援サービスの有無を要因とした3要因分散分析を行った（表4）。「多動／不注意」得点では調査時期×年齢群×特別支援サービスの有無の二次交互作用がみられ，特別支援サービスを利用していない未就学児において調査時期の単純主効果が有意であり，2021年の方が2020年より得点が高かった。「情緒の問題」および「総合困難さ」得点では，調査時期×年齢群および年齢群×特別支援サービスの有無の一次交互作用がみられ，小学生で特別支援を受ける子どもの方が受けていない子どもよりも得点が高く，未就学児で2021年の方が2020年よりも得点が高かった。「行為の問題」得点では年齢群×特別支援サービスの有無の一次交互作用がみられ，小学生で特別支援を受ける子どもの方が受けていない子どもよりも得点が高かった。「仲間関係の問題」では調査時期および特別支援

表 4　SDQ 得点の分散分析結果

		第 1 回調査（2020 年 8 月）				第 2 回調査（2021 年 8 月）			
		未就学児		小学生		未就学児		小学生	
		特別支援あり	特別支援なし	特別支援あり	特別支援なし	特別支援あり	特別支援なし	特別支援あり	特別支援なし
	N	10	30	14	51	14	10	39	21
情緒の問題	MEAN	.90	1.77	3.14	1.84	3.29	2.60	3.44	1.81
	SD	1.29	1.83	2.18	1.91	2.59	1.90	2.21	2.19
行為の問題	MEAN	1.90	2.27	2.64	1.69	2.79	2.80	2.79	1.90
	SD	2.03	1.55	1.15	1.50	1.05	1.55	1.70	1.45
多動／不注意	MEAN	3.10	2.83	5.93	2.76	6.29	4.50	5.36	3.67
	SD	1.66	1.88	2.61	1.74	2.84	2.37	2.47	2.31
仲間関係の問題	MEAN	3.40	1.93	3.64	1.84	4.50	3.40	3.85	3.00
	SD	2.12	1.51	1.69	1.33	2.38	2.37	2.12	2.17
向社会的な行動	MEAN	4.90	5.97	3.71	5.61	4.36	5.90	5.08	5.29
	SD	1.66	2.01	2.73	2.56	1.82	2.13	2.53	2.65
総合困難さ	MEAN	9.30	8.80	15.36	8.14	16.86	13.30	15.44	10.38
	SD	3.92	5.49	5.47	4.19	5.90	5.81	5.89	5.45

		分散分析結果												
		調査時期		年齢群		特別支援		調査時期×年齢群		調査時期×特別支援		年齢群×特別支援		調査時期×年齢群×特別支援	
		F	偏 η^2	F	偏 η^2	F	偏 η^2	F	偏 η^2	F	偏 η^2	F	偏 η^2	F	偏 η^2
情緒の問題	MEAN SD	6.17 *	.03	1.44	.01	3.84	.02	4.47 *	.03	1.80	.01	4.92 *	.03	.77	.00
行為の問題	MEAN SD	2.91	.02	.48	.00	1.95	.01	1.00	.01	.07	.00	4.51 *	.02	.16	.00
多動／不注意	MEAN SD	12.06 **	.06	.45	.00	21.41 **	.11	9.12 **	.05	.00	.00	3.53	.02	4.01*	.02
仲間関係の問題	MEAN SD	9.58 **	.05	.50	.00	16.88 **	.09	.90	.01	1.08	.01	.00	.00	.21	.00
向社会的な行動	MEAN SD	.07	.00	.77	.00	8.29 *	.04	1.01	.01	.55	.00	.10	.00	1.74	.01
総合困難さ	MEAN SD	15.83 **	.08	.06	.00	19.40 **	.10	6.38 **	.03	.04	.00	5.54 *	.03	2.13	.01

* $p<.05$,　** $p<.01$

サービスの主効果が有意で，2021 年の方が 2020 年よりも得点が高く，特別支援を受ける子どもの方が受けていない子どもよりも得点が高かった。「向社会的な行動」得点では特別支援サービスの主効果が有意で特別支援を受ける子どもの方が得点が低かった。

3　保護者のストレスに関する調査時期・年齢・特別支援サービスの有無における比較

　保護者のストレスに関する調査時期，年齢群，特別支援サービスの有無による比較を行うため，QIDS-SR-J の下位尺度得点を従属変数とし，年齢群（未就学児，小学生）と調査時期，特別支援サービスの有無を要因とした 3 要因分散分析を行った（表 5）。その結果，すべての QIDS-SR-J 下位尺度得点において調査時期×年齢群×特別支援サービスの有無の二次交互作用と調査時期×年齢群および調査時期×特別支援サービスの一次交互作用は有意ではなかった。「自責感（自己無価値感）」得点および「興味と喜びの消失」得点において特別支援サービス要因の主効果が有意であり，特別支援サービスを受けている子どもの保護者

表5　QIDS-SR-J 得点の分散分析結果

		第1回調査（2020年8月）				第2回調査（2021年8月）			
		未就学児		小学生		未就学児		小学生	
		特別支援あり	特別支援なし	特別支援あり	特別支援なし	特別支援あり	特別支援なし	特別支援あり	特別支援なし
	N	10	30	14	51	14	10	39	21
抑うつ気分	MEAN	.20	.27	.29	.29	.43	.20	.54	.24
	SD	.42	.45	.61	.54	.65	.42	.60	.43
集中困難	MEAN	.47	.10	.29	.45	.21	.40	.44	.48
	SD	.32	.68	.61	.67	1.05	1.55	.60	.51
自責感（自己無価値感）	MEAN	.50	.57	.57	.51	.79	.20	.79	.33
	SD	.53	.77	.51	.88	.80	.42	.92	.73
自殺念慮	MEAN	.36	.10	.21	.12	.36	.10	.26	.05
	SD	.32	.43	.58	.38	.63	.31	.50	.22
興味と喜びの消失	MEAN	.40	.27	.36	.22	.36	.30	.54	.19
	SD	.52	.52	.63	.46	.50	.68	.68	.40
エネルギーの低下／易疲労感	MEAN	.40	.43	.71	.61	.71	.50	.64	.48
	SD	.52	.50	.61	.67	.73	.71	.58	.51
睡眠障害	MEAN	1.90	1.40	1.71	1.55	1.57	1.50	1.44	1.14
	SD	.99	1.07	.99	.98	1.09	1.18	1.12	1.01
食欲／体重増加または減少	MEAN	.40	.77	.93	.76	1.00	1.10	.74	.62
	SD	.52	.94	1.00	.91	1.04	1.12	.85	.97
精神運動性興奮または緩慢	MEAN	.10	.27	.21	.47	.20	.30	.38	.24
	SD	.32	.58	.43	.76	.47	.48	.54	.44

		分散分析結果													
		調査時期		年齢群		特別支援		調査時期×年齢群		調査時期×特別支援		年齢群×特別支援		調査時期×年齢群×特別支援	
		F	偏η^2	F	偏η^2	F	偏η^2	F	偏η^2	F	偏η^2	F	偏η^2	F	偏η^2
抑うつ気分	MEAN	.62	.00	.49	.00	2.17	.01	.13	.00	3.05	.02	.13	.00	.00	.00
	SD														
集中困難	MEAN	.30	.00	.83	.01	2.72	.02	.11	.00	.53	.00	.70	.00	.02	.00
	SD														
自責感（自己無価値感）	MEAN	.08	.00	.00	.00	4.05 *	.02	.09	.00	3.51	.02	.98	.00	.21	.00
	SD														
自殺念慮	MEAN	.06	.00	.13	.00	3.68	.02	.58	.00	1.50	.01	.09	.00	.36	.00
	SD														
興味と喜びの消失	MEAN	.19	.00	.00	.00	5.11*	.03	.11	.00	.36	.00	.59	.00	.57	.00
	SD														
エネルギーの低下／易疲労感	MEAN	.01	.00	1.16	.01	1.40	.01	1.85	.01	.40	.00	.06	.00	.21	.00
	SD														
睡眠障害	MEAN	2.39	.01	.09	.00	2.38	.01	.57	.00	.04	.00	.04	.00	.60	.00
	SD														
食欲／体重増加または減少	MEAN	.11	.00	.23	.00	.00	.00	3.78	.02	.05	.00	1.47	.01	.23	.00
	SD														
精神運動性興奮または緩慢	MEAN	.01	.00	1.84	.01	.36	.00	.64	.00	2.72	.02	.02	.00	.39	.00
	SD														

* $p<.05$

表 6　QIDS-SR-J 合計得点の人数と割合

	第 1 回調査（2020 年 8 月）		第 2 回調査（2021 年 8 月）	
	特別支援サービスあり	特別支援サービスなし	特別支援サービスあり	特別支援サービスなし
正常（0～5 点）	18 (75.0)	56 (69.1)	31 (58.5)	25 (80.6)
軽度（6～10 点）	5 (20.8)	18 (22.2)	18 (34.0)	5 (16.1)
中等度（11～15 点）	1 (4.2)	7 (8.6)	4 (7.5)	1 (3.2)
重度（16～20 点）	0 (0)	0 (0)	0 (0)	0 (0)
きわめて重度（21～27 点）	0 (0)	0 (0)	0 (0)	0 (0)

注）上段の数字は該当する人数を示し，下段の（　）はそれぞれのカテゴリーに対する人数比率を示す。

表 7　SDQ 得点と QID S-SR-J 得点との相関

	抑うつ気分	集中困難	自責感（自己無価値感）	自殺念慮	興味と喜びの消失	エネルギーの低下／易疲労感	睡眠障害	食欲／体重増加または減少	精神運動性興奮または緩慢
情緒の問題	.18*	.21**	.26**	.23**	.22**	.30**	.23**	.14	.19**
行為の問題	.19**	.17*	.26**	.16*	.10	.31**	.16*	-.03	.15*
多動／不注意	.12	.04	.15*	.06	.03	.19**	.03	-.06	-.02
仲間関係の問題	.13	.14	.23**	.10	.21**	.17*	.14	.12	.16*
向社会な行動	-.13	-.02	-.06	-.11	-.04	-.08	-.03	.02	.10
総合困難さ	.21**	.18*	.30**	.18*	.18*	.32**	.18*	.05	.15*

** $p<.01$, * $p<.05$

がそうでない子どもの保護者よりも得点が高かった。

　QIDS-SR-J は抑うつ状態の重症度が判定でき，重症度に該当する人数と割合を算出した（表 6）。うつ病の可能性を示す割合は，第 1 回調査時では 29.5%，第 2 回調査時では 33.3% であった。調査時期と特別支援サービスの有無による重症度カテゴリーの人数比の差異を検討するため，調査時期と特別支援サービスの有無による重症度カテゴリーの人数に対して Fisher の正確検定を行った結果，有意な差は認められなかった。

4　子どものメンタルヘルスと保護者のストレスとの関連

　子どものメンタルヘルス上の問題と保護者のストレスとの関連を検討するために，SDQ の 6 得点と QIDS-SR-J の 9 得点において Pearson の相関係数を算出した（表 7）。その結果，「情緒の問題」および「総合困難さ」は，「食欲／体重増加または減少」以外のすべての保護者ストレス得点と有意な正の相関を示した。また，「行為の問題」は「抑うつ気分」「集中困難」

「自責感（自己無価値感）」「自殺念慮」「エネルギーの低下／易疲労感」「睡眠障害」「精神運動性興奮または緩慢」と有意な正の相関を示し，「多動／不注意」は「自責感（自己無価値感）」「エネルギーの低下／易疲労感」と，「仲間関係の問題」は「自責感（自己無価値感）」「興味と喜びの消失」「エネルギーの低下／易疲労感」「精神運動性興奮または緩慢」と有意な正の相関を示した。

IV　考察

1　子どもと保護者のメンタルヘルスにおける調査時期および特別支援サービスの有無による比較

　子どものメンタルヘルスについて 2020 年と 2021 年での比較および特別支援サービスの有無，年齢群の観点から検討を行ったところ，SDQ の「仲間関係の問題」においては，年齢群によらず 2021 年の方が 2020 年よりも困難が強く，かつ，特別支援サービスを受ける子どもの方が受けていない子どもよりも困難が強かった。COVID-19 の流行により，特に支援が必要な子どもにとって，身体的・精神的健康に対するさまざま

な影響を引き起こすことがあり（Colizzi, Bortoletto, Silvestri, Mondini, Puttini, Cainelli,… Zoccante, 2020），それは学校や仲間集団，支援サービスからの分離によって悪化する可能性があることが示されている（Brooks, Webster, Smith, Woodland, Wessely, Greenberg, & Rubin, 2020）。本研究では，感染症対策が直接的に子どもに影響したかどうかは示されないが，長期的な感染対策下での生活において子どもが対人関係上の困難を募らせている可能性が示されており，特に特別支援サービスを受ける子どもにそれが強く出ることが示されたと考えられる。また，「情緒の問題」「総合困難さ」では未就学児において 2021 年により困難が強かった。「情緒の問題」は不安症状や抑うつ症状を示すが，未就学児は長期的な外出制限等の影響により不安が強まった可能性がある。

次に，保護者のストレスについて 2020 年と 2021 年での比較および特別支援サービスの有無，年齢群の観点から検討を行ったところ，「自責感（自己無価値感）」および「興味と喜びの消失」は特別支援サービスを受ける子どもの保護者の方がそうでない保護者よりも困難が強かった。調査時期による影響は認められなかった。特別支援ニーズがある子どもの親はより多くのストレス要因に直面しており（Eisenhower, Baker, & Blacher, 2005 ; McConnell, & Savage, 2015），COVID-19 の流行下においても，ASD 児を持つ親の方が定型発達の子どもの親に比べ不安と抑うつの症状を持つ（Wang, Li, Pan, Zhai, Xia, Sun, & Zou, 2021）ことが示されている。本研究でも同様の傾向が示されており，感染症対策下での生活で特別支援ニーズがある保護者の負担が高まっている可能性があることが示唆される。

他方，QIDS-SR-J で軽度以上の抑うつ状態を示す保護者の割合は障害の有無によらず 3 割前後と低くはない結果を示したことを踏まえると，支援者は子どもの障害の有無によらず保護者のストレスには注意を払う必要があり，子どもだけでなく家族のメンタルヘルスへの対応や相談支援の促しが必要と考えられる。しかしながら，これらの結果は，感染症対策下の生活がもたらしたものであるのか，一般的な傾向であるのかは本研究からは示されないため，継続的な検討が望まれる。

2　子どもの情緒行動上の問題と保護者のストレスとの関連

子どものメンタルヘルス上の問題と保護者のストレスとの関連を検討したところ，「自責感（自己無価値感）」「エネルギーの低下／易疲労感」「抑うつ気分」「集中困難」「自殺念慮」「興味と喜びの消失」「睡眠障害」「精神運動性興奮または緩慢」という広範囲にわたる保護者のストレスは子どもの「情緒の問題」と「総合困難さ」と有意な相関を示し，中でも「自責感（自己無価値感）」と「エネルギーの低下／易疲労感」は子どもの「情緒の問題」「行為の問題」「多動／不注意」「仲間関係の問題」「総合困難さ」という幅広いメンタルヘルス上の問題と有意な相関を示した。

ストレスが強い保護者は，子どものニーズを理解し，繊細な対応をすることがより困難になる（Abidin, 1992）。特に落ち込みや気力の低下など情緒的な問題を中心とした保護者のストレスは子どもの情緒行動上の問題と相互に関連するものと考えられる。保護者のストレスが減少することにより子どもの行動が改善すること（Bitsika, & Sharpley, 2000 など）も示されており，子どものメンタルヘルスと保護者のストレスが相互に関連することを踏まえ，子どもに向けたメンタルヘルス予防に加え，家族への支援と対応が子どもの支援を有効に機能させる上でも必要であろう。

奥山（2021）は感染症対策下での生活により子ども虐待の発見が少なくなっている可能性について指摘している。感染症対策下の親子のストレスによりそれまでは維持されていた家族システムが機能不全に陥る可能性も考えらえる。家族にアクセスする取り組みの強化とともに，子どもから SOS を出しやすくするような積極的なアウトリーチの工夫や子どもへの心理教育，エンパワメントの機会の確保が重要であろう。

3　本研究の課題と今後の展望

本研究は，特別支援の有無と年次比較から親子のメンタルヘルスの様相を捉えようとしたものであるが，探索的な検討に留まっており，調査対象者と調査方法に課題が残る。本研究のデータは，2020 年と 2021 年にほぼ別々のサンプルを対象に行ったものである。親子のメンタルヘルスの時間的な変化を捉えるのであれば縦断的な手法が望ましいと言える。また，本研究では特別支援サービスを受ける子どもを一括りに検討を行っている点にも課題がある。子どもの診断や知的発

達水準，COVID-19 流行以前の問題行動の有無等を取り扱っておらず，それゆえに子どもが示す困難さの背景が明らかになっていない。COVID-19 流行前の問題行動の有無が感染流行後の生活の困難性を予測する一因である（Colizzi, Sironi, Antonini, Ciceri, Bovo, & Zoccante, 2020）ことや，学校の臨時休業により平時よりも落ち着きを見せていた事例（本田，2020）を踏まえても，子どもの特性や年齢，問題行動の有無等を丁寧に捉えた上での検討が必要であろう。また，本研究では親子のメンタルヘルスの関連について示したが，因果関係は示されていない。親子のメンタルヘルスがどのような影響関係にあるのか，媒介する変数も含めての検討が望まれる。今後の研究では，縦断的なデザインを採用し，綿密なインタビュー等により個人への影響を丁寧に捉える調査を実施することが必要である。

▶付記

本研究の調査の実施にあたり多くの方々にご協力を賜りました。記して感謝の意を表します。なお，本研究は，JSPS 科研費 JP20K02209 の助成を受けたものです。

▶文献

Abdulah, D. M., Abdulla, B. M. O., & Liamputtong, P. (2021). Psychological response of children to home confinement during COVID-19 : A qualitative arts-based reserch. *International Journal of Social Schechiatry*, **67**(6), 761-769.

Abidin, R. R. (1992). The determinants of parenting behavior. *Journal of Clinical Child & Adolescent Psychology*, **21**, 407-412. https://doi.org/10.1207/s15374424jccp2104_12

Anthony, L. G., Anthony, B. J., Glanville, D. N., Naiman, D. Q., Waanders, C., & Shaffer, S. (2005). The relationships between parenting stress, parenting behaviour and preschoolers' social competence and behaviour problems in the classroom. *Infant and Child Development*, **14**(2). https://doi.org/10.1002/icd.385

Asbury, K., Fox, L., Deniz, E., Code, A., Toseeb, U. (2021). How is COVID-19 affecting the mental health of children with special sducational needs and disabilities and their families?. *Journal of Autism and Developmental Disorders*, **51**(5), 1772-1780.

Baxter, C., Cummins, R. A., & Yiolitis, L. (2000). Parental stress attributed to disabled family members : A longitudinal study. *International Journal of Disability Research*, **25**, 105-118.

ベネッセ教育総合研究所（2020）．幼児・小学生の生活に対する新型コロナウイルス感染症の影響調査　ベネッセ教育総合研究．Retrieved from https://berd.benesse.jp/up_images/research/COVID19_research_digest_1217_2.pdf（2022 年 2 月 3 日）

Bitsika, V., & Sharpley, C. F. (2000). Development and testing of the effects of support groups on the well-being of parents of children with autism-II : Specific stress management techniques. *Journal of Applied Health Behaviour*, **2**, 8-15.

Brooks, S. K., Webster, R. K., Smith, L. E., Woodland, L., Wessely, S., Greenberg, N., & Rubin, G. J. (2020). The psychological impact of quarantine and how to reduce it : Rapid review of the evidence. *Lancet*, **395**, 912-920. https://doi.org/10.1016/S0140-6736(20)30460-8.

Chen, F., Zheng, D., Liu, J., Gong, Y., Guan, Z., & Lou, D.(2020). Depression and anxiety among adolescents during COVID-19 : A cross-sctional study. *Brain, Behavior, and Immunity*, **88**, 36-38.

Colizzi, M., Bortoletto, R., Silvestri, M., Mondini, F., Puttini, E., Cainelli, C.,… Zoccante, L. (2020). Medically unexplained symptoms in the times of Covid-19 pandemic : A case-report. *Brain, Behavior, & Immunity-Health*, **5**(5), 100073. https://doi.org/10.1016/j.bbih.2020.100073.

Colizzi, M., Sironi, E., Antonini, F., Ciceri, M. L., Bovo, C., & Zoccante, L. (2020). Psychosocial and behavioral impact of COVID-19 in autism spectrum disorder : An online parent survey. *Brain Sciences*, **10**(6), 341. https://doi.org/10.3390/brainsci10060341.

Deater-Deckard, K. (1998). Parenting stress and child adjustment : Some old hypotheses and new questions. *Clinical Psychology : Science and Practice*, **5**(3), 314-332. https://doi.org/10.1111/j.1468-2850.1998.tb00152.

Eisenhower, A. S., Baker, B. L., & Blacher, J. (2005). Preschool children with intellectual disability : Syndrome specificity, behaviour problems, and maternal well-being. *Journal of Intellectual Disability Research*, **49**, 657-671.

藤澤大介・中川敦夫・田島美幸・佐渡充洋・菊地俊暁・射場麻帆…大野裕（2010）．日本語版自己記入式簡易抑うつ尺度（日本語版 QIDS-SR）の開発．ストレス科学，**25**(1), 43-52.

Goodman, R. (1997). The strength and difficulties questionnaire : A research note. *Journal of Child Psychology and Psychiatry*, **38**, 581-586.

Hodapp, R. M., Fidler, D. J., & Smith, A. C. M. (1998). Stress and coping in families of children with Smith Magenis syndrome. *Journal of Intellectual Disability Research*, **42**, 331-340.

本田秀夫（2020）．新型コロナウィルス感染症（COVID-19）感染拡大に伴う学校の一斉休校は，子どものメンタルヘルスにどのような影響を及ぼしたか？．精神科治療学，**35**(8), 791-795.

国立研究開発法人国立生育医療研究センター　コロナ×子ども本部（2022）．コロナ渦における思春期のこどもとその保護者のこころの実態報告書．Retrieved from https://www.ncchd.go.jp/center/activity/covid19_kodomo/report/CxCN_repo.pdf （2022年4月28日）

高坂康雅（2021）．親の認知した臨時休業中の小学生の生活習慣の変化とストレス反応との関連．心理学研究，**92**(5), 408-416. https://doi.org/10.4992/jjpsy.92.20040.

Matsuishi, T., Nagano, M., Araki, Y., Tanaka, Y., Iwasaki, M., Yamashita, Y.,… Kakuma, T. (2008). Scale properties of the Japanese version of the strengths and difficulties questionnaire (SDQ) : A study of infant and school children in community samples. *Brain and Development*, **30**, 410-415.

McConnell, D., & Savage, A. (2015). Stress and resilience among families caring for children with intellectual disability : Expanding the research agenda. *Current Developmental Disorders Reports*, **2**(2), 100-109. https://doi.org/10.1007/s40474-015-0040-z.

Morelli, M., Cattelino, E., Baiocco, R., Trumello, C., Babore, A., Candelori, C., & Chirumbolo, A. (2020). Parents and children during the COVID-19 lockdown : The influence of parenting distress and parenting self-efficacy on children's emotional well-being. *Frontiers in Psychology*, **11**, 584645. https://doi.org/10.3389/fpsyg.2020.584645

日本自閉症協会（2021）．自閉症児者の家族を対象としたアンケート実施について一般社団法人自閉症協会．Retrieved from http://www.autism-japan.org/kenkyu/korona/koronaanke-to.pdf（2022年2月3日）

奥山真紀子（2021）．COVID-19と子ども虐待．小児科，**62**(7), 711-718.

田中恭子（2021）．子どもの心のケア．小児科，**62**(7), 695-702.

Wang, L., Li, D., Pan, S., Zhai, J., Xia, W., Sun, C., & Zou, M. (2021). The relationship between 2019-nCoV and psychological distress among parents of children with autism spectrum disorder. *Global Health*, **17**(1), 23. https://doi.org/10.1186/s12992-021-00674-8.

Examining the Relationship between Parents' Stress and Problems of Children with Special Needs during the COVID-19 Pandemic

Kayo Takahashi [1], Chikako Imamura [2], Yutaro Hirata [3]

1) Kagoshima University, Graduate School of Clinical Psychology
2) Kagoshima University, Support Center for Students with Disabilities
3) Kagoshima University, Faculty of Law, Economics and Humanities

The impact of the coronavirus disease 2019 (COVID-19) is presumably stronger with regard to mental health, especially for children with special needs and their parents. This study aimed to determine the changes in the impact of the COVID-19 pandemic on the mental health of children receiving special needs services and their parents, based on a comparison conducted between 2020 and 2021. This study was conducted online with parents of children aged 4-12 years receiving special needs services and a control group of children. The Strengths and Difficulties in Children Questionnaire and Self-administered Brief Depression Scale were administered for 105 and 84 respondents in the 2020 and 2021 surveys, respectively. Regarding children's mental health, the analysis revealed that difficulties in "peer relationship problems" were greater for children receiving special support services than for the control group children and were greater in 2021 than in 2020. These results indicate that parental stress was significantly associated with children's emotional and behavioral problems.

Keywords : COVID-19, special education needs, mental health

実践研究論文の投稿のお誘い

『臨床心理学』誌の投稿欄は，臨床心理学における実践研究の発展を目指しています。一人でも多くの臨床家が研究活動に関わり，対象や臨床現場に合った多様な研究方法が開発・発展され，研究の質が高まることで，臨床心理学における「エビデンス」について活発な議論が展開されることを望んでいます。そして，研究から得られた知見が臨床家だけでなく，対人援助に関わる人たちの役に立ち，そして政策にも影響を与えるように社会的な有用性をもつことがさらに大きな目標になります。本誌投稿欄では，読者とともに臨床心理学の将来を作っていくための場となるように，数多くの優れた研究と実践の取り組みを紹介していきます。

本誌投稿欄では，臨床心理学の実践活動に関わる論文の投稿を受け付けています。実践研究という場合，実践の場である臨床現場で集めたデータを対象としていること，実践活動そのものを対象としていること，実践活動に役立つ基礎的研究などを広く含みます。また，臨床心理学的介入の効果，プロセス，実践家の訓練と職業的成長，心理的支援活動のあり方など，臨床心理学実践のすべての側面を含みます。

論文は，以下の5区分の種別を対象とします。

論文種別	規定枚数
①原著論文	40枚
②理論・研究法論文	40枚
③系統的事例研究論文	40枚
④展望・レビュー論文	40枚
⑤資料論文	20枚

①「原著論文」と⑤「資料論文」は，系統的な方法に基づいた研究論文が対象となります。明確な研究計画を立てたうえで，心理学の研究方法に沿って実施された研究に基づいた論文です。新たに，臨床理論および研究方法を紹介する，②「理論・研究法論文」も投稿の対象として加えました。ここには，新たな臨床概念，介入技法，研究方法，訓練方法の紹介，論争となるトピックに関する検討が含まれます。理論家，臨床家，研究者，訓練者に刺激を与える実践と関連するテーマに関して具体例を通して解説する論文を広く含みます。④「展望・レビュー論文」は，テーマとなる事柄に関して，幅広く系統的な先行研究のレビューに基づいて論を展開し，重要な研究領域や臨床的問題を具体的に示すことが期待されます。

③「系統的事例研究論文」については，単なる実施事例の報告ではなく，以下の基準を満たしていることが必要です。

①当該事例が選ばれた理由・意義が明確である，新たな知見を提供する，これまでの通説の反証となる，特異な事例として注目に値する，事例研究以外の方法では接近できない（または事例研究法によってはじめて接近が可能になる），などの根拠が明確である。
②適切な先行研究のレビューがなされており，研究の背景が明確に示される。
③データ収集および分析が系統的な方法に導かれており，その分析プロセスに関する信憑性が示される。
④できる限り，クライエントの改善に関して客観的な指標を示す。

本誌投稿欄は，厳格な査読システムをとっています。査読委員長または査読副委員長が，投稿論文のテーマおよび方法からふさわしい査読者2名を指名し，それぞれが独立して査読を行います。査読者は，査読委員およびその分野において顕著な研究業績をもつ研究者に依頼します。投稿者の氏名，所属に関する情報は排除し，匿名性を維持し，独立性があり，公平で迅速な査読審査を目指しています。

投稿論文で発表される研究は，投稿者の所属団体の倫理規定に基づいて，協力者・参加者のプライバシーと人権の保護に十分に配慮したうえで実施されたことを示してください。所属機関または研究実施機関において倫理審査，またはそれに代わる審査を受け，承認を受けていることを原則とします。

本誌は，第9巻第1号より，基礎的な研究に加えて，臨床心理学にとどまらず，教育，発達実践，社会実践も含めた「従来の慣習にとらわれない発想」の論文の募集を始めました。このたび，より多くの方々から投稿していただけるように，さらに投稿論文の幅を広げました。世界的にエビデンスを重視する動きがあるなかで，さまざまな研究方法の可能性を検討し，研究対象も広げていくことが，日本においても急務です。そのために日本の実践家や研究者が，成果を発表する場所を作り，活発に議論できることを祈念しております。

（査読委員長：岩壁 茂）（2017年3月10日改訂）

臨床心理学 ＊ 最新研究レポート シーズン 3
THE NEWEST RESEARCH REPORT SEASON 3

第41回
変革型リーダーシップと自由放任型リーダーシップの役割

Ågotnes KW, Jørn Hetland AS, Olsen OK et al. (2021) Daily work pressure and exposure to bullying-related negative acts : The role of daily transformational and laissez-faire leadership. European Management Journal 39 ; 423-433.

割澤靖子 *Yasuko Warisawa*
［株式会社商船三井］

I　はじめに

リーダーシップとは，産業・組織心理学領域の主軸となるテーマである。100年以上も前から膨大な数の研究が蓄積されているものの一致した結論は導き出されておらず，現在もなお活発に議論が展開されている。大半の議論は，集団や組織の目標達成に寄与するリーダーシップを念頭に置いたものであり，リーダーシップを生まれながらに備わった個人の特性と捉える「特性論」，後天的に獲得できる行動スタイルとして捉える「行動論」，さまざまな条件の相互作用のなかで考える「状況適合論」，リーダーとメンバーの相互作用に着目した「交換型アプローチ」，リーダーが率先して変革行動を実践し，メンバーにも能動的に気づきや変化を促す「変革型リーダーシップ」，メンバーが自ら気づき成長していくことを支援し，集団の成果を引き出そうとする「サーバント・リーダーシップ」など，さまざまなリーダーシップ像について議論がなされてきた。

一方，最近では，不正やハラスメントなど，組織や部下に悪影響を及ぼし自己利益を追求するタイプのリーダーシップや，責任を避ける，問題が起きても対応しないなど，リーダーとしての役割を十分に遂行していない非行動型のリーダーシップなど，集団や組織の目標達成に寄与しないリーダーシップについても注目が高まっている。しかし，現段階では議論の蓄積は十分でなく，とりわけ後者のタイプについては，十分な関心が寄せられていないことが課題とされる。

本稿で紹介する研究（以下，本研究と呼ぶ）は，この非行動型に分類される「自由放任型リーダーシップ」と，その対極に位置する「変革型リーダーシップ」の役割を，同一条件下で比較した実証研究である。数多あるリーダーシップ研究からあえて単一の実証研究を取り上げる理由は，研究デザインそのものの希少性が高いことにある。加えて，本研究で示される知見は現行のリーダーシップ研修の在り方に一石を投じるものであり，産業・組織領域に従事する心理職にとって一読の価値があると考える。

なお，紙幅の都合上，本研究の着眼点のユニークさやその意義を紹介することを優先し，方法論や信頼性・妥当性を裏付ける議論の詳細については本質を損なわない程度に簡略にまとめている。必要に応じて原典を参照されたい。

II 理論的背景と仮説

ストレスの多い労働環境は，それ自体が問題であるだけでなく，グループ内での社会的緊張の高まりなど二次的な問題につながる可能性がある。事実，職場でのいじめやハラスメントは，要求の厳しい職場で特に蔓延しやすいことが多面的に実証されている。しかし，職場のストレスがどのような条件やプロセスを介していじめへと発展しうるのかについては議論が不十分である。幾つかの研究においては，変革型リーダーシップ（行動型）と自由放任型リーダーシップ（非行動型）を対比する形で，リーダーシップの在り方次第で職場でのいじめが緩和されたり激化したりする可能性が指摘されている。しかし，これらはいずれも，リーダーシップを職場のいじめに直接作用する要因と位置づけて調査したものであり，他のリスク要因の影響も考慮した慎重な解釈が求められる。

そこで，本研究では，「努力－報酬不均衡モデル」（Siegrist, 1996）と「労働環境仮説」（Leymann, 1996）を統合することで，職場のいじめについて，職場のストレスとリーダーシップの在り方の両面から検証している。「努力－報酬不均衡モデル」とは，仕事に関連するストレスが，職務において費やされる努力と職場で受け取る報酬の不均衡によって生じると仮定するものである。実際，多くの研究において，努力と報酬の均衡の崩れがいじめや人間関係の対立の激化につながることが指摘されている。一方，「労働環境仮説」とは，要求の厳しい労働環境下でいじめがエスカレートする要因のひとつとして，適切に管理されていないこと，典型的には "自由放任型リーダーシップが優勢であること" を指摘するものである。本研究では，リーダーシップを「報酬」の一部として位置づけることで両理論を統合し，「費やされる努力（仕事のプレッシャーを含む）と受け取る報酬（リーダーシップの作用を含む）の不均衡が，いじめに繋がりうる職場のストレスを生じさせる」ものと見なし，これに準じた仮説を構築する。

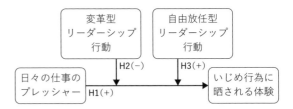

図1 本研究で検証する相関関係と仮説のまとめ

加えて，この分野の研究は横断的な研究が大半を占めるが，職場のいじめは，日々の望ましくない相互交流の積み重ねである。いじめが長期化する前段階の相互交流に着目することは，早期に対策を講じるうえでも有用であろう。そこで，本研究では，日々の「いじめ行為に晒される体験」に着目し，長期的ないじめとは区別して検証する。本研究の仮説を以下に示す。

仮説1：日々の仕事のプレッシャーは，いじめ行為に晒される体験と正の相関関係がある。
仮説2：変革型リーダーシップ行動は，日々の仕事のプレッシャーといじめ行為に晒される体験との間の正の相関関係を調節する（緩衝効果）。この相関関係は，個人が変革型リーダーシップ行動のレベルが高いと報告する日に弱くなるものと仮定される。
仮説3：自由放任型リーダーシップ行動は，日々の仕事のプレッシャーといじめ行為に晒される体験との間の正の相関関係を調節する（悪化効果）。この相関関係は，個人が自由放任型リーダーシップ行動のレベルが高いと報告する日に強くなるものと仮定される。

図1に，本研究で検証する相関関係と仮説をまとめた。

III 方法

本研究では，個々人に一定期間連続して同じ内容の質問票に繰り返し記入することを求める日記式調査法を採用し，上記3つの仮説を検証した。調査対象者は大型帆船にて大西洋を横断するノル

ウェーの海軍士官候補生 61 名であり，このうち，56 人（91.8%）から回答を得た。士官候補生は，8 つのチームに分けられており，メンバーが交替でリーダーの役割を担っていた。調査期間は 36 日間に及んだ。得られた回答数は 1,509（最大で 2,196 の回答数が得られる），日レベルでの回答率は 68.7% であった。測定内容は，日々の仕事のプレッシャー，いじめ行為に晒される体験，リーダーシップのスタイルに対する認識の 3 点である。

日々の仕事のプレッシャーについては，"今日は""非常に早く作業をしなければならなかった""やることが多すぎた""何かを達成するために非常に一生懸命作業をしなければならなかった""時間的なプレッシャーの下で作業しなければならなかった"の 4 項目について，"全くあてはまらない"から "非常にあてはまる" までの 5 件法で確認した。

いじめ行為に晒される体験については，"今日のシフト中に""自分のミスや間違いを何度も指摘された""無視されたり排除されたりした""気の合わない人から悪ふざけを受けた""怒鳴られたり衝動的な怒りの標的となった"の 4 項目について，"全くなかった"から"幾度もあった"までの 4 件法で確認した。

リーダーシップスタイルのうち，変革型リーダーシップについては，"この 24 時間，我々のリーダーは""さまざまな角度から問題をみるよう促してくれた（知的刺激）""自分の強みを伸ばす手助けをしてくれた（個別的配慮）""共通の使命感を持つことの重要性を強調した（理想的影響力）""何を達成すべきかを熱心に説明し""その目標が達成されるという確信を表明した（モチベーションの鼓舞）"の 5 項目について，"全く同意しない"から "完全に同意する" までの 5 件法で確認した。一方，自由放任型リーダーシップについては，"この 24 時間，我々のリーダーは""必要な時に不在だった""決定を避けた""緊急の質問への回答が遅れた"の 3 項目について，"全く同意しない"

から "完全に同意する" までの 5 件法で確認した。

得られた結果は，日々の観測値（レベル 1）を個人（レベル 2）にネストされたデータと見なし，マルチレベル分析を採用して解析を行った。

Ⅳ　結果

本研究の記述統計は表 1，マルチレベル分析の結果は表 2 に示した。

表 2 に示した通り，分析の結果，いじめ行為に晒される体験に対する日々の仕事のプレッシャーの有意な主効果が認められ（B=0.026, $p<0.01$），仮説 1 は支持された。また，仮説として取り上げていなかったものの，自由放任型リーダーシップといじめ行為に晒される体験との間にも有意な主効果が認められた（B=0.016, $p<0.05$）。

続いて，いじめ行為に晒される体験に対するリーダーシップの在り方と仕事のプレッシャーの交互作用を確認したところ，予想に反して，変革型リーダーシップと仕事のプレッシャーの交互作用は確認されなかった（B=0.009, $n.s.$）。よって，仮説 2 は棄却された。対して，いじめ行為に晒される体験に対する自由放任型リーダーシップと仕事のプレッシャーの交互作用については有意な効果が認められ（B=0.040, $p<.001$），仮説 3 は支持された（図 2）。

Ⅴ　考察

1　本研究の意義

得られた結果は，以下の 3 点において意義がある。1 つ目は，日々の仕事のプレッシャーは，いじめ行為に晒される体験に即座に作用することを実証的に示した点である。これは，本研究の理論的基盤である努力−報酬不均衡モデルおよび職場環境仮説が，1 回のいじめ関連エピソードごとに支持されたことを意味する。これまで，仕事のプレッシャーが長期的ないじめの予測因子となることは指摘されていたが，その作用は即座に（1 日以内に）生じていることが確認されたと言える。

2 つ目は，仕事のプレッシャーの高い職場環境に

表1　すべての研究変数の平均，標準偏差，日および人レベルの相関係数

Variables	x̄	SD	ICC [a]	1.	2.	3.	4.
1. 仕事のプレッシャー	2.242	.784	.248	—	.021	.008	.002
2. 変革型リーダーシップ	3.486	.572	.205	.061 ***	—	− .031 *	.005 *
3. 自由放任型リーダーシップ	2.013	.673	.350	− .002	− .063 ***	—	.000
4. いじめ行為に晒される体験	1.055	.149	.174	.012 ***	.002	.004 *	—

Note : a
ICC＝Person-level intraclass correlation. Correlations below the diagonal are correlations on the within（day）level and correlations above the diagonal are correlations on the between（person）level.
*** $p < .001$, * $p < .05$.

表2　いじめ行為に晒される体験を予測するためのマルチレベル推定値

	Null model		Main model		Interaction model	
	B	SE	B	SE	B	SE
切片	1.060 [a]	.009	1.060 [a]	.009	1.059 [a]	.009
仕事のプレッシャー			.026 [a]	.005	.026 [a]	.005
変革型リーダーシップ			.007	.007	.007	.007
自由放任型リーダーシップ			.016 [c]	.007	.016 [b]	.007
仕事のプレッシャー ×変革型リーダーシップ					.009	.010
仕事のプレッシャー ×自由放任型リーダーシップ					.040 [a]	.009
分散レベル1（日レベル）	.019（82.6%）	.001	.018	.001	.018	.001
分散レベル2（個人レベル）	.004（17.4%）	.001	.004	.001	.004	.001
− 2 対数尤度	− 1623.52		− 1622.82		− 1640.71	

Note. $N = 1493$ observations；$N = 56$ respondents.
a $p < .001$.　b $p < .01$.　c $p < .05$.

おいて，変革型リーダーシップは，いじめ行為の緩衝材としては機能しないことを実証的に示した点である。変革型リーダーシップは，挑戦的な期待を設定し部下を動機づけ，さらに上を目指そうとするスタイルである。仕事のプレッシャーが高い環境下では，こうした励まし自体が更なるプレッシャーとなり，変革的リーダーシップの支援的側面を打ち消す可能性があると考えられるだろう。

　3つ目は，仕事のプレッシャーの高い職場環境において，自由放任型リーダーシップは，いじめ行為の促進剤として機能することを実証的に示した点である。それだけでなく，こうしたリーダーシップスタイルそのものが，いじめ行為に晒される体験に即座に作用することも併せて明らかとなった。主効果自体は小さいものの，自由放任型リーダーシップは，職場の有害なストレス要因となりうると言えるだろう。

2　職場でのいじめ予防に向けて

　得られた結果を踏まえると，とりわけ高ストレ

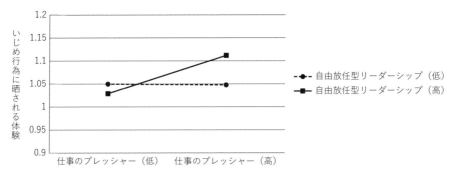

図2　いじめ行為に晒される体験と仕事のプレッシャーと自由放任型リーダーシップ

ス環境下において職場でのいじめの深刻化を予防するためには，一般的に効果的とされてきた「変革型リーダーシップ」を実践するだけでは不十分である。むしろ，「自由放任型リーダーシップ」の有害性を認識し，「即座に」対応する意識を醸成することが重要と言えるだろう。現行のリーダーシップ研修のプログラムは，ほとんどの場合，効果的なリーダーシップを実現するための知識やスキル，コンピテンシーの習得に焦点を当てたものとなっているが，今後は，自由放任型リーダーシップの蔓延を最小限に抑えることにも意識を向ける必要がある。併せて，人間関係の対立が生じた際には，組織として公平かつ十分に対処する姿勢を明示しておくことが，そもそものいじめの発生予防において重要であるという点も，改めて強調される。

VI　紹介者からのコメント

　冒頭に述べた通り，本研究で得られた知見はリーダーシップ研修の在り方にも一石を投じるものであり，臨床的な示唆に富む。とりわけ，理想的なリーダーシップ像と位置づけられてきた変革型リーダーシップが，高ストレスの職場の人間関係の調整においては必ずしも有効ではないことを実証的に示した点は，職場のマネジメントの在り方を考えるうえでも非常に興味深い。本研究は，ノルウェーの海軍士官候補生を対象としてはいるが，「得られた知見は文脈特異的ではなく，理論

的にも経験的にも一般化可能性は十分にある」とする原著者らの主張は，産業・組織領域に従事する心理職にとって，違和感なく受け止められるものではないだろうか。

　近年，日本の産業・組織領域においては，従来の予防（1次予防・2次予防・3次予防）の概念だけでなく，健康でイキイキと働ける職場づくりとしての「ゼロ次予防」概念の重要性が強調され，これまで別々に知見が積み上げられてきた産業・組織心理学と産業心理臨床学を両輪とした実践を目指そうとする流れがある（金井，2023）。本研究で得られた知見は，前者に位置する「リーダーシップ研究」と後者に位置する「いじめ研究」の双方に資するものであり，両学問の接点となる研究とも言えるだろう。本来，問題の予防と職場の活性化は表裏一体であるはずである。こうした学問の垣根を超えた議論が多方面で展開されることを期待したい。

▶文献

金井篤子（2023）産業・組織領域における支援の理論と実践. In：岩壁茂，遠藤利彦，黒木俊秀ほか 編：臨床心理学スタンダードテキスト. 金剛出版，pp.831-839.

Leymann H（1996）The content and development of mobbing at work. European Journal of Work & Organizational Psychology 5-2；165-184. doi.org/10.1080/13594329608414853

Siegrist J（1996）Adverse health effects of high-effort/low-reward conditions. Journal of Occupational Health Psychology 1-1；27. doi.org/10.1037//1076-8998.1.1.27

♪ 主題と変奏——臨床便り

第62回

臨床看護ナラティヴ実践者 の養成システム

福田敦子 [神戸大学大学院保健学研究科]

紙野雪香 [大阪公立大学大学院看護学研究科]

髙橋清子 [千里金蘭大学看護学部]

　20世紀に発展してきた自然科学の客観性重視への疑問などからナラティヴが注目されるようになってきた。看護界においても個人の体験の現実に接近する方法として，ナラティヴへの関心は高まり注目されている。

　看護の対象とする人の生は複雑多様であり，看護師はその対象の状況や個別性にあわせて唯一無二の実践をしている。しかし，緊迫した医療現場において，所属組織における役割や現場が抱える実情によって，優れた実践をしていても看護師個々が意味づける機会が失われることもある。このような看護師個々の実践を可視化し，自分らしい看護を取り戻すことを可能とする新たな支援方法として，ナラティヴアプローチを基盤とした語り合いのプログラム「ナラティヴプラクティス」（紙野ほか，2018）の開発に取り組んできた。プログラムの目的は，ナラティヴアプローチによって自己の看護実践の意味を確認し，今後に活かすことである。参加者は施設や経験などが異なる多様な看護師たちであり，ナラティヴの理論を学習したうえで個々に看護実践を活写し（いきいきと描き），少人数のグループでお互いの看護を「語る－きく」体験を複数回実践する構成となっている。

　プログラムを展開するなかでは，ナラティヴの考え方をもとに，“私”の看護実践を活写する。医療における看護カルテでは客観的な記述が必須であり，主観的な表現は用いない。そのため看護師は，自分が何を考えて，相手から何を感じとり，どう対応したのかなど，“私”を入れ込む活写の記述には難しさを感じる。プログラムでは，活写した実践をきき手であるメンバーの前で自分の言葉で語る。きき手は自分の経験や価値を一旦横に置き，「しばらく沈黙していたときって何を考えていたの？」など，語り手に問いを発する。語り手は「このとき私はこんな思いから……」と，安心・安全が保障された自由な対話空間で言葉があふれ，対話が継続していく。そして対話を通して気づいたことを活写に書き加えていく。参加者は「語る－きく」体験を重ね，関係性が構築され，お互いの経験を許容し，「語り手」と「きき手」の相互作用のなかで，“私”の看護実践に新たな意味を見出していく。このことが自信につながり，これからも“私”が大切にしたい看護，なりたい自分に向かっていく。

　また参加者は，体感したナラティヴアプローチを臨床の場で実践しており，回を重ねるごとに参加者は活き活きとしてくる。そのような参加者に私たちもパワーをもらっている。経験や価値が異なる多様なメンバーで語り合うことで，それぞれの経験や価値を認め，自分の実践の意味を見出し，さらに将来を志向していく。参加者からは，他のスタッフにも「語る－きく」この心地よい体験をして欲しいという反応を多くいただいている。

　今後もナラティヴプラクティスを臨床で実践的に活用可能なものに発展させるべく，継続して取り組んでいきたい。

（本稿の内容は，19K10822の助成を受けている）

▶ 文献

紙野雪香，福田敦子，髙橋清子ほか（2018）看護実践の意味を見出すナラティヴプラクティス［2018年作成パンフレット］.

📖 書評 BOOK REVIEW

スコット・H・ウォルトマンほか [著]　毛利伊吹 [監訳]

こころの支援に携わる人のための
ソクラテス式質問法
―― 認知行動療法の考え方・進め方を学ぶ

金子書房・A5判並製
2022年11月刊行
5,940円（税込）

評者＝伊藤正哉（国立精神・神経医療研究センター）

「ソクラテス式質問ね。産婆術というやつね。質問を通して，気づきにたどり着くというやつね。臨床的にすごい大事。あれこれアドバイスするセラピストなんて，きっと下手なセラピストに違いない。かといって，傾聴ばかりの，ウンウンと頷いているだけのセラピストでも，きっとダメ。心理療法のセラピストは，質問を使いこなせなくてはならないのだ。ソクラテス式質問こそが，大事！　色んな本でもそうやって書いてあるし，大御所の先生も，先輩たちもよくそう言ってた。でも，はてさて，ソクラテス式質問って，どうやるのだろう？　よく考えてみたら，ソクラテス式質問をしているところ，見たことないなあ……」

これまで認知行動療法を学び，実践しようとしてきた臨床家であれば，このように思ったことは一度や二度ではないのではないだろうか？　心理療法の書籍において，ソクラテス的質問，ソクラテス式問答，ソクラテス的対話など，少しずつ異なるさまざまな訳語を目にしては，その実，それが何かが十分に語られるわけでもなく流れていって，一体何なんだろう？　と思ったことはないだろうか。

そのような人に待望の一冊が，本書である。米国版の原書と同様に，Aaron Beck と Socrates が果実を実らせる樹の下でおだやかにティータイムを過ごしている印象的な表紙に包まれた本書は，あらゆるかたちのこころの支援をする人の羅針盤となるような，ソクラティックな対話のしかたを教えてくれる。

「アーロン・ベックは，始めからアーロン・ベッ

クとして世の中に知られるようになったわけではないし，ソクラテスも始めからソクラテスだったわけではない，とおぼえておくと心の支えになるかもしれない」（pp.2-3）

本書を手に取れば，こんなふうに語りかける Scott Waltman の穏やかな雰囲気を感じながら，心地よく臨床知の豊かな学びに引き込まれていくだろう。あとがきで監訳者の毛利伊吹氏が書いているように，本書は Aaron Beck が語りそこねていた部分を補ってあまりあって，かゆいところに手が届くような臨床知がふんだんに，丁寧に，わかりやすく述べられている。

丁寧さは，認知療法に限らない療法（弁証法的行動療法，エモーションフォーカストセラピー，アクセプタンス＆コミットメントセラピー）や心理療法研究の知見を豊かに引用しながら説明しているところにある。本書は，ベック流の認知療法の真髄に貫かれつつも，その太い幹から派生する色とりどりの枝葉をさまざまな知見を引用しながら教えてくれる。本書を読むことで，現代の心理療法についての珠玉の研究たちにも触れられる。

認知療法をはじめて学ぶ上でも，学び直す上でも，本書は貴重な拠り所となるだろう。本書を読み進めていくと，ソクラテス式質問を学ぶことは，認知療法を学ぶことそのものであることに気づいていくだろう。ソクラテス式質問は技法というよりも，ひとつのセラピューティックなコミュニケーションのあり方である。心理療法のテキストで，本書ほどに「好奇心」という言葉が多く登場する臨床書もないのではないだろうか。本書は，相手への純粋な好奇心をいかに育むか，幅広いフレームワークのなかでいかに理解するか，いかに深い認知にたどり着くか，そして，いかに協同して考えていくかという，豊かなるコミュニケーションのとり方を教えてくれる。

この，赤茶色のかわいらしい本書は，何度も手にとってみたくなる不思議な存在感を放っている。本書のページをめくるたび，ソクラテス式質問も，ますます愛着を感じて，好きになってしまうことだろう。

村山正治 [著]

私のカウンセラー修行
── 村山正治心理臨床エッセイ集

誠信書房・四六判並製
2022年11月刊行
2,420円（税込）

評者 = 神田橋條治（伊敷病院）

　村山正治さんは，おそらく，誰よりも多くの魂を蘇らせ育てた。にもかかわらず，「村山理論」など，ひとかけらも残さないので，コピペの夥しいこの世界での，知る人ぞ知る（知らない人は知らない）カウンセラーです。その村山さんが「回顧録」を出された。内容については，「はじめに」の2ページに，過不足なく要約されており，内容の豊かさを察知できます。思春期からすでに「人生への問い」に捉えられ，解を求めて，「哲学」の道へ足を踏み入れて以来，絶えざる模索の道を歩み続け，88歳になっても，飽くことなく探求を続けている人生は，岐路とスリルと決断の連続であり，冒険譚の一種です。その折々に村山さんが得た，体験と知恵の数々も，羨ましいほどです。だがボクは，違う角度からの書評を試みてみましょう。

　豊潤で，波乱万丈の回想録であるのに，身を浸すような気分で読める，ことに気が付かれましたか。そこに本書の真骨頂があります。多くの回想録は，過去の記録と，それを回想し記述する人の，記述時の精神活動が混在します。回想には記述者の「感想」が込められており，読者はそれに付き合わされます。「感想」は悔いであったり，自負であったりですが，総じて「ナルシシズム」の味があり，付き合わされる読み手は「辟易」です。ボクは改めて，大急ぎで本書のページをめくり直してみましたが，52ページの「今から思うと学生の信頼に応えられなかった自分が恥ずかしい気持ちになります」以外に，そのての「感想」を見出せません。すなわち，本書は一貫して，その時々の，村山正治の「こころ」が展示されているのです。

　村山さんは，臨床経験を第一に置くとの文脈の中で，中井久夫先生の「新しい方法はたいていクライアントからのプレゼントだ」という言葉を二回，引用しています。試みに，その横に，評者神田橋の，「治療技法は行き当たりバッタリ」を置き，さらにその横に，村山さんの「エンカウンター」を置くと，自他の分別が

段階的に不明瞭になって行くイメージとなります。そして，遂に，自他の分別が失われたような，少し不安な体感が生じ，それを肯定的に捉えると，突然，「透明膜」のような「自他境界」，が感知されます。「一緒で別々」です。これは，健全な母子関係や，祭りの集団の中で出現し，「いのち」を蘇らせるものです。

　個人の回想録の常識を破って，本書には，他の人の文章も載っています。村山さんと「エンカウント」した人々のなかの，僅かな一部の人の，魂の蘇りの在りようです。村山さんの「祭り集団」の本質を窺い知ることが出来ます。日常生活の中での，「酒宴」に代表される「祭り集団」は，「似非エンカウンター」であり，本物の「エンカウンター」は，「醒めた理性・感性による，醒めた理性・感性のための祭り」であることの証拠です。それぞれの事情のせいで停滞していた，「いのち」の蘇生です。

野島一彦［監修］
臨床心理学中事典

遠見書房・A5判上製
2022年12月刊行
7,480円（税込）

評者＝岡村達也（文教大学）

2015年9月，公認心理師法が公布された。9カ月後の2016年6月，遠見書房の山内俊介さんからメールが来た（山内さんは本誌創刊者でもある）。曰く，「『臨床心理学の事典』を作りたい。公認心理師資格が実現し，国家資格として責任が発生する。専門用語が曖昧なままであると，資格者のためにも受験者のためにも，なによりユーザーのためにならない。しっかりとした『定義』がある事典が必要」。こうして始まった。10カ月後の2017年4月，第一陣の執筆依頼が発出された。『公認心理師の基礎と臨床』（全23巻）の全巻刊行をはさみ（2018年4月〜2021年4月），2022年12月刊行。6年半を閲した。山内さんは両出版に心血を注いだ。

執筆依頼に当たって，本事典の目指す内容として6点が示された。（1）定義が明確であること（現在の使用法において），（2）概念の歴史的出立点が明確であること，（3）関連キーワードが含まれていること，（4）基盤とすべき代表的研究ないし現在の到達点が記されていること，（5）実践に関わる用語の場合，読者の実践に有用となる内容であること，（6）学習を深められる文献が提示されていること。これに応えうる内容になったと信じる。

『臨床心理学中事典』と銘打つが，関連領域（基礎心理学，精神医学，教育学，福祉学等）を含む。「心理学辞典」としては足りないが，「心理専門職（公認心理師，臨床心理士）のための心理学辞典」としては，ミニマムエッセンシャルズと信じる。現任者にも志望者にも，である。いずれも，読者の判断はいかに。

中項目主義とし，項目は630項目に絞られ，人名も12人に絞った（アドラー，エリス，ジェンドリン，ビネ，フロイト，ベック，ミルトン・エリクソン，ユング，ロジャーズ，河合隼雄，佐治守夫，成瀬悟策。選択意図を測られたし）。いずれも，索引を充実させることにより辞書機能を高めることとし（検索ワード9,500語超），また，文献を充実させ，原典に当たることが

できるようにした（1,500件超）。

執筆者249名！　特定の項目は執筆者にこだわった。例えば，平木典子「アサーション・トレーニング」，森谷寛之「コラージュ療法」，田嶌誠一「壺イメージ療法」，成瀬悟策「動作法」など。

校正は，監修者，編集委員は，全編にわたり3度は行った（と思う）。執筆者にも，執筆項目だけでなく，全編にわたって気になる部分の校正を仰いだ。多くの協力が得られた。

内容だけでなく，紙質，スピンの有無や数まで，造本にもこだわりぬいた。デザイナーは山内さんその人である！　経費節減ではない。山内さんの本事典にかける思いである。

付録2「心理検査一覧」は，小山充道さん（北海道千歳リハビリテーション大学），編者・津川律子さんによる畢生の労作である。編者記名順は生年月順。他意はない。

すでに石原宏さん（島根大学／シンリンラボ1［2023年4月］（https://shinrinlab.com/bookreview0001/）），下山晴彦さん（跡見学園女子大学／こころの科学229［2023年5月］）による高評を頂戴し，ありがたい。さらに広く江湖の迎えるところとなり，学習や実践に役立つことを心から願っている。公認心理師資格の「現実化（内実の伴った有為な公認心理師の養成）」に寄与できれば，これに優る喜びはない。

勝又栄政［著］

親子は生きづらい

―― "トランスジェンダー" をめぐる家族の物語

金剛出版・四六判並製
2022年12月刊行
3,740円（税込）

評者＝**町田奈緒士**（名古屋大学）

　書評を執筆する立場として適切なのかは分からないが，私はこの本を一研究者としてだけではなく，一トランス当事者としても読んだ。さまざまな感情が動きながら筆を執っているため，まとまりのある文章にはならないかもしれないが，本書の魅力と一読者としての個別的な読書体験を書き記したい。

　まず，本書を特徴づけているのは，何と言っても著者の栄政さんとその母親の手記が交互に配置されていることである。それぞれ現在に至るまでどのようなことを考え，感じていたのかについて，両者の思いの齟齬もそのままに知ることができ，そのことが本書に奥行きを与えている。末尾の鼎談で，母のナラティヴや親子二人の関係性が「ごつごつした」という言葉で表現されている通り，単線的な「受容」や「和解」といったストーリーラインに回収されることなく，本書は一旦の幕引きを迎える。その関係性は，「人は人」という割り切りではなく，今後も関わることで生じる摩擦も引き受け，それでも共にいることをやめないという二人の姿勢に支えられている。

　既存のストーリーに回収させずに，できるだけ忠実に言葉に落とし込んでいく態度は，著者自身の体験に対しても向けられている。特に第Ⅱ部では，典型的なトランス男性イメージからはみ出すような体験も顔を覗かせる。私見では，令和より前に見られたトランス男性当事者の手記などでは，性別移行後は男性文化で生きていくために，男性らしさを身に付けていくことこそが「真の」トランス男性とされるような風潮があったように思う。しかし，栄政さんは，性別を移行後の生活は「異文化適応問題」であり，「もうひとつの "生きづらさ" への入り口」と言語化した上で，あくまで，自分にとって何が心地よいのか，一つひとつ丁寧に探していた。そのような行為もまた，本書で触れられていた「感情拾い」であり，これによって自己の輪郭をゆっくり確かめ直しているような姿が私に浮かんだ。

　加えて，末尾の解説と鼎談もまた，本書において重要な位置を占めていた。まず，臨床心理学領域におけるトランスジェンダー研究の先駆者として知られる佐々木掌子氏の解説により，トランスジェンダーをめぐる時代背景と重ね合わせながら，エピソードを立体的に振り返ることができる。それに続く，フェミニズム研究者の清水晶子氏と臨床心理学者の東畑開人氏，著者との鼎談も，ジェンダー学という分析枠組みと心理臨床的な研究・実践活動等をどう架橋するかという点で模索している私にとって，大きく触発されるパートであった。社会的な構造と個別的な体験は分かちがたく結びついていること，ただし，構造のみでは一人の人間の全ては説明できないことなど，今後も考究したいテーマが散りばめられている。

　本書を，ぜひみなさまにも手にとってもらい，トランスジェンダーを生きるとはどのような質感が伴われるものなのか，想像力を働かせながら読んでもらえたらと思う。また，親子とは，社会規範と個人の生き方の交差路に立つとは，という裾野が広いテーマについても，今後議論が展開していくことを期待したい。

矢原隆行 ［著・訳］ トム・アンデルセン ［著］

トム・アンデルセン 会話哲学の軌跡
―― リフレクティング・チームからリフレクティング・プロセスへ

金剛出版・四六判上製
2022年12月刊行
3,080円（税込）

評者＝**安達映子**（立正大学）

　家族療法ミラノ派の流れから生まれ，社会構成主義
ムーブメントに位置づいていったリフレクティング・
プロセスが日本で知られるようになってから，すでに
四半世紀が過ぎた。この間その実践と理論化の第一線
にあった著者・矢原隆行によって，Andersen の「最初」
と「最後」の論文が翻訳され，それを道標に彼の思索
と取り組みの変遷が綴られるのが本書である。会話哲
学の軌跡をたどり Andersen と「会話を続ける」著者
のもう一つの旅が，リフレクティングの世界をガイド
してくれる。そんな温かさと刺激に満ちた一冊だ。

　オープンダイアローグに注目が集まる現在，リフレ
クティングが何らかの技法や形式としてみなされがち
な危惧もないわけではない。懸念を声高に表明するか
わりに，背景をしっかりと見渡し，Andersen が人々
との出会いの中でどう思索を続け行動したかという旅
の道筋をこの本は丁寧に追う。同伴するように読み進
めて明瞭になるのは，リフレクティングがいかに「よ
り大きな文脈」を探ろうとするものであるか，「僕の
仕事はポリティカルなんだ」（p.68）というその姿勢
である。文章の書きぶりやさまざまなエピソードか
ら浮かびあがる Andersen の人物像からは，リフレク
ティングが彼の生き方と結ばれてきたあり様も透かし
見える。

　こうした射程を理解しつつ圧倒されるのは，会話
哲学と呼ぶにふさわしい Andersen の思索の厚みで
ある。これまでも知られていた源流としての Bateson
はもとより，Goolishian との出会いの意味の大きさ，
Vygotsky，Bakhtin，Derrida，なかでも Wittgenstein
哲学とそれを分かち合う Shotter との交流など，
Andersen を支え動かした声の在処が浮かび上がる。不
思議なのは，生前彼が言及してはいなかった人たちの
仕事――たとえば，Holzman や Ingold など――へと，
想起が拡がっていくことだ。Andersen の営為の汲み
つくせない開放性と潜在性，それに応答し呼び返しな

がら増幅する著者のことば，両者の波動によって読む
側の思考も運ばれるのはスリリングで愉しい経験だ。

　仕事の堅実さと豊かさを支えた片翼に，Aadel
Bülow-Hansen ら理学療法家たちとの交流があったこ
とも忘れてはならないだろう。そのきわめて実際的な
身体への関心と接近は，「ことば」を拡張する上での
〈確かさ〉を Andersen に与えた。社会構成主義に位置
付きながら，どこかそれをはみ出し超えていく気配も
内包する Andersen の行為としての思索からは，社会
構成主義の更新，あるいはポスト・ポスト構造主義的
な痕跡を見出したくもなる。

　さまざまな問いが手渡され，それぞれが次の一歩を
考えることになる。本を閉じたところから，何かが始
まっていく。「間」と「再考」というリフレクティン
グの核心が，読書という行為の今ここにもあったのか
とふいに気づいて，そのことにも満たされる。

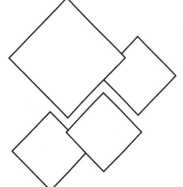

アーカイブ動画 レンタル配信

金剛出版主催の過去のオンラインイベント（一部）のレンタル配信サービスをスタートいたしました。Vimeo（動画配信サイト）よりお申込み・視聴頂けますのでぜひご利用ください。

充実の講師陣でお届けする、オンラインイベントの熱気を再び！

◆配信イベント

収録日	イベント名
【2022年】	
11月30日	性暴力の被害者に心理職は何ができるか ──心理支援の可能性と私たちの限界 【演者】齋藤 梓・岡本かおり
11月14日	児童精神科入院治療の現在そしてこれから 【演者】齊藤万比古・岩垂喜貴
10月28日	ハームリダクションの活用と拡がり──理想と現実 【演者】松本俊彦・高野 歩・古藤吾郎・新田慎一郎
7月11日	複雑性PTSDとトラウマインフォームドケア 【演者】小西聖子・野坂祐子
5月16日	アーロン・T・ベックの認知療法 【演者】井上和臣・清瀬千彰・若井貴史
4月18日	コロナとメンタルヘルス 【演者】高橋祥友・和田秀樹
3月18日	対話はひらかれ，そしてケアがうまれる ──物語・ユーモア・ポリフォニー 【演者】横道 誠・斎藤 環・小川公代
3月 7日	認知行動療法のケース・フォーミュレーション 【演者】坂野雄二・中村伸一・遊佐安一郎
2月14日	日常生活で取り組めるウェルビーイングの育て方 ──ポジティブサイコロジーの視点 【演者】松隈信一郎
【2021年】	
12月17日	働く人の健康支援のはじめかた ──「産業・労働」分野で求められる心理職とは？ 【演者】小山文彦・宮沢佳子・加藤綾華
10月 4日	物質依存／ひきこもりへのCRAFT 【演者】松本俊彦・境 泉洋・佐藤彩有里・山本 彩

Ψ金剛出版
東京都文京区水道1-5-16　電話 03-3815-6661　FAX 03-3818-6848
https://www.kongoshuppan.co.jp/

QRコードから
Vimeo金剛出版
オンデマンドページに
アクセスできます。

投稿規定

1. 投稿論文は，臨床心理学をはじめとする実践に関わる心理学の研究における独創的で未発表のものに限ります。基礎研究であっても臨床実践に関するものであれば投稿可能です。投稿に資格は問いません。他誌に掲載されたもの，投稿中のもの，あるいはホームページなどに収載および収載予定のものはご遠慮ください。

2. 論文は「原著論文」「理論・研究法論文」「系統的事例研究論文」「展望・レビュー論文」「資料論文」の各欄に掲載されます。「原著論文」「理論・研究法論文」「系統的事例研究論文」「展望・レビュー論文」は，原則として400字詰原稿用紙で40枚以内。「資料論文」は，20枚以内でお書きください。

3. 「原著論文」「系統的事例研究論文」「資料論文」の元となった研究は，投稿者の所属機関において倫理的承認を受け，それに基づいて研究が実施されたことを示すことが条件となります。本文においてお示しください。倫理審査に関わる委員会が所属機関にない場合，インフォームド・コンセントをはじめ，倫理的配慮について具体的に本文でお示しください。

★ 原著論文：新奇性，独創性があり，系統的な方法に基づいて実施された研究論文。問題と目的，方法，結果，考察，結論で構成される。質的研究，量的研究を問わない。

★ 理論・研究法論文：新たな臨床概念や介入法，訓練法，研究方法，論争となるトピックやテーマに関する論文。臨床事例や研究事例を提示する場合，例解が目的となり，事例の全容を示すことは必要とされない。見出しや構成や各論文によって異なるが，臨床的インプリケーションおよび研究への示唆の両方を含み，研究と実践を橋渡しするもので，着想の可能性およびその限界・課題点についても示す。

★ 系統的事例研究論文：著者の自験例の報告にとどまらず，方法の系統性と客観性，および事例の文脈について明確に示し，エビデンスとしての側面に着目した事例研究。以下の点について着目し，方法的工夫が求められる。
　①事例を選択した根拠が明確に示されている。
　②介入や支援の効果とプロセスに関して尺度を用いるなど，可能な限り客観的な指標を示す。
　③臨床家の記憶だけでなく，録音録画媒体などのより客観的な記録をもとに面接内容の検討を行っている，また複数のデータ源（録音，尺度，インタビュー，描画，など）を用いる，複数の研究者がデータ分析に取り組む，などのトライアンギュレーションを用いる。
　④データの分析において質的研究の手法などを取り入れ，その系統性を確保している。
　⑤介入の方針と目的，アプローチ，ケースフォーミュレーション，治療関係の持ち方など，介入とその文脈について具体的に示されている。
　⑥検討される理論・臨床概念が明確であり，先行研究のレビューがある。
　⑦事例から得られた知見の転用可能性を示すため，事例の文脈を具体的に示す。

★ 展望・レビュー論文：テーマとする事柄に関して，幅広く系統的な先行研究のレビューに基づいて論を展開し，重要な研究領域や臨床的問題を具体的に示す。

★ 資料論文：新しい知見や提案，貴重な実践の報告などを含む。

4. 「原著論文」「理論または研究方法論に関する論文」「系統的事例研究論文」「展望・レビュー論文」には，日本語（400字以内）の論文要約を入れてください。また，英語の専門家の校閲を受けた英語の論文要約（180語以内）も必要です。「資料」に論文要約は必要ありません。

5. 原則として，ワードプロセッサーを使用し，原稿の冒頭に400字詰原稿用紙に換算した枚数を明記し，必ず頁番号をつけてください。

6. 著者は5人までとし，それ以上の場合，脚注のみの表記になります。

7. 論文の第1枚目に，論文の種類，表題，著者名，所属，キーワード（5個以内），英文表題，英文著者名，英文所属，英文キーワード，および連絡先を記載してください。

8. 新かなづかい，常用漢字を用いてください。数字は算用数字を使い，年号は西暦を用いること。

9. 外国の人名，地名などの固有名詞は，原則として原語を用いてください。

10. 本文中に文献を引用した場合は，「…（Bion, 1948）…」「…（河合, 1998）…」のように記述してください。1) 2) のような引用番号は付さないこと。
　2名の著者による文献の場合は，引用するごとに両著者の姓を記述してください。その際，日本語文献では「・」，欧文文献では '&' で結ぶこと。
　3名以上の著者による文献の場合は，初出時に全著者の姓を記述してください。以降は筆頭著者の姓のみを書き，他の著者は，日本語文献では「他」，欧文文献では 'et al.' とすること。

11. 文献は規定枚数に含まれます。アルファベット順に表記してください。誌名は略称を用いず表記すること。文献の記載例については当社ホームページ（https://www.kongoshuppan.co.jp/）をご覧ください。

12. 図表は，1枚ごとに作成して，挿入箇所を本文に指定してください。図表類はその大きさを本文に換算して字数に算入してください。

13. 原稿の採否は，『臨床心理学』査読委員会が決定します。また受理後，編集方針により，加筆，削除を求めることがあります。

14. 図表，写真などでカラー印刷が必要な場合は，著者負担となります。

15. 印刷組み上がり頁数が10頁を超えるものは，印刷実費を著者に負担していただきます。

16. 日本語以外で書かれた論文は受け付けません。図表も日本語で作成してください。

17. 実践的研究を実施する際に，倫理事項を遵守されるよう希望します（詳細は当社ホームページ（http://www.kongoshuppan.co.jp/）をご覧ください）。

18. 掲載後，論文のPDFファイルをお送りします。紙媒体の別刷が必要な場合は有料とします。

19. 掲載論文を電子媒体等に転載する際の二次使用権については当社が保留させていただきます。

20. 論文は，金剛出版『臨床心理学』編集部宛に電子メールにて送付してください（rinshin@kongoshuppan.co.jp）。ご不明な点は編集部までお問い合わせください。

(2017年3月10日改訂)

編集後記 Editor's Postscript

　恥への感謝の気持ちがやまない。恥（への関心）のおかげで，恥に悩むクライエントに出会え，恥についてたくさんのことを教えてもらった。そして，さまざまな国の研究者や臨床家，恥に関心をもつ学生とかけがえない出会いがもてた。自分がこれまで臨床活動や研究に熱中できたのは，恥のおかげでもある。自分の恥と恥ずかしい体験について話して共有できることやそれを一緒に笑えることから，恥の変容について学んだ。日本という特別な恥の文化に生まれ育ったことにも畏敬の念を覚えてやまない。ただ，恥に不満もある。自分がやりたいと思ったことは恥を恐れて諦めた。今回は，恥，照れ，シャイネスとセックス，恋愛などのテーマが十分に扱えなかったのも自分の恥のせいにしておきたい。いずれにせよ，とても魅力的で刺激的な特集になった。これほどまでに豊かに恥の心理学と恥の体験を形にしてくださった執筆者の先生方にお礼を述べたい。そして，恥というテーマの広がりを実感させてくれる特集をまとめてくださった編集部の藤井裕二さんに感謝を述べたい。

（岩壁 茂）

臨床心理学 第 23 巻第 4 号（通巻 136 号）

発行＝2023 年 7 月 10 日
定価 1,760 円（10％税込）／年間購読料 13,200 円（10％税込／含増刊号／送料不要）

発行所＝㈱金剛出版／発行人＝立石正信／編集人＝藤井裕二
〒 112-0005　東京都文京区水道 1-5-16
Tel. 03-3815-6661／Fax. 03-3818-6848／振替口座 00120-6-34848
e-mail rinshin@kongoshuppan.co.jp（編集）eigyo@kongoshuppan.co.jp（営業）
URL https://www.kongoshuppan.co.jp/

装幀＝岩瀬 聡／印刷・製本＝音羽印刷

「新型うつ」とは何だったのか
新しい抑うつへの心理学アプローチ
　　　　　（日本大学教授）坂本真士 編著
新型うつは怠惰なのか病いなのか？　この本は，新型うつを臨床心理学と社会心理学を軸に研究をしたチームによる，その原因と治療法，リソースなどを紐解いた1冊。2,200円，四六並

あたらしい日本の心理療法
臨床知の発見と一般化
　　　　　池見　陽・浅井伸彦 編
本書は，近年，日本で生まれた9アプローチのオリジナルな心理療法を集め，その創始者たちによって，事例も交えながらじっくりと理論と方法を解説してもらったものです。3,520円，A5並

世界一隅々まで書いた
認知行動療法・問題解決法の本
　　（洗足ストレスコーピング・サポートオフィス）伊藤絵美著
本書は，問題解決法についての1日ワークショップをもとに書籍化したもので，ちゃんと学べる楽しく学べるをモットーにまとめた1冊。今日から使えるワークシートつき。2,860円，A5並

ポリヴェーガル理論で実践する子ども支援
今日から保護者・教師・養護教諭・SCがとりくめること
　　（いとう発達・心理相談室）伊藤二三郎著
ブックレット：子どもの心と学校臨床（6）
ポリヴェーガル理論で家庭や学校で健やかにすごそう！　教室やスクールカウンセリングで，ノウハウ満載の役立つ1冊です。1,980円，A5並

親と子のはじまりを支える
妊娠期からの切れ目のない支援と心のケア
　　（名古屋大学教授）永田雅子編著
産科から子育て支援の現場までを幅広くカバー。本書は，周産期への心理支援を行う6名の心理職らによる周産期のこころのケアの実際と理論を多くの事例を通してまとめたもの。2,420円，四六並

図解　ケースで学ぶ家族療法
システムとナラティヴの見立てと介入
　　（徳島大学准教授）横谷謙次著
カップルや家族の間で展開されている人間関係や悪循環を図にし，どう働きかけたらよいかがわかる実践入門書。家族療法を取り入れたいに取り組みたいセラピストにも最適。2,970円，四六並

子どもと親のための
フレンドシップ・プログラム
人間関係が苦手な子の友だちづくりのヒント30
　　フレッド・フランクル著／辻井正次監訳
子どもの友だち関係のよくある悩みごとをステップバイステップで解決！　親子のための科学的な根拠のある友だちのつくり方実践ガイド。3,080円，A5並

よくわかる学校で役立つ子どもの認知行動療法
理論と実践をむすぶ
　　（スクールカウンセラー）松丸未来著
ブックレット：子どもの心と学校臨床（7）
子どもの認知行動療法を動機づけ，ケース・フォーミュレーション，心理教育，介入方法などに分け，実践的にわかりやすく伝えます。1,870円，A5並

中学生・高校生向け
アンガーマネジメント・レッスン
怒りの感情を自分の力に変えよう
　　S・G・フィッチェル著／佐藤・竹田・古村訳
米国で広く使われるアンガーマネジメント・プログラム。自身の人生や感情をコントロールする力があることを学べる。教師・SCにお勧め。2,200円，四六並

外国にルーツをもつ子どもたちの
学校生活とウェルビーイング
児童生徒・教職員・家族を支える心理学
　　　　松本真理子・野村あすか編著
ブックレット：子どもの心と学校臨床（8）
日本に暮らす外国にルーツを持つ子どもたちへの支援を考える。幸福な未来のための1冊。2,200円，A5並

喪失のこころと支援
悲嘆のナラティヴとレジリエンス
　　（日本福祉大学教授）山口智子編
「喪失と回復」の単線的な物語からこぼれ落ちる，喪失の様相に，母子，障害，貧困，犯罪被害者，HIVなど多様なケースを通し迫った1冊。喪失について丁寧に考え抜くために。2,860円，A5並

乳幼児虐待予防のための多機関連携のプロセス研究——産科医療機関における「気になる親子」への気づきから
　　（山口県立大学）唐田順子著
【質的研究法 M-GTA 叢書2】看護職者の気づきをいかに多機関連携につなげるかをM-GTA（修正版グランデッドセオリーアプローチ）で読み解く。2,420円，A5並

職業リハビリテーションにおける認知行動療法の実践
精神障害・発達障害のある人の就労を支える
　　　　池田浩之・谷口敏淳 編著
障害のある方の「働きたい思い」の実現のため，就労支援に認知行動療法を導入しよう。福祉・産業・医療各領域の第一人者による試み。2,860円，A5並

学校が求めるスクールカウンセラー 改訂版
アセスメントとコンサルテーションを中心に
　　村瀬嘉代子監修・東京学校臨床心理研究会編
ベテランたちによって書かれたスクールカウンセリングの実用書を大改訂！「アセスメント」と「コンサルテーション」をキーワードに，"学校が求めるSCの動き"を具体的に示す。3,520円，A5並

キャンパスの心理支援
効果的な学内研修のために2
　　全国学生相談研究会議編（太田裕一ほか）
本書は，学生相談カウンセラーたちが日常の学生生活における学生を取り巻く問題を解説した学生相談スタッフと教職員向けの資料集。学内研修に使える14本のプレゼンデータ付き。3,080円，A5並

対人援助職の仕事のルール
医療領域・福祉領域で働く人の1歩め，2歩め
　　　　　　　　　野坂達志著
医療から行政まで幅広い仕事をしてきたソーシャルワーカー＋セラピストの野坂先生による仕事の教科書。お作法から「プロに近づくための応用編」まで，対人援助の基本を総ざらい。2,200円，四六並

思いこみ・勘ちがい・錯誤の心理学
なぜ犠牲者のほうが非難され，完璧な計画ほどうまくいかないのか
　　（認知心理学者）杉本　崇著
マンガをマクラに，「公正世界信念」「後知恵バイアス」「賭博者の錯誤」「反実思考」「計画の錯誤」といった誤謬の心理学が学べる入門書。1,980円，四六並

N: ナラティヴとケア
ナラティヴがキーワードの臨床・支援者向け雑誌。第14号：ナラティヴ・セラピーがもたらすものとその眼差し（坂本真佐哉編）年1刊行，1,980円

北大路書房

〒603-8303　京都市北区紫野十二坊町12-8
☎ 075-431-0361　FAX 075-431-9393
https://www.kitaohji.com（価格税込）

マインドフルネス認知療法[原著第2版]

Z. シーガル，M. ウィリアムズ，J. ティーズデール
著 越川房子訳　B5・400頁・定価4640円　MBCTの
バイブル「グリーンブック」の増補改訂版。プログラ
ム進行に事前面接，終日リトリート，フォローアップ
集会を追加。さらに，実践の重要要素であるインクワ
イアリー，思いやり，呼吸空間法についても新たに章
を設け詳説。

うつのためのマインドフルネス認知療法ガイドブック

―よりよい指導を支える理解と方法― 家接哲次著
B5・304頁・定価4400円　欧米生まれのMBCT，日本
で行うには実際どうすれば？　マインドフルネスの源
流と発展，事前準備，時間配分や配慮を含む具体的な
流れ，指導能力の評価基準，配布物・メモ・教示等，
プログラムの理解と指導を支える "生きた" 知恵と資
料を提供する。

精神科診断に代わるアプローチ PTMF

―心理的苦悩をとらえるパワー・脅威・意味のフレー
ムワーク　M. ボイル，L. ジョンストン著　石原孝
二ほか訳　A5・256頁・定価4180円　社会的スティグ
マにより「異常」とされてしまう，人々の苦悩の「意味」
を汲み取りそのパターンを特定する包括的構造である
PTMFは，いかに精神科診断のオルタナティブとなり
うるのか。英国発のPTMF入門書。

Journey with Narrative Therapy ナラティヴ・セラピー・ワークショップ Book II

―会話と外在化，再著述を深める― 国重浩一編著
日本キャリア開発研究センター編集協力　A5・388
頁・定価3960円　ナラディヴ・セラピーにおいて外在
化と再著述はなぜ重要なのか。「人＝問題」にしない質
問法や「問題のある風景」を変える会話法の実践を解説。
エイジェンシーが発揮されるナラティヴへ。

レジリエンスを活性化する タッピング・イン

―トラウマケアの定番EMDR生まれのセルフケアー
L. パーネル著　福井義一監訳　A5・232頁・定価3960
円　自分を癒し，支える力は自身の内側にある。肯定
的な記憶と左右の刺激で心身を安定化するためのガイ
ド。不安軽減，トラウマの応急手当，嗜癖からの回復
等幅広く活用できる。

〈ふれる〉で拓くケア タッピングタッチ

中川一郎編著　A5・272頁・定価3300円　ゆっくりや
さしく〈ふれる〉ことが生み出す癒し，気づき，関係
性への働きかけ。誰でも簡単にできるホリスティック
（統合的）なケアの魅力を，心理，教育，医療，看護，
福祉など対人支援の現場で活躍する専門家たちが豊富
な事例で語る。

コーチング心理学ガイドブック

S. オリオーダン，S. パーマー編著　徳吉陽河監訳
A5・336頁・定価4620円　心理学に基づくコーチング
の基礎や研究等を紹介。信頼関係の築き方やアセスメ
ント等の主要トピックから，会社やスポーツなどでの
応用，コーチング心理学の限界と未来まで包括的に解
説。個人と組織の持続的成長やウェルビーイング向上
に貢献したい実践家・研究者必読の書。

実践！ 健康心理学

―シナリオで学ぶ健康増進と疾病予防― 日本健康心
理学会編集　A5・208頁・定価2750円　医療・看護，
福祉，産業，教育など，多様な人が活用できる健康心
理学の「実践ガイド」を提供。まず，シナリオ形式で
健康心理学の視点と方法論が役立つ状況を例示し，対
応の仕方を解説。次いで，背景理論もしっかりと説明。

シリーズ 心理学と仕事8 臨床心理学
太田信夫監修／高橋美保，下山晴彦編集　定価2200円

公認心理師 標準テキスト 心理学的支援法
杉原保史，福島哲夫，東 斉彰編著　定価2970円

心理学ベーシック 第5巻 なるほど！心理学面接法
三浦麻子監修／米山直樹，佐藤 寛編著　定価2640円

マインドフルネスストレス低減法
J. カバットジン著／春木 豊訳　定価2420円

レベルアップしたい実践家のための 事例で学ぶ認知行動療法テクニックガイド
鈴木伸一，神村栄一著　定価2530円

愛着関係とメンタライジングによるトラウマ治療
J. G. アレン／上地雄一郎，神谷真由美訳　定価4180円

ナラティヴ・セラピーのダイアログ
国重浩一，横山克貴編著　定価3960円

ナラティブ・メディスンの原理と実践
R. シャロン他著／斎藤清二他訳　定価6600円

グラフィック・メディスン・マニフェスト
MK. サーウィック他著／小森康永他訳　定価4400円

新刊案内

Ψ金剛出版　〒112-0005　東京都文京区水道1-5-16　Tel. 03-3815-6661　Fax. 03-3818-6848
e-mail eigyo@kongoshuppan.co.jp　URL https://www.kongoshuppan.co.jp/

クライエントの側からみた心理臨床
治療者と患者は，大切な事実をどう分かちあうか
［著］村瀬嘉代子

村瀬嘉代子の「心理臨床」を理解する上での重要な論稿を収録し，著者が日常臨床を通じて帰納法的に会得した技術や知見を数多く紹介した実践編である。心理療法の理論や技法を生活に繋ぐ意味とは何か。対人援助職の要諦は，クライエントの生活を視野に入れることである。本書収録の1980〜90年代の時期の村瀬の臨床論文は，質・量ともに圧倒的なスケールのものとして表されている。それらは，臨床心理学の世界にある者にとっての黄金の羅針盤ともいうべきものであった。本書は，その奇跡の著作群からセレクトされたエッセンスである。　　　　　　　　　　　　　定価3,960円

統合失調症の個人面接ガイドブック
［著］池淵恵美

再発につながる行動特性の把握＝生活臨床と症状への対処法の習得＝認知行動療法をベースに，面接室の外で起こっていること，当事者と家族の日々の生活と人間関係について，デイケアスタッフや多職種協働チームも交えて話し合い，当事者の深い傷つきに思いを馳せ，成功を一緒に喜ぶ。統合失調症の治療とリハビリテーションの要，リカバリーを支える池淵流個人面接のすすめ方を，基本形・初診時から詳しく解説。「……実際は生活の破たんから精神障害は始まる。なぜ生活は破たんしたのか，それをどう回復していくことができるのか，どのような生活を目指していくことが本人や家族にとってよいのかを手探りすることが回復の第一歩である」　　　　　定価3,300円

「死にたい」気持ちに寄り添う
まずやるべきことしてはいけないこと
［著］下園壮太　高楊美裕樹

身近な人に「死にたい」と言われたら，どうしたらいいかわからなくなってしまうのではないだろうか。しかし，データによると「死にたい」気持ちをもったことがある人は「4人に1人」はいるのである。決して「特別なこと」ではない。「死にたい」気持ちとセットになっているのは「うつ状態」であり，うつには身体症状と精神症状があることをきちんと理解し，「死にたい」気持ちにどう寄り添えばいいのか，本書ではできるだけ現実に沿った形でわかりやすく解説する。支援者側が誤解をなくし，正しい知識を学ぶことで，寄り添う側の冷静さも取り戻すことができるだろう。　　　　　定価2,860円

価格は10%税込です。

新刊案内

Ψ 金剛出版　〒112-0005　東京都文京区水道1-5-16　Tel. 03-3815-6661　Fax. 03-3818-6848
e-mail eigyo@kongoshuppan.co.jp　URL https://www.kongoshuppan.co.jp/

ビオン事典

[著] ラファエル・E. ロペス-コルボ

[監訳] 松木邦裕　[訳者代表] 藤森旭人　黒崎優美　小畑千晴　増田将人

事典とは「ある活動や特定のことに重要な用語やことばを，それらの意味や応用への討議も加えてアルファベット順に明解に記述した参考図書」（『Webster's New Collegiate Dictionary』）である。ビオンの複雑な生い立ちや人生によって，これまでにビオンが発表してきた理論や自身による造語は難解極まるものとなっている。本書はベネズエラのビオン研究者であるラファエル・E. ロペス-コルボがその言葉の意味から，理論を応用していく上での討議まで，明解な解説を加えた事典である。臨床に有用かつ刺激的なビオン理解のための座右の1冊。　　　　　　　　定価4,620円

個人心理療法再考

[著] 上田勝久

『精神療法』での連載の単行本化。著者が「個人心理療法」の技能の内実，有効性，価値を問い直す。日々の臨床は思い描くように進むものではない。臨床において，援助者側の豊富な "スキル" をユーザー側のニーズに合致した支援となるよう「クライエント・センタード的な介入姿勢をベースとして，事を力動論的な視点から考えていく」タイプの心理療法を改めて考える。「失敗から学ぶこと」「いま目前にある失敗を修正すること」「ユーザーから学ぶこと」，この3つは著者の臨床家としての姿勢である。読者が蓄えたいままでの経験と合わせて読み進める内に，自然と著者の臨床観に引き込まれ，いくつもの気づきを得ることができるだろう。　　　　　　　　定価2,970円

病いのレジリアンス
ナラティヴにおける虚偽主題

[著] 大塚公一郎

著者は，人間学的精神医学や現象学的精神病理学，ラカン派の精神分析，ナラティヴ・アプローチの交点に位置づけられるような領域研究と，自らが築きあげてきた精神療法家としての素地を柱とした臨床経験の精華として本書を書き上げた。各論稿では，クラウス，ヤンツァーリク，ラカン，エランベルジェ，等，独仏の碩学の理論を止揚し，病いに苦しむ人の自己（身体），他者，世界との関係を明らかにしようと試みる。臨床の現場においては，精神病患者の語りに耳を傾け，患者の痛みと苦悩の内的世界を再構築し，現代における統合失調症・うつ病の病理を問うている。　　　　定価5,280円

価格は10%税込です。

新刊案内

Ψ金剛出版　〒112-0005　東京都文京区水道1-5-16　Tel. 03-3815-6661　Fax. 03-3818-6848
e-mail eigyo@kongoshuppan.co.jp　URL https://www.kongoshuppan.co.jp/

こころの支援と社会モデル
トラウマインフォームドケア・組織変革・共同創造

[責任編集]笠井清登　[編著]熊谷晋一郎　宮本有紀　東畑開人　熊倉陽介

日々揺れ動く社会構造との絶えざる折衝のなかで，支援者と被支援者の関係，支援の現場は今，どうなっているのか？————東京大学発「職域・地域架橋型：価値に基づく支援者育成」プログラム（TICPOC）開幕に始まるこの問いに，多彩な講師陣によるカッティングエッジな講義録＋ポリフォニックな対話で応答する思考と熟議のレッスン。こころの支援をめぐるパラダイムが大きく変動する現在，対人支援をどのように考え実践すべきか？組織変革を構想するマクロの視点と，臨床場面で工夫を重ねるミクロの視点から，日々変わりゆく状況に応答する。　　　　　定価4,180円

認知行動療法と治療関係
臨床家のためのガイドブック

[著]ニコラウス・カザンツィス　フランク・M・ダッティリオ　キース・S・ギブソン
[監訳]坂野雄二　青木俊太郎

認知行動療法（CBT）には，今でも，技法と介入に焦点を当て「考え方をポジティブに変える療法」「特定の技法をマニュアル通りに実施しなければならない」といった誤解がある。治療においては，そういった技法の習得よりもまず，クライエントとの間に問題（あるいは症状）と生活改善に向けての共通目標を掲げ，協働作業を行っていく枠組みを構築する必要がある。また，本書では，巷に溢れるCBTへの誤解を解き，クライエントとの関係構築のスキルを具体的に解説していく。　　　　　定価4,620円

トム・アンデルセン 会話哲学の軌跡
リフレクティング・チームからリフレクティング・プロセスへ

[著・訳]矢原隆行　[著]トム・アンデルセン

1985年3月のある晩，ノルウェーの都市トロムソで，精神科医トム・アンデルセンがセラピーの場の〈居心地の悪さ〉に導かれ実行に移したある転換。当初「リフレクティング・チーム」と呼ばれたそれは，「二つ以上のコミュニケーション・システムの相互観察」を面接に実装する会話形式として話題となる。自らの実践を「平和活動」と称し，フィンランドの精神医療保健システム「オープン・ダイアローグ」やスウェーデンの刑務所実践「トライアローグ」をはじめ，世界中の会話実践を友として支えるなかで彫琢された会話哲学に，代表的な論文二編と精緻な解説を通して接近する。　定価3,080円

価格は10%税込です。

新刊案内

Ψ金剛出版　〒112-0005 東京都文京区水道1-5-16　Tel. 03-3815-6661　Fax. 03-3818-6848
e-mail eigyo@kongoshuppan.co.jp　URL https://www.kongoshuppan.co.jp/

ラディカル・アクセプタンス
ネガティブな感情から抜け出す
「受け入れる技術」で人生が変わる

[著]タラ・ブラック
[訳]マジストラリ佐々木啓乃

あるがままの自分すべてを受け止めよう。といっても簡単なことではない。「自分はダメな人間だ」と誰しも思ったことがあるだろう。ただそれにとらわれていては見えるものも見えなくなってしまう可能性がある。「思い込み」は怖い。それを取り去るには積極的な心と頭のトレーニングが必要であり，本書ではそのトレーニング方法を提示する。ありのままにすべての物事を受け入れられた瞬間あなたにとって真の自由が開かれるだろう。　定価3,520円

職場にコンパッションを目覚めさせる
人と組織を高める静穏なパワー

[著]モニカ・ウォーライン　ジェイン・ダットン
[監訳]秋山美紀　岸本早苗　菅原大地　[訳]浅田仁子

職場でコンパッション（関係性の育み，思いやり，気遣い，協力）が浸透すれば，働く人たちは安心してやる気も上がり，作業も効率的となることで，それが会社全体の利益向上にもつながっていく。本書では，組織におけるコンパッションと哲学や心理学におけるコンパッションとの違いを述べながら，チームワークや協働，インクルージョン，尊厳，公正などの価値観を重視する人間中心主義のビジネスの実例について解説していく。自分の身の回りからできることを始めてみよう。　定価4,180円

マインドフルな先生，
マインドフルな学校

[著]ケビン・ホーキンス
[訳]伊藤 靖　芦谷道子

教師はもちろんカウンセラー，心理士，そして保護者といった，子どもの教育に携わるすべての方に向けて書かれたマインドフルネスのガイドブックである。著者は自身の教師，校長，ソーシャルワーカーとしての経験から，その道筋を分かりやすく解説し，各国の現場からの声と，自身の経験，豊富なエクササイズを通して，教師が仕事と私生活の両方を充実させるためのセルフケアに役立つ実用的なスキルを学ぶことができる。　定価3,520円

価格は10%税込です。

新刊案内

Ψ金剛出版　〒112-0005　東京都文京区水道1-5-16　Tel. 03-3815-6661　Fax. 03-3818-6848
e-mail eigyo@kongoshuppan.co.jp　URL https://www.kongoshuppan.co.jp/

S.E.N.S養成セミナー
特別支援教育の理論と実践 第4版

［編］一般財団法人特別支援教育士資格認定協会
［監修］花熊 曉　鳥居深雪

I−概論・アセスメント（定価3,520円）
［責任編集］花熊 曉　鳥居深雪　小林 玄

II−指導（定価3,630円）
［責任編集］田中容子　梅永雄二　金森克浩

III−特別支援教育士（S.E.N.S）の役割・実習（定価2,750円）
［責任編集］梅田真理　栗本奈緒子　西岡有香

機能分析心理療法：
臨床家のためのガイドブック

［著］メイヴィス・サイ　ロバート・J・コーレンバーグ　ジョナサン・W・カンター
ガレス・I・ホルマン　メアリー・プラマー・ラウドン
［訳］杉若弘子　大河内浩人　河越隼人　木下奈緒子

機能分析心理療法（FAP）のエッセンスをまとめたガイドブック。FAPは
「治療関係」に焦点をあてた第三世代の行動療法である。本書は，FAPのア
プローチの中核となる原則，方法，ビジョンを30の短い章で紹介し，技法
の習得だけでなく，それらの技法をいつ，どのように使えばいいのかといっ
たガイドも得ることができる。治療関係に関心のあるすべての読者に向けて
理解しやすくまとめられた一冊。　　　　　　　　　　　　定価3,300円

親子は生きづらい
"トランスジェンダー"をめぐる家族の物語

［著］勝又栄政

"僕"と"母"。親子それぞれの肉声で語られる物語は，溶け合うことなく互
いに時を刻み，やがて予期せぬ軌道を描いてゆく――。本書は，年月を重ね
るごとに変化する，トランスジェンダーを取り巻く問題が克明に記されると
ともに，戸惑いや葛藤を行きつ戻りつして進む本音が生々しく語られるノン
フィクション作品。家族だからこそ伝わらない複雑な想い。理解とは何か。
共に生きるとは何か。この小さなひとつの家族の物語に，どこか「わたした
ち」自身の姿を見出さずにはいられない。「違ったままで，でも共に」生き
るという結論にたどりついた，家族の物語を紐解いていく。　　定価3,740円

価格は10%税込です。